Hatzelmann / Held · Zeitkompetenz: Die Zeit für sich gewinnen

Konzept und Beratung der Reihe Beltz Weiterbildung:

Prof. Dr. *Karlheinz A. Geißler*, Schlechinger Weg 13, D-81669 München.
Prof. Dr. *Bernd Weidenmann*, Weidmoosweg 5, D-83626 Valley.

Elmar Hatzelmann · Martin Held

Zeitkompetenz: Die Zeit für sich gewinnen

Übungen und Anregungen für den Weg zum Zeitwohlstand

Mit Zeichnungen von Erik Liebermann
und einem Vorwort von Karlheinz A. Geißler

Beltz Verlag · Weinheim und Basel

Gewidmet allen
Freundinnen und Freunden der Zeiten

Lektorat: Ingeborg Sachsenmeier

www.beltz.de
Herstellung: Klaus Kaltenberg
Satz: Druckhaus »Thomas Müntzer«, Bad Langensalza
Druck: Druck Partner Rübelmann, Hemsbach
Umschlaggestaltung: glas ag, Seeheim-Jugenheim
Umschlagabbildung: Erik Liebermann, Steingaden
Printed in Germany

ISBN 978-3-407-36410-4

Inhaltsverzeichnis

SEE EUROPE IN 7 DAYS

KÖNNEN SIE IHREN PULS ETWAS BESCHLEUNIGEN - ICH HAB NICHT VIEL ZEIT!

Erste Worte

Zeit leben

»Nur wer seine Zeit im Griff hat, hat Zeit.« So lautet die Botschaft des modernen Zeitmanagements. Aber Vorsicht! Die Einlösung dieses Versprechens fordert einen hohen Preis. Wer Zeit haben will, so die Logik der vielen Zeitberater und Zeitmanagerinnen, muss sich selbst bezwingen, sich eben »in den Griff« nehmen. Das von Hatzelmann und Held vorgelegte Buch zeigt Alternativen auf. Das Zeit-Haben, besser: das Zeit-Leben ist nicht notwendigerweise darauf angewiesen, zur eigenen Zeit ein gewalttätiges Verhältnis einzunehmen. Man kann die Zeit auch zu sich einladen, man kann sie akzeptieren, sie zum Freund bzw. zur Freundin machen. Das empfiehlt sich allein schon deshalb, weil sie uns so treu ist, wie sonst nichts auf dieser Welt. Sie begleitet die Menschen nämlich von der Geburt bis zum Tod. Das tut sie in stressfreier und angeneh-

mer Art und Weise aber nur dann, wenn man kein Herrschafts- und Besitzverhältnis zu ihr aufbaut. Wie man die Zeit zu sich einlädt, wie man sie, ohne in Zeitdruck zu kommen, leben kann, das verraten die Verfasser dieses Buches. Das Mittel, um zu einem einvernehmlichen Leben mit der Zeit zu gelangen, heißt, wie der Titel des Buches auch: »Zeitkompetenz«.

Zeitkompetente Menschen müssen ihre Zeit nicht damit zubringen, sie zu »vertreiben«, sie totzuschlagen, sie zu sparen, sie anderen zu stehlen. Sie müssen sie nur verstehen und akzeptieren lernen. So, wie man das ja mit treuen Freunden und Freundinnen auch tun muss.

Der Tutzinger Zeitkompetenz-Ansatz geht nicht, wie die traditionellen Zeitmanagement-Konzepte von einer einzigen Zeit aus, sondern von vielen Zeiten beziehungsweise von unterschiedlichen Zeitformen. Die Zeitvielfalt ist es, die das Zeitleben befriedigend kreativ und produktiv macht. Vorausgesetzt man kennt diese Zeitvielfalt und weiß, mit ihr umzugehen.

Eine Gesellschaft, die auf Flexibilität setzt, kommt daher nicht umhin, die Potenziale der Zeitvielfalt zu nutzen. Dies bedarf eines relativ hohen Synchronisationsaufwandes, der als tägliche Balancearbeit auf die Individuen und die sozialen Systeme zukommt. Gelingen kann dies aber nur, wenn man sich auf die unterschiedlichen Zeiten der Menschen, die der Natur, des Kosmos und den sozialen Systemen (zu denen die Zeiten der Wirtschaft und der Arbeit zählen) einlässt. Wer das kann und wer das dann auch tut, hat viel getan. Er muss nicht mehr gegen die Zeit kämpfen, muss sie nicht allüberall organisieren und managen. Hatzelmann und Held zeigen den Weg dorthin – gehen muss man ihn selber. Aber üben kann man ja schon mal vorher. Wie man das tun könnte, das finden die Leser und Leserinnen in diesem zeitkompetenten Buch. Wenn diese aber keine Zeit zum Lesen haben, dann sollten sie sich wenigstens die Zeichnungen von Erik Liebermann anschauen.

Ach, du liebe Zeit!
Karlheinz A. Geißler

Zeitgemäßes zum Anfang

Die Zeit im Griff – im Griff der Zeit

»Schneller, schneller ...« – »Zeit ist Geld!« – »Die Wirtschaft schläft nie« – «Because life is too short to waste time« – »Sie haben einen großartigen Fünf-Jahres-Plan. Sie haben exakt ein Jahr Zeit. Kein Problem.« – »Wieder werden sich Menschen von Raum und Zeit befreien. 24 Stunden am Tag, 7 Tage die Woche sind wir persönlich für Sie da ...« – »Throw off the Bonds of Tyranny of Place and Time« – »Perfekt entspannen. Ferien für Körper und Seele. Individuelle Erholungsstrategien. Anleitung zum Müßiggang« – »Von der Zeitnot ... zum Zeitwohlstand. Auf der Suche nach den rechten Zeitmaßen« – »Weniger Stress – mehr Entspannung. Zeit und Leben«.

Diese Überschriften und Slogans aus Werbung und Medien illustrieren deutlich die Anforderungen, Ansprüche und Sehnsüchte, die viele Menschen derzeit beschäftigen. Unser tatsächlicher Umgang mit Zeit, wie wir Zeit erleben und welche Probleme wir damit haben, ist davon meist weit entfernt. Begriffe wie Hetze, Zeitverdichtung und Zeitdruck treffen die Grundstimmung viel eher. Oft haben wir das Gefühl, nicht mit der Zeit Schritt halten zu können, nicht auf der Höhe der Zeit zu sein.

Wie kommt es dazu? Die Vielzahl der technischen Neuerungen steigert die Wahlmöglichkeiten im Leben. Wir sind an einem Ort und können gleichzeitig mit Menschen, die weit weg sind, kommunizieren und uns über Geschehnisse weltweit informieren. Immer mehr in immer kürzerer Zeit machen und erleben zu können erweitert unsere Möglichkeiten. Zugleich werden daraus Notwendigkeiten und Vorgaben: noch mehr, noch schneller und möglichst alles gleichzeitig erledigen und bewältigen zu können.

Wir haben immer mehr Zeit sparende Geräte und Netzwerke verfügbar. Dennoch empfinden viele Zeitnot und Zeitdruck. Aus dem alten Motto des Prediger Salomo »Alles hat seine Zeit« wird das Gefühl: »Alles hat seine Zeit, nur ich habe keine.« Aus diesem Gefühl folgt dann die »Suche nach der verlorenen Zeit«.

Diese Entwicklung hat einen wachsenden Bedarf an Ratgebern und Methoden für Zeitplanung und -organisation zur Folge. Das Angebot ist reichhaltig. Für jede und jeden findet sich etwas. Einerseits gibt es ein breites Angebot zu Entspannung, Meditation samt Anleitungen zur Kunst des guten, erfüllten Lebens. Literatur und Veranstaltungen bieten viele Anregungen zu einer sinnhaften Gestaltung von Lebenszeit.

Andererseits findet man vielerlei Zeitplaner und Methoden des Zeitmanagements. Ein großer Teil davon neigt zu rezeptartigen Methoden. Es wird versprochen, mit besserer Planung Zeit »einsparen« zu können. Solche Methoden können in der Arbeit/im Beruf und in der Familie/Freizeit für praktische Fragen der Zeitorganisation mehr oder weniger hilfreich sein. Solange dabei nicht die Schraube zu noch mehr Zeitdruck und weiterer Beschleunigung angezogen wird. Wer in einer Spirale immer noch mehr aus der Zeit herausholen will, für den ist Überforderung und Zeitnot mit vielen negativen Folgen vorprogrammiert. Zeit ist dabei qualitätslos. Sie soll »gespart«, komprimiert, beschleunigt, eingefroren, pausenlos genutzt und kontrolliert werden. Wenn die Zeit ausschließlich Mittel zum Zweck ist, wird »die Zeit« zum Gegner. Das schlägt auf die so Handelnden zurück: Wer versucht, die Zeit im Griff zu haben, findet sich allzu leicht im Griff der Zeit wieder.

Kurz gefasst: Methoden der Zeitplanung und -organisation können die Möglichkeit eröffnen, effizienter und besser organisiert mit Zeit umzugehen. Wenig durchdacht eingesetzt, haben sie jedoch häufig mehr Zeitdruck zur Folge. Dieser Ansatz unterläuft sich selbst. Ein rein instrumenteller Umgang mit Zeit, bei dem die Qualitäten des Lebens und der Zeiten ignoriert werden, ist auf Dauer nicht zeiteffizient.

Sich auf die Zeiten einlassen

Bei einem rein formalen Herangehen an Zeitorganisation lassen wir uns nicht wirklich auf die Zeiten ein, denn

- auch Aktivitäten mit hohen Geschwindigkeiten brauchen Zeit;
- Synchronisation und Timing benötigen ebenfalls Zeit und Aufmerksamkeit;
- Planung ist gut und wichtig, wenn sie mit Flexibilität und Spontaneität im Gleichgewicht ist und die Kreativität nicht behindert.

Unser Zeitkompetenz-Konzept geht anders vor. Wir gehen nicht von einer Zeit aus, die mit der Uhrzeit gleichgesetzt wird. Vielmehr ist die Uhrenzeit nur eine spezifische Form der Zeiten mit ihren unterschiedlichen Qualitäten. Wir gehen also nicht automatisch von »den Zeitproblemen« zu den Methoden des Zeitmanagements und eines verbesserten Umgangs mit Zeit. Vielmehr schlagen wir Ihnen vor:

Lassen Sie sich auf die Zeiten ein, und entwickeln Sie ein Verständnis für die Vielfalt der Zeiten.

Zeiten, nicht »die Zeit«, das ist eine zentrale Botschaft dieses Buches. Die Uhrenzeit ist hilfreich und für unser Zusammenleben und die Koordination von Aktivitäten unabdingbar. Es ist ein Teil der Zeitkompetenz, mit ihr umgehen zu können. Aber dies ist nur eine Dimension der Zeit. Daneben existieren Rhythmen und Geschwindigkeiten, Eigenzeiten und Zeitskalen, *timing* und *kairos*, Auszeiten und Pausen, Gleichzeitigkeiten und Ungleichzeitigkeiten, Rituale und vieles mehr. Es braucht Zeit, Zeitvielfalt zu verstehen und Freude an Zeitkompetenz zu erwerben, zu verfeinern und zu pflegen.

In diesem Buch führen wir Sie in die Ergebnisse der Zeitforschung unterschiedlicher Bereiche ein. Wir beschäftigen uns damit, was diese Forschungsergebnisse für unseren Umgang mit den Zeiten bedeuten. In vielen Übungen mit den unterschiedlichsten Zugängen können Sie dies dann ausprobieren (das **Verzeichnis der Übungen** finden Sie auf Seite 233. Die Übungen sind für spezifische individuelle Fragen der Zeitgestaltung ebenso geeignet wie für die Gestaltung des Zusammenlebens in der Arbeit und im Beruf sowie in Familie und Freizeit. Sie sollen unter anderem Trainern, Pädagogen, Multiplikatoren und Interessierten Anregungen und Übungsmaterial an die Hand geben.

Nicht nur der Umgang mit den Zeiten, sondern auch Zeitbücher sollen Freude bereiten. Deshalb liegen uns die Karikaturen von Erik Liebermann besonders am Herzen. Bilder, Werbung, Fundstücke, kleine Geschichten und meditative Zugänge ergänzen die Texte, Übungen, Abbildungen und Übersichten.

Literaturhinweise geben Ihnen die Möglichkeit, bestimmten Aspekten vertiefend nachzugehen. Sie erhalten zu den einzelnen Kapiteln ausgewählte Literaturempfehlungen unterschieden nach Unterhaltungs- und Sachliteratur, Literatur zu den Übungen sowie Kunst- und Fotobänden (s. S. 234ff.). Ein ausführliches Literaturverzeichnis finden Sie im Internet (s. Kasten). Wenn Sie sich neben Literatur auch für (Spiel-)Filme und deren unterschiedlichen Umgang mit Zeit interessieren, finden Sie unter www.zeitkompetenz.de entsprechende Tipps.

Die Buchkapitel bauen aufeinander auf. Sie sind aber so konzipiert, dass sie auch einzeln gelesen werden können. Das Sachregister bietet die Möglichkeit, gezielt einzelnen Stichworten nachzugehen.

> Unter dem Buchtitel »Zeitkompetenz: Die Zeit für sich gewinnen« finden Sie bei www.beltz.de das ausführliche Literaturverzeichnis als Download. Auf unserer Homepage www.zeitkompetenz.de erhalten Sie zudem Filmtipps.

Der Tutzinger Ansatz zur Zeitkompetenz: Wege zum Zeitwohlstand

»Wie können wir gut mit unserer Zeit umgehen?« – dies ist eine heiß diskutierte Frage. Dabei wird zumeist negativ von »Zeitproblemen« ausgegangen. Mit unterschiedlichsten Methoden wird versprochen, Abhilfe zu schaffen, um die Zeiten noch besser kontrollieren zu können.

Wir gehen demgegenüber, wie beschrieben, von **Zeitenvielfalt** aus, dem Wissen darüber und Erfahrungen dazu, wie wir in Beruf, Familie und im sonstigen Privatleben damit umgehen können. Der Tutzinger Ansatz zur Zeitkompetenz ist ein positiv formulierter Zugang, **kompetent und souverän** mit den Zeiten umgehen zu können: unseren Eigenzeiten, unterschiedlichen zeitlichen Anforderungen im Beruf und Privatleben, Eigenzeiten der anderen, unterschiedlichen Zeitkulturen und Naturzeiten, denen der Mensch unterliegt. Eine Verbesserung unserer Zeitkompetenz kann Leistungsfähigkeit, Motivation, Wohlbefinden und körperliche Gesundheit fördern. Das folgende Mindmap soll Ihnen einen ersten Eindruck vom Konzept der **Zeitkompetenz** vermitteln.

Mindmap zum Tutzinger Ansatz zur Zeitkompetenz

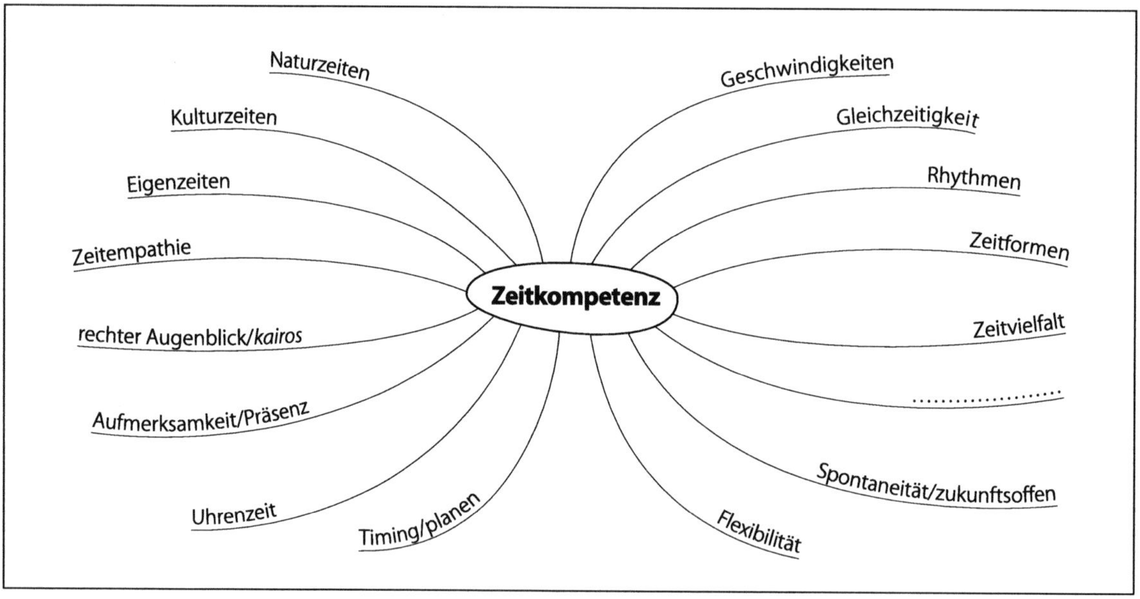

Der Tutzinger Ansatz zur Zeitkompetenz ist für **Zeitwohlstand** im doppelten Sinne maßgebend:

- Verbesserte Zeitkompetenz kann uns helfen, den zeitlichen Anforderungen besser gewachsen zu sein, zu synchronisieren und zu planen.
- Zeitkompetenz ist die Voraussetzung dafür, mit Zeiten souveräner umgehen zu können, also den Rhythmus von Muße und Aktivität zu finden sowie den Eigenwert von Zeiten und Zeitqualitäten erfahren zu können.

Für manche erfüllt sich dies in Inseln des Zeitwohlstands außerhalb der Arbeit. Andere versuchen Zeitwohlstand insgesamt einschließlich des Arbeitsbereiches zu leben. Egal, was man bevorzugt: Zeitkompetenz gibt Orientierung und ist ein unverzichtbarer Wegbegleiter. Das nächste Mindmap bringt die unterschiedlichen Aspekte und Dimensionen des Zeitwohlstands zum Ausdruck. Im Kapitel »Zeitwohlstand« (s. S. 199ff.) wird dies näher ausgeführt.

Mindmap Zeitwohlstand

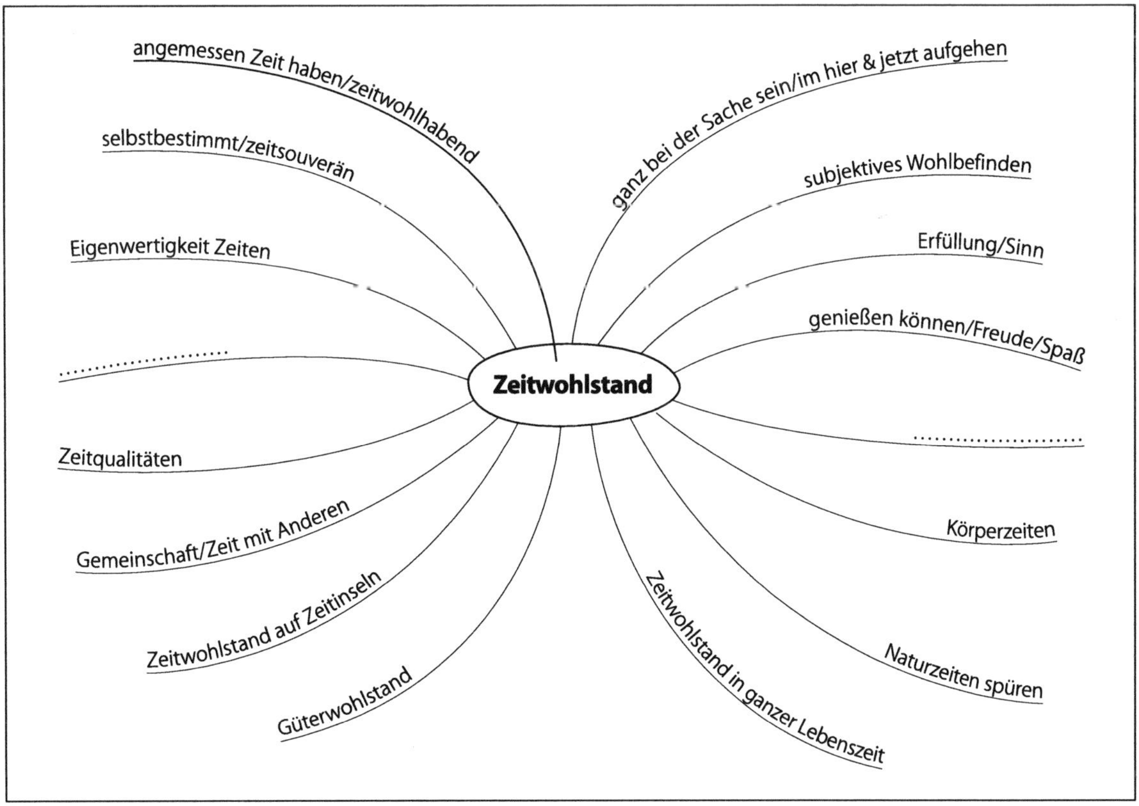

Unsere These lautet: Eine Verbesserung und Pflege von Zeitkompetenz kann zu einem effektiveren Umgang mit Zeiten beitragen. Dies betrifft die Methoden des Zeitmanagements: Timing, Uhrenzeit und Flexibilität. Zeitkompetenz ist ebenso wichtig, um zeitliche Vorgaben und Zeitzwänge zu verstehen, damit besser umgehen und zeitliche Gestaltungsspielräume nutzen zu können. Zeitkompetenz ist eine Bedingung für die Erhöhung unseres Zeitwohlstands. Dies gilt, wenn wir uns an Zeitwohlstand in begrenzten Bereichen (Zeitinseln) ausrichten, und ebenso, wenn wir Zeitwohlstand in der ganzen Lebenszeit anstreben.

In der folgenden Abbildung geben wir dieses Verhältnis von Zeitkompetenz zu Zeitwohlstand zusammenfassend wieder.

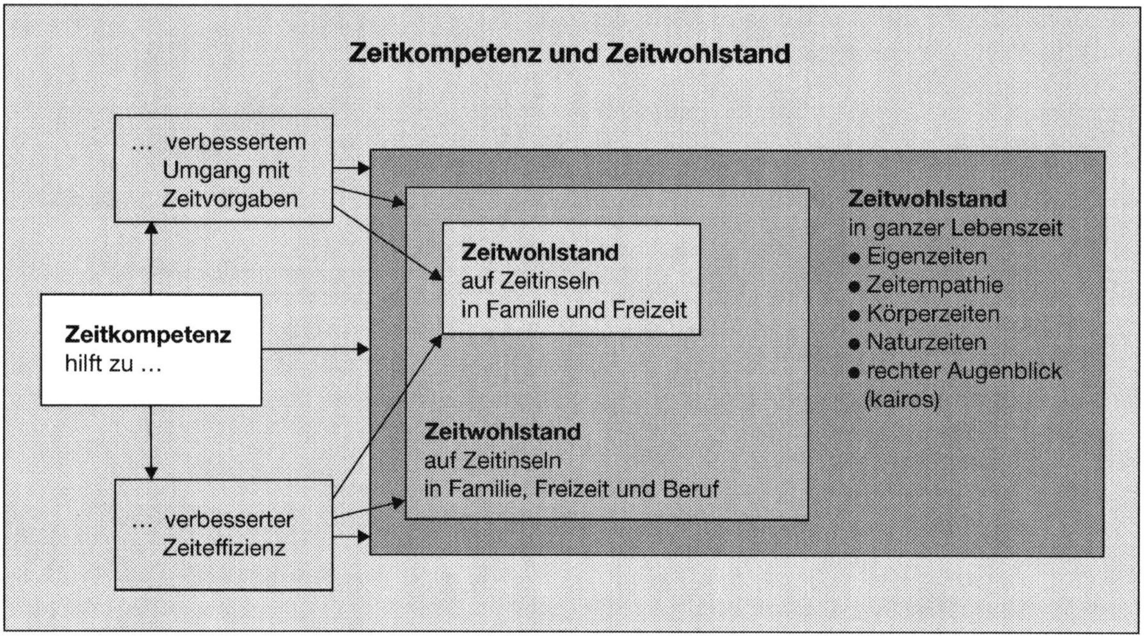

»Time is on my side«

Rolling Stones

Alles braucht seine Zeit. Auch das sich Einlassen auf Zeitbücher. Lernen Sie die Ihnen wichtigen Zugänge zu Zeiten, Ihre persönlichen Eigenzeiten und die anderer Menschen und Ihrer Umgebung kennen. Nehmen Sie sich die Zeit, nicht gegen die Unsicherheit und mangelnde Planbarkeit, das Altern und die Vergänglichkeit anzukämpfen – denn die Zeit wird trotz aller Beschleunigung, Pausenlosigkeit und Gleichzeitigkeit nie ausreichen. Auch wenn die Woche acht Tage hätte, wie die Beatles in einem ihrer berühmten Songs sangen. Mit dem Kampf gegen die Zeit/en ist nichts gewonnen.

Eine **Grundhaltung** gemäß dem Motto eines Hits der Rolling Stones klingt da schon besser:

»Time is on my side«

Wir können die Rolltreppe immer noch schneller in der falschen Richtung rennen. Wir können aber auch darauf achten, welche Richtung sinnvoll ist, und uns entsprechend mit den Zeiten bewegen.

Es geht darum zu erkennen, was in der Zeit angemessen und sinnvoll ist: was **zeitgemäß** ist. Dazu ist es wichtig zu erkennen, zu welchen Zeittypen (»Chronotypen«) Sie gehören. Verschiedene Situationen und Aufgabenstellungen bringen unterschiedliche zeitliche Anforderungen mit sich. Wir sind in unseren zeitlichen Merkmalen ebenso unterschiedlich wie im Aussehen. Der eine ist gut dafür geeignet, **Simultant** zu sein: Er kann Aktivitäten relativ gut gleichzeitig ausüben beziehungsweise sich leicht hin und her bewegen. Der andere ist eher ein **Sequenzialist**: Er macht alles lieber und besser eins nach dem andern. Der eine ist schnell. Der andere ist eher langsam. Der eine ist ein Frühaufsteher (»Lerche«). Der andere neigt dazu, abends aktiv zu sein (»Eule«). Deshalb ist es wichtig, sich selbst und die anderen in unseren zeittypischen Unterschieden zu verstehen:

Versuchen Sie, entsprechend Ihren Chronotypen zeitgemäß zu leben.

Unser Buch wendet sich an Leserinnen und Leser, die ihre Zeitkompetenz verbessern wollen, um Stress und Zeitprobleme abzubauen. Es ist gleichermaßen für Zeitliebhaberinnen und -liebhaber gedacht, die den Wert der Zeiten schätzen und ihren Zeitwohlstand erhöhen wollen. Wir würden uns freuen, wenn wir Ihnen mit diesem Buch Anregungen zur Verbesserung der Zeitkompetenz auf Ihrem Weg zu mehr Zeitwohlstand geben und Sie damit bereichern könnten.

Uhrenzeit

»Ich habe jede Menge Zeit«

Zeit haben, nicht gestresst zu sein – in einer Welt der vielen Möglichkeiten ist dies ein kostbares Gut. Uhren allein können keinen Zeitwohlstand verschaffen. Auch nicht dann, wenn wir mehrere Uhren für verschiedene Zwecke haben: nostalgisch-romantische, konventionell analoge oder modern digitale. Immerhin können wir mit Uhren in unserer Alltagspraxis der Zeiteinteilung ganz gut zurechtkommen. Im Unterschied zum selten gelesenen, aber häufig zitierten heiligen Augustinus: »Was also ist die Zeit? Wenn niemand mich danach fragt, weiß ich es; wenn ich es jemandem auf seine Frage hin erklären soll, weiß ich es nicht.« (Augustinus 1989, S. 314)

Ist die Uhrzeit überhaupt ein Thema, wenn es nicht um philosophische Fragen, sondern ganz praktisch um unseren persönlichen Umgang mit Zeit geht? Können wir in einem Buch zur Zeitkompetenz nicht schlicht davon ausgehen, dass Sie als Leserin oder Leser kompetent im Umgang mit den Uhren und der Uhrzeit sind? Dass wir also ohne zeitraubende Umwege zu den weniger selbstverständlichen Aspekten des Umgangs mit Zeit kommen?

Die Antworten auf die beiden ersten Fragen scheinen ganz einfach zu sein: ja. Das Lernen der Uhrzeit gehört zur Kindheit. Wir lernen so auch den Wecker zu stellen. Doch es ist nicht einfach nur vergnüglich und interessant, sich auf die Geschichte der Zeitmessung, Uhren, Uhrenzeit und die Entwicklung des Zeitbewusstseins einzulassen. Es ist vielmehr eine Voraussetzung dafür, dass wir nicht nur die **Uhrzeit lesen**, sondern die **Uhrenzeit verstehen** und damit **umgehen können**. Nehmen Sie sich also Zeit für die Uhrenzeit. Dies ist ein Teil der Zeitkompetenz.

Übung 1

Meine subjektive Minute *(Beobachtung/Reflexion)*

Grundübung – Wie lange dauert für Sie eine Minute?

Für diese Übung zum subjektiven Empfinden von Uhrzeiteinheiten brauchen Sie eine Uhr mit Sekundenanzeige. Merken Sie sich zu Beginn die Zifferstellung und die Sekundenanzeige. Dann schauen Sie nicht mehr darauf. Wenn Sie glauben, dass eine Minute vergangen ist, werfen Sie wieder einen Blick auf die Uhr. Zählen Sie dabei bitte nicht mit. Diese Übung ist auch mit einem Partner möglich. Eine Person ist in diesem Fall Beobachter und schaut auf die Uhr. Danach werden die Rollen getauscht. Bei Experimenten gab es übrigens eine Bandbreite der Einschätzungen, die von etwa 15 Sekunden bis zu 3 Minuten reichte.

Tipp

Die Übung 2 (S. 29) kann direkt darauf aufbauend gemacht werden.

Wenn Ihnen diese Übung gefällt, können Sie diese auf andere Situationen und Zeiten ausdehnen. Dabei können Sie erkennen, ob und wie Ihr Empfinden der Zeitdauer von dieser Übung beeinflusst wird:

- Wie ist Ihre subjektive Minute in verschiedenen beruflichen Situationen? Wird Ihr Zeitempfinden, bezogen auf eine Minute, genauer oder ungenauer, wenn Sie sehr beschäftigt sind?
- Wie ist Ihre Zeiteinschätzung in der Familie? Ist dies beruflichen Situationen vergleichbar oder gibt es markante Unterschiede?
- Schätzen Sie Ihr Zeitempfinden für eine Minute auch in anderen Situationen, beispielsweise im Aufzug, in der Warteschlange an der Supermarktkasse oder im Wartezimmer beim Zahnarzt.
- Haben Sie ein Gefühl für die Dauer von Werbeblöcken (zwischen drei und zehn Minuten)? Schalten Sie, auch ohne auf die Uhr oder TV-Zeitanzeige zu sehen, zum Ende der Werbung zum ursprünglichen Sender zurück?

Wenn Sie anschließend über diese subjektiven Erfahrungen der Zeitwahrnehmung nachdenken: Spielt für Sie diese Art der Zeiteinschätzung überhaupt praktisch eine Rolle? Brauchen Sie diese in bestimmten Situationen, beispielsweise bei Terminen oder bei der Nutzung öffentlicher Verkehrsmittel? Leben Sie so mit der Uhr, dass die Zeitgenauigkeit für Sie unerheblich ist? Brauchen Sie ein derart zeitgenaues Empfinden vielleicht gar nicht?

Variation der Übung: Meine subjektiven 45 Minuten

Diese Übung zur subjektiven Abschätzung der Dauer von Einheiten der Uhrzeit können Sie auch für längere Zeitstrecken machen. Beispielsweise ist bei uns eine Schulstunde von 45 Minuten ein gängiges Maß, Gesprächstermine werden für eine Stunde angesetzt und Filme haben eine klassische Länge von 90 Minuten.

Wenn Sie einmal verschiedene Arten von Zeiteinheiten bewusst wahrnehmen: Wäre Ihnen eine 60 Minuten lange Schulstunde lieber? Bevorzugen Sie Filme, die die Geschichten deutlich ausführlicher ausspielen? Was für eine Zeitdauer wäre Ihrer Erfahrung nach ideal für eine Seminareinheit? Für ein Meeting? Hat sich diese Einschätzung im Laufe Ihres Lebens verändert? Empfinden Sie überhaupt so etwas wie gewisse angemessene Zeitdauer für bestimmte Aktivitäten? Oder ist ohnehin ein Gefühl der »Zeitlosigkeit« während der Aktivitäten stärker?

Zeit = Uhrzeit

Zeit = Uhrzeit – trifft das Ihre persönliche Zeitvorstellung? Falls es so ist, befinden Sie sich in Übereinstimmung mit dem bei uns in Mitteleuropa noch immer vorherrschenden Zeitverständnis. Dies ist das Ergebnis einer langen Geschichte der Zeitmessung und der darauf aufbauenden kulturellen Zeitordnung. Wie kam es dazu?

Das Streben nach immer genaueren Kalendern und Uhren war sehr erfolgreich. Diese waren und sind eine wichtige Voraussetzung für den heutigen Lebens- und Wirtschaftsstil. Es handelt sich dabei nicht einfach nur um ein Handwerkszeug und einen schlichten Messvorgang. Vielmehr wurde und wird damit unser Zeitbewusstsein bis heute grundlegend geprägt. Die gemessene Zeit, die Uhrzeit wird uns selbst »zu der Zeit«:

Zeit = Uhrzeit.

Selbst wenn Sie, wie wir, ohne Armbanduhr leben, sind Sie in einer Uhrenwelt. Wie bei Hase und Igel ist diese (fast) immer schon da, wohin wir auch kommen. Deshalb ist der Umgang mit der Uhrzeit in unserer Gesellschaft so wichtig, um zeitkompetent zu sein.

Wenn wir uns mit dem persönlichen Umgang mit Zeit befassen, reicht diese Uhr-Zeitvorstellung nicht aus. Mit dieser eindimensionalen Zeit können wir vieles nicht erfassen, was uns wichtig ist. Die Vorstellung von »Zeit« als einer einzigen Dimension behindert uns, da dies mit der Uhrenzeit gleichgesetzt wird. Wir können damit die Vielfalt der Zeit nicht erkennen und verstehen.

Von ungeraden zu geraden Stunden

Uhr ist nicht gleich Uhr. Die Uhrenwelt ist vielfältig. Sie ist durch besonders markante Entwicklungen, Einschnitte und vor allem gewisse Merkmale gekennzeichnet, die für uns nach wie vor große Bedeutung haben (zu diesem Kapitel besonders zu empfehlen Dohrn-van Rossum 1995).

Am Anfang war der Tag. Dieser ist für alle Kulturen dieser Welt ein grundlegendes Zeitmaß, welches das Leben der Menschen von Anfang an prägte. Ein Tag ist nicht überall gleich: Je nach Lage zum Äquator und dem Einfluss der Jahreszeiten ändert sich das Verhältnis vom lichten Tag zur dunklen Nacht. In der Nähe des Äquators ist der Einfluss der Jahreszeiten vergleichsweise gering. In mittleren Breiten gibt es dagegen bereits einen nennenswerten Unterschied im **Rhythmus der Jahreszeiten**. Die jahreszeitliche Variation bewegt sich jedoch noch in so engen Grenzen, dass etwa eine Kultur wie die jüdische auf dem Sabbat und der Woche aufbauen konnte. Bei dieser bildet der Einbruch der Abenddämmerung den Eckpunkt. Im hohen Norden hätte sich diese Zeitordnung angesichts der jahreszeitlich sehr starken Schwankungen des Einbruchs der Dämmerung kaum entwickelt.

Es ist zu vermuten, dass neben der Unterscheidung von Tag und Nacht in der Menschheitsgeschichte bereits seit Urzeiten Unterteilungen in kürzere Zeiteinheiten gebräuchlich waren: Abend- und Morgendämmerung, Aufgehen des Abend- und des Morgensterns, Sonnenhöchststand am Mittag. Die Erfindung der Stunde oder noch kleinerer Zeitmaße war mit diesen Vorgaben des Sonnenstandes noch nicht möglich. Dies setzte die Verwendung von Uhren voraus – Uhrzeiten.

Weltweit wurde die Einteilung maßgeblich, die bei den alten Babyloniern entwickelt wurde: Die Unterteilung des Tages in den lichten Tag und die dunkle Nacht sowie die Aufteilung dieser beiden Tageshälften in jeweils zwölf Stunden. Genau genommen sind diese Tageshälften keine »Hälften«, da sich die Anteile über den Jahreszyklus hinweg ändern. Die »Stunden« waren daher variabel. Im Sommer waren die zwölf Tagstunden länger als die zwölf Nachtstunden. Ab der Tag-Nacht-Gleiche zum Herbstbeginn kehrte sich das Verhältnis um.

Mit anderen Worten: Durch die Entwicklung der Stunde kam in der Antike eine weit reichende Neuerung in die Welt. Das Tagwerk und die zeitlichen Abläufe im Tagesverlauf konnten genauer strukturiert werden. Sonnen- und Wasseruhren, die heute nostalgisch anmutende Assoziationen hervorrufen, waren ein wichtiger Schritt zur Entwicklung einer nach abstrakten Prinzipien organisierten Welt. Zugleich war es eine Welt der »**ungeraden Stunden**«, deren Dauer sich über das Jahr hinweg veränderte und von Ort zu Ort variierte. Diese Zeiteinteilung war den Bedürfnissen des Alltags lange Zeit angemessen.

Um diese lange und spannende Geschichte kurz zu machen: In späterer Zeit entwickelten sich weiter gehende Bedürfnisse. Bei den Handwerkern der Städte war eine genauere Messung der Zeit nicht nur hilfreich, sondern sie entsprach auch dem Geist, wie er sich in der Entfaltung der Geldwirtschaft und der doppelten Buchführung ausdrückte. In den Klöstern war für die zeitliche Bestimmung des Nachtgebets eine vom Sonnenrhythmus unabhängige Zeitmessung vorteilhaft. Diese Haltung und die damit verbundenen Bedürfnisse führte zum entsprechenden Mittel: Es ist sicher kein Zufall, dass die Erfindung der Sanduhr und die Erfindung der mechanischen Uhr etwa in die gleiche Zeit fallen. Die Sanduhr ist eine technische Neuerung des 14. Jahrhunderts. Diese Uhrenart wird heute kaum mehr verwendet, doch flimmert sie als Symbol für Warten auf unseren PC-Bildschirmen. Auch die Nutzung leistungsfähiger schneller Rechner braucht ihre Zeit.

Der Durchbruch kam mit der Erfindung der Uhrwerkshemmung und der mechanischen Uhr, die sich etwa Ende des 13., Anfang des 14. Jahrhunderts datieren lässt. Es dauerte, gemessen an den heutigen Einführungsgeschwindigkeiten von Erfindungen, eine lange Zeit, bis die Technik ausgereift war und dann sehr viel später zu den Stundenanzeigen noch die Minutenzeiger hinzukamen.

Das neue Zeitmaß der »**geraden Stunden**«, die von den jahreszeitlichen Variationen unabhängig waren, setzte sich jedenfalls erst in Jahrhunderten auf breiter Basis durch. Der technische Durchbruch der Uhrwerkshemmung wurde lange nicht in seiner Tragweite erkannt. Dagegen war die deutlich hör- und sichtbare Neuerung der Schlaguhren, stundenschlagende Glockentürme, von Anfang an der öffentlichen Aufmerksamkeit gewiss. Dies trug zur Verbreitung und Durchsetzung der Uhren/-zeit bei. Im Englischen *o'clock* klingt das noch heute nach.

Ortszeit – Weltzeit – Uhrenzeit

Gegen Ende des angeblich so »finsteren Mittelalters« war die erste moderne Maschine entstanden, die mechanische Uhr. Sie verbreitete sich im Laufe der Jahrzehnte und Jahrhunderte zunächst über ganz Europa und viel später auch über Nordamerika. Lange Zeit verlief dies parallel zu den nach wie vor wichtigen Sonnenuhren. Es kam der Minuten- und später dann der Sekundenzeiger hinzu. Öffentliche Uhren zeigten die Zeit des Herrschaftsgebiets an. Sie demonstrierten, was die Stunde geschlagen hat. Durch die mechanische Uhr wurde zusammen mit anderen Entwicklungen und Erfindungen (zum Beispiel Fernglas) die Grundlage für die Herausbildung moderner Wissenschaften gelegt. Die mechanische Räderuhr prägte das Weltbild der Aufklärung. Die Menschen stellten sich die Welt als ein großes mechanisches Uhrwerk mit Gott als einer Art Universal-Uhrmacher vor. Kontrolle der Arbeitszeiten, Zeitdisziplin, Vergleichbarkeit und Handelbarkeit von Zeiten – die Folgen der Verbreitung der Uhren waren weit reichend.

Die mechanische Uhr und ihre Folgen

Die Erfindung der mechanischen Uhr hatte weit reichende Folgen:

- zunehmende Abstraktion,
- Lockerung der Bindung an jahreszeitliche Rhythmen,
- zunehmende zeitliche Genauigkeit,
- »Zwilling« zu Geld und dessen Entwicklung,
- eine der Voraussetzungen für Herausbildung moderner Wissenschaft,
- Weltbild der Aufklärung prägend (mechanische Uhr als Bild für Schöpfung/Gott als Uhrmacher),
- erste mechanische Maschine (lange vor Dampfmaschine),
- Warenförmigkeit der Zeit (von heiliger Zeit zur handelbaren Ressource),
- Voraussetzung zur Kontrolle der Zeiten,
- Beitrag zur Individualisierung (persönliche Uhren).

Die besondere Stellung der mechanischen Uhr als erste moderne Maschine war bis in das 19. Jahrhundert hinein im öffentlichen Bewusstsein präsent. Im Zuge der Industrialisierung wurde dies dann durch die fulminante Ausbreitung von neuen Maschinen und weit reichenden Erfindungen überdeckt. Die mechanische Uhr war auf Grund ihrer langen Geschichte zur kulturellen »Selbstverständlichkeit« geworden (Burckhardt 1997). Zugleich verschränkte sich ihre weitere Entwicklung immer mehr mit den neuen Erfindungen. Die Eisenbahn machte es durch ihre enorme, historisch einzigartige Beschleunigung zunehmend notwendig, die bis dahin gebräuchlichen Ortszeiten zu standardisieren. Mit der Weltkonferenz über Zeitzonen, der Bestimmung des Meridians von Greenwich als Bezugspunkt der Zeitzonen und »Weltzeit«, kam diese **Standardisierung** gegen Ende des 19. Jahrhunderts zu einem vorläufigen Höhepunkt und Abschluss.

Diese neue kulturelle Zeitordnung verbreitete sich zunehmend über die gesamte Welt. Heute ist sie für uns so selbstverständlich wie die Schwerkraft, obgleich es sich bei der Uhr im Gegensatz zur Schwerkraft um eine gesellschaftliche Erfindung handelt.

Im Laufe der Jahrhunderte wurden die Uhren weiterentwickelt. Sie wurden immer noch genauer. 1958 wurde die bis dahin gültige unmittelbare Bindung der Definition des Uhrzeitmaßes an den Tag-Nacht-Rhythmus durch eine Definition der Sekunde abgelöst, die sich auf die Schwingungen der Elektronen des Cäsiumatoms bezieht (»Atomuhren«). Unterschiedlichste Arten von Uhren kamen zu verschiedensten Zwecken in Gebrauch. Längst ist es nicht mehr einfach eine Zeitmessung und -einteilung mittels der **Uhrzeit**. Es wurde vielmehr zur allgemeinen **Uhrenzeit**, die das ganze gesellschaftlich-wirtschaftliche Leben prägt. Die Uhrenzeit ist bei uns zwischenzeitlich so allgemein, dass die öffentlich sichtbare Präsenz von Uhren bereits wieder abnimmt. Wir sind nun alle individuell für die Zeiteinteilung zuständig. Zugleich verbreitet sich Zeitmessung und -anzeige über Uhren hinausgehend auf immer mehr Geräte.

Folgerungen für den Umgang mit Zeiten und Zeitkompetenz

- Uhrenzeit ist grundlegender Bestandteil der kulturellen Zeitordnung.
- Damit angemessen umgehen zu können ist Teil der Zeitkompetenz.
- Angesichts der Durchdringung aller Lebensbereiche geht die Uhrenzeit weit über ein Hilfsmittel der Zeitmessung hinaus. Die Uhrenzeit wird von vielen tendenziell mit »der Zeit« gleichgesetzt.
- Versuchen Sie für Ihre Aufgaben und Lebensumstände zu verstehen, *wann und wo* Uhrenzeit für Ihren Umgang mit den Zeiten *in welcher Form* angemessen ist.
- Ebenso, wann/wo andere Momente der Zeitvielfalt relevant sind.

Diese kurze Geschichte der Uhren und Uhrenzeit unterstreicht nachdrücklich unseren Ausgangspunkt. Wir können diesen nun präzisieren in: **Zeit = Uhrenzeit.** Vielleicht hat Ihnen dieser kleine Durchgang durch die Geschichte der Zeitmessung und Herausbildung der Uhrenzeit Spaß gemacht. Was besagt er für unseren Umgang mit den Zeiten und Zeitkompetenz?

Wir können einiges für unsere Uhrenzeitkompetenz lernen (s. Kasten auf S. 28). Ein Beispiel: Die moderne Entwicklung der Zeitmessung ermöglicht eine Präzision in Sekundenbruchteilen. Die technische Möglichkeit einer derartigen Präzision bedeutet nicht, dass damit eine Terminierung auf Sekundengenauigkeit oder gar noch kleinere Zeiteinheiten irgendeinen Sinn machen würde. Die zum Teil anzutreffende Zerstückelung von Zeiten auf Minutengenauigkeit – eine Art selbst geschaffener **slots**, um einen Begriff aus der Fliegerei zu verwenden – kann in manchen Fällen kontraproduktiv sein.

Übung 2

Wie genau ist genau genug? *(Reflexion)*

Auf Grund der Leistungsdichte beim Sport entscheiden oft Hundertstelsekunden über Sieg oder Niederlage. Die moderne Physik und Chemie wäre ohne eine hochexakte Messgenauigkeit nicht denkbar. In der Finanzwelt haben sich *Daytrader* auf das Ausnutzen kleinster Tagesschwankungen von Kursdifferenzen (Arbitrage) spezialisiert. Wie sieht es bei Ihnen aus:

- Welchen zeitlichen Genauigkeitsanspruch haben Sie?
- Ist dieser über alle Situationen hinweg gleich, oder differenzieren Sie je nach Aufgaben und Situationen?
- Für welche Art Armbanduhr haben Sie sich entschieden: eine mit Sekundenanzeige? Welche anderen Angaben macht Ihre Uhr (zum Beispiel Zeitzonen)?
- Tragen Sie Ihre Armbanduhr immer, nur gelegentlich oder haben Sie gar keine?
- Falls Sie einen Terminkalender, ein Zeitplanbuch oder den Outlook-Kalender verwenden: In welcher Genauigkeit führen Sie diese (5, 10, 15, 30 Minuten, Stunden)?
- Wie sieht die zeitliche Präzisierung Ihrer Zeitpläne für Treffen, Meetings im Büro, im Verein sowie zeitliche Absprachen in der Familie, bei Freunden und Verwandten aus? Gibt es Agendas im 3- bis 5-Minuten-Raster? Falls ja: Werden diese eingehalten?
- Sind Sie nur bei von anderen vorgegebenen Zeitvorgaben in der Uhrenzeit genau? Oder machen Sie das unabhängig davon auch für sich allein?
- Wann macht es Ihnen Spaß, ohne Zeitraster zu leben (Open-end-Meeting, Workshop, Feierabend, Wochenende, Urlaub)?

Tipp

Diese Übung ist für eine angemessene Genauigkeit bei der Planung wichtig!

Clock literacy – Kinderzeiten und Erwachsenenzeit

Mädchen, 12 Jahre: »*In unserem Sommerurlaub ist es schön, die Zeit zu vergessen. Manchmal wünsche ich mir, dass es keine Uhren gäbe, um nicht auf die Zeit achten zu müssen.*« – Mädchen, 11 Jahre: »*Ich denke, wir kämen ohne Zeit ganz gut hin, wenn wir nur versuchen wollten, ohne sie zu leben.*« – Mädchen, 12 Jahre: »*Manchmal wünsche ich mir, dass niemand die Zeit erfunden hätte und dass alle ihre Tage gerade so verbringen würden, wie sie kommen.*« (Quelle: Westlund 1998, S. 103)

Ingrid Westlund, eine schwedische Pädagogin, ließ Kinder selbst zu Wort kommen und interessierte sich für deren Zeitverständnis. In den Kinderantworten ist der Übergang der Kinderzeiten zur Erwachsenenzeit anschaulich eingefangen: Zeit wird mit Uhrenzeit gleichgesetzt. Die Mädchen sind bereits **uhrenkundig** (Englisch *clock literate* von *clock literacy)*. Sie haben gelernt, die Uhrenzeit als »die Zeit« zu verstehen. Zugleich schätzen sie diese Art der Zeit noch nicht sehr. Sie empfinden sie als einengend.

Vereinfachter Weg der Uhrzeitsozialisierung von Kindern

Äußere Zeitzwänge	Lektion 1:	Lerne, die Uhr zu lesen!
	Lektion 2:	Lerne, pünktlich zu sein!
Innere Zeitzwänge	Lektion 3:	Unterdrücke Pläne/verschiebe Vergnügungen!
	Lektion 4:	Setze (Uhren-)Zeit als gegeben voraus!
	Lektion 5:	Verwende Zeit zur Ordnung des Alltags!
	Lektion 6:	Wisse, dass Pünktlichkeit eine Tugend ist!
	Lektion 7:	Zeit ist wertvoll! Behandle Zeit als Geld!
Begrenzung	Lektion 8:	Wunsch nach mehr Zeit, um mehr erledigen zu können.

(Quelle: Westlund 1998, S. 102)

Kinder leben zunächst »in anderen Zeiten«. Wann und wie sie sich ändern, ist selbst über die Zeit hinweg variabel. Möglicherweise würden Kinder vergleichbaren Alters (8–12 Jahre) heute, 10 Jahre danach, anders reagieren. Darauf

kommt es nicht an. Wichtig ist zu verstehen, wie der Übergang in die Erwachsenenzeit abläuft. Westlund schildert, dass das Lernen des Lebens nach der Uhr von den Kindern zunächst als Druck von außen wahrgenommen wurde.

An den Reaktionen der Kinder, ihrem Weg der Verinnerlichung der zunächst äußerlichen Zeitkontrollen können wir verstehen: Uhrenzeit ist nicht nur ein praktisches Instrument zur Zeitmessung und Koordination, das uns Planung und Zusammenleben erleichtert. Es ist zugleich Kontrollinstrument. Je erfolgreicher die Erziehung zur Uhrenzeit ist, desto größer ist die Gefahr, dass sich dies verselbstständigt. Die Uhrenzeit wird zur »Zeit an sich«.

Eine Aufgabe für uns Erwachsene ist: Erleichtern wir den Kindern, die Uhrenzeit zu lernen, ohne ihre natürliche Kompetenz im Verständnis der Zeitvielfalt verkümmern zu lassen. Die andere Aufgabe ist schwieriger: In dieser Richtung stark geprägte Erwachsene haben zu lernen, die Uhrzeitfixierung hinter sich zu lassen. Locker zu werden und die Uhrenzeit nur dafür zu verwenden, wofür sie entwickelt wurde: als **Hilfsinstrument** für Zeitmessung und zeitliche Koordination. Es gilt, Uhrenkundigkeit als Zeitkompetenz zu bewahren und mit anderen Zeitformen und zeitlichen Dimensionen ebenso umgehen zu können. Das bedeutet: Die Vorrangstellung der Uhrenzeit begünstigt, sich ausschließlich auf die quantitative Seite der Zeiten auszurichten. Hierdurch werden andere Aspekte der Zeiten überlagert und nicht mehr erkannt und erlebt. Ein Beispiel: In den 1980er- und frühen 1990er-Jahren wurde in Betrieben das

Konzept der »**Qualitäts-Zeit**« entwickelt (*quality time*). Dies war eine Reaktion auf die ausschließlich quantifizierte Zeit, was immer mehr zur Zerstückelung der Zeiteinteilung führte. Für Kommunikation, Feiern und informellen Austausch fehlte die Zeit. Deshalb wurde Qualitätszeit gleichsam als eine Art »Zeitinsel« im Meer dieser nach der Uhrenzeit geprägten Zeit eingeführt. Eine Zeit mit mehr Offenheit und Freiräumen.

Eltern versuchten, dieses Konzept in der Familie anzuwenden. Sie wollten für die Kinder freie Zeiten haben. Arlie Hochschild schildert (2002, S. 233–237), wie diese Art der für bestimmte Tageszeiten im Kalender geplanten »Qualitätszeiten« jedoch mit den Kinderzeiten häufig kollidierte. Nicht wenige Kinder hatten nämlich genau zu diesen Zeiten anderes zu tun. Sie wollten Zeit mit ihren Eltern verbringen, aber nicht nach einem fix vorgegebenen Zeitplan. So konnten die Eltern von den Kindern etwas lernen: Zeiten brauchen ihre Zeit. Flexibilität innerhalb fixer Zeitpläne ist qualitativ etwas anderes als die **Offenheit** und **Elastizität** von Rhythmen und Eigenzeiten.

Übung 3

Spiel auf Zeit – Spielzeiten *(Erlebnis)*

Kinder wachsen heutzutage mit Fernsehen, Gameboy und vielem anderen Spielzeug auf. Trotz aller Angebote können viele von ihnen noch ganz gut spielen. Sie bauen neue Welten mit Lego, Sand, Erde, Puppen, Holz, Steinen, Schachteln und was sie sonst noch finden. Oder sie erfinden kleine Szenen und Geschichten, in denen sie allein oder mit anderen aufgehen. Manchmal ist es ein Ball, ein Bach, Murmeln oder ein einfaches Kartenspiel, das sie die Zeit vergessen lässt. Das Gleiche erleben sie vielleicht auch beim Erzählen und Erfinden von Geschichten.

Viele Erwachsene genießen es, von Zeit zu Zeit an dieser Welt teilhaben zu können. Einigen gelingt das gut, auch im Alltag. Andere brauchen dazu ein Wochenende oder eine längere Urlaubsauszeit. Probieren Sie es wieder einmal aus.

Es ist, wie angedeutet, ganz einfach und schwierig zugleich, weil es ungewohnt ist. Sie sollten das nicht planen: an dem und dem Tag »Spielzeiten« mit Kindern. Nehmen Sie sich vielmehr vor, bei den nächsten Gelegenheiten einfach mitzumachen. Sich auf die Spiele der Kinder, ihre Vorschläge und ihre Art auf Zeit einzulassen. So gut es geht. Genießen Sie es.

Wenn Sie dazu Lust haben, können Sie darüber nachdenken: Wann haben Sie zuletzt so gespielt? Wie haben Sie es erlebt? Konnten Sie es genießen? Oder war es eher ambivalent, da gewohnte Zeitstrukturen und Sicherheiten nicht mehr vorhanden waren? Ist es Ihnen leicht gefallen? Oder war es sehr von der Situation und den Kindern abhängig? Kann es sein, dass Sie Ihren sonstigen Zeitdruck, Ihre auf die Uhrenzeit gerichtete Zeiteinteilung mit in die Situation hineintrugen?

Zeitqualitäten

© Bodo Dretzka

Was sehen Sie auf diesem Bild? Welche Assoziationen haben Sie? Lassen Sie sich zur Beantwortung dieser Fragen ruhig etwas Zeit, bevor Sie weiterlesen.

Vielfach wird dieses Bild als drehender Globus interpretiert. Häufig genannt werden Globalisierung und zunehmende Vereinheitlichung der Welt. Erwähnt werden Geschwindigkeit, zunehmende Beschleunigung, zu starke Raserei, aus der »Kurve fallen«. Tatsächlich wurde das Bild von den Preisverleihern des Deutschen Studienpreises beim Forschungswettbewerb für Studierende zum Thema »tempo! Die beschleunigte Welt« (2003) für die Titelseite ausgewählt.

Zeiten haben unabhängig von den gemessenen Zeiten unterschiedliche Qualitäten. So sind etwa die zeitlichen Abfolgen grundlegend: vorher – gleichzeitig – nachher; vergangen – gegenwärtig – zukünftig.

Das Bild drückt das Gefühl zunehmender Beschleunigung und Geschwindigkeit aus. Ohne lange zu überlegen, verstehen wir es auf Anhieb. Tatsächlich dreht sich unsere viele Milliarden Jahre alte Erde heute jedoch nicht schneller als früher. Ja, genau genommen wird sie sogar langsamer. Die Gezeiten und Reibung bewirken, dass sich die Erddrehung in für uns unmerklich langen Zeiträumen verlangsamt. Die Tage sind heute also länger als vor Jahrmillionen.

Ein einprägsames Beispiel: Wir haben uns in der Uhrenzeitwelt daran gewöhnt, die mit der Uhr gemessenen Zeiten als »objektiv« und das Zeitempfinden als »subjektiv« zu kennzeichnen. So weit so gut. Das wird typischerweise so verstanden, dass die Uhrenzeiten objektiv und qualitätslos sind. Zeitqualitäten sind in diesem Verständnis etwas weniger Objektives und für die Zeiten »irgendwie« weniger Wichtiges. Dies ist nicht richtig. Die Erde dreht sich an einem Tag um die eigene Achse. Nonstop. Evolutionsbedingt ist in uns Menschen eine Korrektur im Empfinden angelegt, sodass diese Geschwindigkeit der Erddrehung im Unterbewusstsein herausgefiltert wird. Diese für uns Menschen äußerst vorteilhafte Tatsache ist ebenso »objektiv« wie mit Uhren gemessene Geschwindigkeiten und Zeiteinheiten.

Eine Zeiteinheit kann, wenn sie zu einer bestimmten Zeit abläuft, andere Wirkungen haben als eine gleich lange Zeiteinheit zu einer anderen Zeit unter anderen Bedingungen. Ebenso sind das Timing, die Synchronisierung und Desynchronisation von Ereignissen elementar (s. S. 21ff.). Uns ist allen bewusst, wie stark wir Zeiten individuell und in verschiedenen Situationen unterschiedlich erleben. Eine bestimmte Zeitdauer kann uns verschieden lang vorkommen. Wir können diese äußerst intensiv erleben, fast »zeitlos«. Sie vergeht »wie im Fluge«, oder sie kann sich sehr lange dehnen.

Eine Sekunde im Leben. Auf einer Tutzinger Tagung erzählte einmal ein Testpilot eine kleine, für sein Leben existenzielle Episode. In jüngeren Jahren war er Starfighter-Pilot gewesen und mit seiner Maschine abgestürzt. Er erinnerte sich: »Im Moment des Absturzes dachte ich noch im Starten des Schleudersitzes, dass die Schulungen für diesen Notfall nicht richtig sein konnten. Dort war mir vermittelt worden, dass sich das alles in etwa einer Sekunde abspielen würde. Mir kam das in diesem Moment jedoch sehr viel länger vor, wie ›eine halbe Ewigkeit‹. Nachdem ich gerettet war, wurde mir erzählt, dass es in der Tat nur etwa eine Sekunde gedauert hatte, bis der Schleudersitz-Mechanismus ausgelöst war und von der Maschine abgesprengt wurde.«

Das subjektive Zeitempfinden des Piloten macht für diese Situation Sinn. Es laufen viel mehr und intensivere Prozesse der Erinnerns, Erlebens, Befürchtens oder Hoffens ab als in anderen Situationen vergleichbarer Dauer. Dies ist für unser Zeitbewusstsein und unseren Umgang mit Zeiten ebenso relevant wie die in Uhrenzeit gemessenen Einheiten. Das Zeitempfinden ist sehr vielfältig.

Wichtige Unterscheidungen zu Zeiten

- **Zeiten:** Dauer und Wandel, Zeitpunkt, zeitliche Abfolge, Synchronisation, Desynchronisation, Timing, Rhythmus, Geschwindigkeit.
- **Zeitformen:** Anfang, Abschluss, Übergang, Pause, Wartezeit.
- **Zeitmessung und Zeitanzeige:** Zeitskalen (Jahr, Monat, Woche, Tag, Stunde, Sekunde; Jahrmillionen, Nanosekunden); Instrumente (Uhren, Kalender; Anbindung an Naturzeiten – Lösung: Abstraktion); Genauigkeitsgrad; Standardisierungsgrad; relative und absolute Maße; qualitative Momente (besondere Tage, z.B. Feiertage, besondere Stunden) und rein quantitative Aspekte; abstrakte Zeit und einmalige Zeit in der geschichtlichen Zeit.
- **Richtung:** Zeitpfeil, zyklische Prozesse; gedankliche Umkehrung.
- **Zeitempfindungen inklusive Kognition:** Zeitempfindungen, -interpretationen, -wahrnehmungen; etwa Erinnerungen an Vergangenes, Erleben von Gegenwärtigem, Erwartungen an Zukünftiges, Überraschungen, Erleben von Geschwindigkeit und Ruhe.
- **Zeitnormen:** kulturell beeinflusste Bewertung von Zeitumgangsformen, etwa pünktlich oder unpünktlich, Grad der Neuigkeit, Aktualität (»news«), Rekord, Geschwindigkeit, Pausen.
- **Umgang mit den Zeiten:** Verhalten in der Zeit; bezieht sich auf alle Zeitaspekte; unter anderem durch Zeitempfindungen und Zeitnormen beeinflusst.

Fassen wir zusammen: Üblicherweise ist nicht nur in der Wissenschaft von der »Vierten Dimension Zeit« in der Einzahl die Rede. Durch die Verallgemeinerung der Uhrenzeit wurde die Vorstellung verstärkt, die Zeiten seien homogen, qualitätslos und alle »Zeitquanten« gleich. Dem ist nicht so. Es ist daher hilfreich, wenn Sie im weiteren Fortgang einige Unterscheidungen beachten. Dazu abschließend ein Beispiel aus der Uhren-Kalender-Welt:

Stellen Sie sich eine am Vorabend beginnende Geburtstagsfeier vor. Die erste Phase des Feierns geht bis Mitternacht. Anschließend wird gratuliert, angestoßen und nochmals gefeiert. Die Zeit ist nunmehr qualitativ anders als zuvor. Dies gilt unabhängig davon, wann genau, zu welcher Uhrzeit, das Geburtstagskind tatsächlich an diesem Tag geboren wurde. Nicht anders verhält es sich an Silvester.

Das ist keine »Magie«, zufälliges Überbleibsel aus einer vormodernen Zeit, in der die Zeiten noch nicht standardisiert und homogenisiert waren. Vielmehr ergeben sich die **unterschiedlichen Zeitqualitäten gerade durch die Uhrenzeit.**

Laut Untersuchungen schauen wir pro Tag im Durchschnitt über 50-mal auf unsere Uhrenanzeiger am Armband, Handy oder anderen Geräten. Teils aus Gewohnheit, teils auf Grund äußerer Vorgaben und Zeitzwängen (»Pünktlichkeit ist eine Zier« ...). Manche Menschen klagen, dass diese »Zeitanzeiger« wie ein Messer ihre Zeit zerstückeln oder wie ein Damoklesschwert über ihnen schweben. Mit der folgenden Übung können Sie ein Gefühl dafür bekommen, in welchem Maß Sie von der Uhrzeit abhängen. Zugleich können Sie üben, mit und ohne Uhrzeit zu leben und damit Ihre Uhrzeitkompetenz verbessern.

Übung 4

Leben ohne Zeit-Messer *(Wahrnehmung)*

Legen Sie für einen Tag oder für eine Woche Ihre Armbanduhr ab. Versuchen Sie, ganz ohne Zeitanzeigen zu leben (PC, Fernsehen, Radio, Handy-Uhr). Falls Sie sehr stark von der Uhrzeit abhängen, empfiehlt sich ein Einstieg mit kleineren Zeiteinheiten. Notieren Sie Ihre Erfahrungen regelmäßig in dieser Zeit in einem Tagebuch. Die Einträge bitte unbedingt zeitlich datieren. Für Ihre Auswertung könnten unter anderem folgende Fragen von Interesse sein:

- Haben Sie die Uhr vermisst, oder merkten Sie, dass die Uhr für Sie persönlich gar nicht so wichtig ist?
- Unterscheiden Sie verschiedene Situationen und Aufgaben: Wann war es eher schwierig, ohne Uhrzeit zu leben? Wann eher vorteilhaft? Wann eher angenehm?
- Konnten Sie sich zeitlich ohne Uhrzeit gut orientieren (natürlicher Tagesgang, Verhalten der Menschen)? Oder waren Sie ohne Uhrzeit zeitlich desorientiert?
- Konnten Sie in dieser Zeit produktiv tätig sein?
- Wie ging es Ihnen im Zusammenleben mit anderen Menschen und der erforderlichen Koordination?
- Haben Sie im Laufe der Woche beziehungsweise im Nachhinein Veränderungen in Ihrem Lebensgefühl festgestellt?
- Wäre es sinnvoll, das zur Gewohnheit werden zu lassen und zu bestimmten Zeiten ohne Uhr zu leben?

Wenn Ihnen diese Übung während Ihrer Arbeitstätigkeit Schwierigkeiten macht, können Sie sie auch an einem Wochenende oder in der Urlaubszeit ausprobieren.

Tipp

Diese Übung ist mit Übung 31 (s. S. 171ff.) kombinierbar.

No body – Naturzeiten, Körperzeiten, Kulturzeiten

Die mechanische Uhr und spätere Weiterentwicklungen begünstigten bei zunehmender Genauigkeit und Standardisierung der Zeiten unabhängig von den tatsächlichen Ortszeiten eine Tendenz zur »Überblendung« der Naturrhythmen (vgl. Burckhardt 1997). Zusätzlich wurde dies durch eine Vielzahl weiterer grundlegender Erfindungen begünstigt: Von der Eisenbahn über die Elektrizität bis hin zu Computer und Internet.

Die kulturelle Zeitordnung und das Alltagsverständnis von Zeit gingen zunehmend mit einer Loslösung von den Naturzeiten einher. Es hat den Anschein, als ob wir heute unabhängig von diesen leben würden. Als ob wir uns selbst zeitlich in »moderne Engel« verwandelt hätten (Schneider 1999): außerhalb der Materie, engelsgleich, zugleich jemand zu sein und doch *no body.*

Zugleich wissen wir, dass das nicht stimmt. Wenn wir uns gegen die Naturzeiten stellen und die Körperzeiten ignorieren, werden wir immer wieder daran erinnert: Durch Schlafdefizit, Signale der natürlichen Rhythmen des Körpers, Jetlag, Alterungsprozesse, Krankheiten, Sterblichkeit und Tod.

Kurz gefasst: Die kulturelle Zeitordnung der Uhren-Kalender-Zeit beeinflusst unser Zeitverständnis und wichtige Bedingungen unseres Umgangs mit den Zeiten. Zugleich sind die Naturrhythmen einschließlich unserer Körperzeiten zu beachten. In der Tat ist das evolutiv übermittelte Abblenden der Erddrehung nach wie vor wirksam. Die durch das Sonnenzeitmaß bestimmte Ortszeit und unsere inneren biologischen Rhythmen sind in der Uhrenwelt weiter wirksam. Es ist im Übrigen gerade der Flexibilität natürlicher Rhythmen zu verdanken, dass wir die Zeiten kulturell so stark überformen können (s. S. 91).

Ebenso merken wir unsere Körperzeiten und sonstige Naturzeiten, wenn wir nicht dagegen ankämpfen, sondern sie beachten. Pointiert: Wir bemerken es an negativen Folgen, wenn wir unseren Körper wie eine Maschine behandeln und beispielsweise Regenerationszeiten nach Verletzungen und Krankheiten missachten. Und wir bemerken positive Reaktionen, wenn wir auf unsere Körper- und Naturzeiten achten und uns nicht mit Maschinen vergleichen.

Die Uhrenzeit und gesellschaftlichen Zeitinstitutionen sind prägend für unser Leben. Zugleich sind die Naturzeiten einschließlich unserer eigenen Körperrhythmen wie unserer seelischen Rhythmen **nach wie vor wirksam**. Deshalb sollten wir nicht bei der veralteten Gegenüberstellung von Naturzeiten und kulturell geprägten Zeiten stehen bleiben. Wenn wir unsere **Körperzeiten beachten**, fördert dies unser Wohlbefinden, unsere Gesundheit und Leistungsfähigkeit (vgl. Adam 1995, insbesondere Kapitel 2).

Selbst das, was als Paradebeispiel einer abstrakten, von den Naturzeiten losgelösten Naturzeit erscheint, die bezogen auf die Schwingungen der Cäsiumatome definierte Sekunde, bleibt an Naturzeiten gebunden. Nichts anderes sind diese Schwingungen, nur dass diese Zeitskalen unserem persönlichen Erleben nicht direkt zugänglich sind. Sollte die Menschheit darauf beharren, dass auf Grund der damit erzielbaren größeren Genauigkeit ausschließlich dieses Zeitmaß für die Bestimmung von Sekunden und, davon abgeleitet, von Minuten und Stunden gilt, ist in »längerer Sicht« ein Problem zu erwarten, das wir aus den Kalenderreformen vergangener Zeiten kennen. Wenn die Tage durch die angeführten Reibungsverluste länger werden, aber die Definition der Sekunden auf dem Stand der Naturzeiten eingefroren würde, an dem sie mittels der Cäsiumatomschwingungen fixiert wurde, dann würden diese beiden Zeitmaße auseinander driften. Dies wäre nicht sehr praktikabel. Deshalb wird die Atomuhr mit Schaltsekunden nachreguliert, um mit den Naturrhythmen der Sonnenzeit in Einklang zu bleiben. Im Übrigen gehen die Atomuhren heute bereits unterschiedlich: Deshalb treten bei der Positionierung und der Abstimmung von Computern Probleme auf.

So lautete beispielsweise eine Nachricht im Spiegel Nr. 35/2003: »**Furcht vor dem Datenschluckauf.** Weil die Erde sich immer langsamer dreht, kommt die Zeitrechnung aus dem Tritt – Experten warnen bereits vor Konfusion in Börsencomputern und Autopiloten.«

Zusammengefasst: Wir sind gut beraten, die Naturzeiten und damit unsere eigene menschliche Natur der Körperzeiten *im Zusammenspiel* mit den kulturell entwickelten Zeiten zu verstehen. Dies ist ein grundlegender Bestandteil von Zeitkompetenz. In Zeiten, in denen wir weit reichende Neuerungen verfügbar haben, die so losgelöst von Raum und Zeit zu sein scheinen, wie das moderne Zauberwort virtuell nahe legt, ist dies eine besondere Herausforderung. Aber auch die virtuelle Realität ist ganz real. Sie braucht ihre eigenen Zeiten und das Verständnis zum Umgang mit diesen. Dies gilt insbesondere für die Zeiten der Informations- und Kommunikationstechniken im Zusammenspiel mit all den anderen Zeiten.

»Ich weiß nicht mehr, war es gestern oder war es im vierten Stock«

Karl Valentin

Karl Valentin war in vielerlei Hinsicht hellsichtig. Dennoch ist dieser Satz keine vorwegnehmende Beschreibung fortschreitender Desorientierung im hohen Alter, die angesichts der demografischen Entwicklung zunimmt. Vielmehr pointiert dies einen wichtigen Gehalt der Zeitkompetenz: Uhrenzeit ist für die Einteilung von Tätigkeiten, deren Abfolge, angemessene Dauer, Geschwindigkeit, Pausen, Terminierung und insbesondere für Synchronisation von Abläufen und Aktivitäten wesentlich. Die Uhrzeit ist für den Teil des Umgangs mit Zeiten grundlegend, bei dem die Zeit ausschließlich Mittel zum Zweck ist.

Das ist ein Teil der Zeitkompetenz. Die wesentliche Botschaft liegt jedoch in der eigentlichen Kunst: uhrenkundig zu sein und dabei **zugleich** nicht die Zeitqualitäten zu verlieren. Zu lernen, wofür die Uhren gut sind: als Hilfsmittel zur Zeitmessung und Zeitanzeige. Und zu lernen, wofür die Uhren nicht da sind; d.h., die Zeitmessung nicht mit »der Zeit« gleichzusetzen.

Davon handelt unser Buch: Zeitkompetenz ist heute die Kunst, uhrenkundig zu sein und zugleich die Vielzahl der Zeiten zu bewahren und deren Qualitäten wieder neu zu entdecken. Es geht also um viel mehr, ist herausfordernder und interessanter als die Empfehlung, Zeitnot mit noch mehr von der bisher vorherrschenden Art des Zeitumgangs »lösen« zu wollen. Dabei wird Zeitdruck durch noch mehr Zeitsparen bekämpft. Wir kommen damit in die weite Welt der Zeitvielfalt. In dieser haben alle Dimensionen der Zeit ihren Platz:

- Beschleunigung, hohe Geschwindigkeiten, Zeiten der Aktivität,
- Verlangsamung, niedrige Geschwindigkeiten, Zeiten der Ruhe, Entspannung und des Müßiggangs,
- Rhythmen,
- Genuss des Augenblicks, Gefühl der Dauer, ganz in der Tätigkeit aufgehen können,
- Zeit der Erinnerung, Zeiten der Erwartung und die Zeit der Erfüllung,
- Zeiten des Neuen, Wachsens, Reifens, Abnehmens und Vergehens.

Zeitkompetenz dieser Art ist eine der Voraussetzungen, Zeitwohlstand in seiner Bedeutung für uns persönlich verstehen und genießen zu können.

Übung 5

Takt-Volle Gesprächsrunde *(Experimentell)*

Mit dieser Übung können Sie Ihre persönliche Wahrnehmung von Uhrenzeiteinheiten kennen lernen. Sie baut auf Arbeiten von Albert Mayr auf (Workshop-Reihe »Zeitdesign«, Florenz 1992). Sie benötigen dafür eine Gruppe von 6–16 Teilnehmern. Im Mittelpunkt steht die bewusste Wahrnehmung der Auswirkung von Pausen, veränderter Reihenfolge und Rhythmen auf das persönliche Zeitempfinden. Mayr setzt die Uhrenzeit so ein, dass Sie diese zu Ihren subjektiven Empfindungen der Zeiten (Zeitdauer, Reihenfolge) ins Verhältnis setzen können. Die Übungen mögen Ihnen als einfach und wenig spektakulär erscheinen. Nach unserer Erfahrung führen sie bei vielen zu tief wirkenden Erfahrungen und langen Diskussionen.

Grundübung

Jeder Teilnehmer hat 45 Sekunden Zeit, in der Gruppe über ein ausgewähltes Thema zu sprechen. Der Übungsleiter unterbricht jeweils exakt im 45 Sekundentakt und erteilt dem nächsten Teilnehmer das Wort. Die Reihenfolge wird zuvor von den Teilnehmern selbst festgelegt und auf einem Flipchart eingetragen. Anschließend werden die Erfahrungen diskutiert. Dazu einige Fragen als Anregung:

- Wie erlebten Sie die Zeitdauer der 45-Sekunden-Einheiten?
- War dies anders, als Sie selbst an der Reihe waren, oder spielte es keine Rolle?
- Erlebten Sie diese Einheiten unterschiedlich lange? Wovon meinen Sie, hing dies ab? Etwa weil Einheiten unterschiedlich intensiv, interessant oder emotional-persönlich bewegend waren?
- Wie erlebten Sie die Zeitvorgabe durch die Uhr? Löste das bei Ihnen ein Gefühl von Zeitdruck aus, als Sie an der Reihe waren? Oder auch dann, wenn andere Teilnehmer dran waren?
- Wie empfanden Sie die fest vorgegebene 45-Sekunden-Einheit? Als angenehm, gewohnt, unterbrechend, starr und nicht genügend flexibel?

Pausenübung

Jeder Teilnehmer hat wiederum 45 Sekunden Zeit zur Verfügung. Sie haben dabei jedoch eine Pause von 15 Sekunden zu machen. Diese kann am Anfang, in der Mitte oder am Ende dieser Einheit liegen. Halten Sie vorher schriftlich (Flipchart) fest, wann Sie diese 15 Sekunden nehmen möchten. Damit wird zu Beginn der Übung für alle anderen erkennbar die Lage der 15-Sekunden-Pause festgelegt. Bei der anschließenden Diskussion der Eindrücke in der Gruppe werden insbesondere auch die Unterschiede zur Grundübung einbezogen: Wie lang erlebten Sie die 45 Sekunden dieses Mal? Wie erlebten Sie die Pausen und Stille? Welche Bedeutung hatte für Sie die Reihenfolge der Pause? Hatten Sie sich vorher eine bestimmte Strategie überlegt? Wie nahmen Sie die anderen Gruppenteilnehmer wahr? Änderte sich durch den Austausch der Erfahrungen im Gruppengespräch etwas bezüglich Ihrer eigenen Zeitwahrnehmung und Erlebnisqualität?

Variationen

In weiteren Variationen kann beispielsweise eine Unterteilung in 15 Sekunden vorgenommen werden. Dabei wechseln sich zwei Personen ab. In einer anderen Variation nehmen zwei Teilnehmer ihre gesamte Zeit (1:30) und teilen sie nach bestimmten Regeln auf.

Uhrenzeit – Was nehme ich mit für meine Zeitkompetenz?

Sie sind uhrenkompetent. Sie können auf Grund der Übungen noch besser verstehen, welcher Grad an zeitlicher Präzision für welche Ihrer beruflichen und privaten Aufgaben angemessen ist. Digitale Uhren können Sekundengenauigkeit vermitteln. Der Bezug zum Tageskreis und damit zur Symbolisierung der Rhythmen geht jedoch im Unterschied zu analogen Uhren dabei verloren. Wollen Sie das oder lieber nicht? Wollen Sie immer eine Uhr tragen?

Vermutlich ist für Ihre Zeitkompetenz der nächste Punkt grundlegender: Sensibel dafür zu werden, **in welchen Situationen** die Uhrenzeit vorteilhaft ist und wofür eher nicht. Das bedeutet, den Umgang mit der Uhrenzeit als einen Teil der Zeitkompetenz verstehen lernen. Als Teil eines sehr viel größeren und reichhaltigeren Ganzen. Dies gilt insbesondere für die Sensibilität bezüglich der eigenen Körperzeiten und der sonstigen Naturzeiten sowie deren Wechselwirkung mit kulturell vermittelten Zeiten.

Falls Sie die Bedingungen dazu haben: Wie beim Fasten könnte eine gewisse Zeit ohne Wecker die Sensibilität für das eigene Zeitgefühl, die Tageszeiten und den Tagesablauf, die Rhythmen und damit auch Ihre Eigenzeiten stärken.

Einige **ausgewählte Literaturempfehlungen** zu diesem Kapitel finden Sie auf Seite 234.

Timing

Morgen wird heute gestern sein

Wie planen Sie Ihre Zeit? Welcher Typ sind Sie? Nehmen Sie sich vor dem Lesen dieses Kapitels Zeit, um zunächst Ihren persönlichen Planungstyp näher kennen zu lernen. Im Laufe des Kapitels werden Sie dazu Näheres erfahren.

Übung 6

Bin ich ein Planungstyp? *(Selbsteinschätzung)*

Nehmen Sie sich Zeit, darüber nachzudenken, welche Rolle Planung in Ihrem Leben spielt und wie Sie den Alltag planen. Kreuzen Sie Ihre Einschätzung auf der 5er-Skala an. Wenn Sie es nicht beurteilen können oder es für Sie nicht relevant ist, dann machen Sie eine Markierung ☒ rechts von der Skala.

① **Übergreifende Einschätzung Planungstyp** [1] [2] [3] [4] [5]
[1] Planungstyp [3] Situativer Planer [5] Der Intuitive

② **Planungsverhalten Arbeit/Beruf** [1] [2] [3] [4] [5]
[1] Plane vollständig [3] plane situativ [5] plane so gut wie nie

③ **Planungsverhalten Familie/Freizeit** [1] [2] [3] [4] [5]
[1] Plane umfassend [3] plane gelegentlich [5] plane so gut wie nie

④ **Eigenantrieb und Außenvorgaben für Planung** [1] [2] [3] [4] [5]
[1] Plane aus Eigenantrieb [3] teils/teils [5] ausschließlich Außenvorgaben

⑤ **Wertschätzung der Planung** [1] [2] [3] [4] [5]
[1] Plane gerne [3] plane, soweit erforderlich [5] genieße unverplante Zeit

⑥ **Zufriedenheit mit eigener Planung** [1] [2] [3] [4] [5]
[1] Völlig zufrieden [3] gelegentlich Probleme [5] sehr unzufrieden

Zu ⑥ bei **Problemen/Unzufriedenheit:** Was sind typische Situationen, in denen Sie beim Planen und der Umsetzung der Planung Probleme haben?

....

Tipp

Siehe dazu auch die Übung 25 (S. 139f.) zu Chronotypen.

Kalender – Geburt von Tag, Woche, Monat und Jahr

Am Anfang waren Tag und Jahresgang. Am Anfang waren der Mondzyklus, der Lauf der Gestirne und die Rhythmen der Jahreszeiten. Unsere Vorfahren lernten, diese Zeiten zu messen und daraus eine kulturelle Zeitordnung zu entwickeln. Am Anfang war der Tag. Aber es dauerte, bis der Sabbat, die Woche und später der Sonntag entstanden. Am Anfang war das Jahr. Aber es dauerte bis zur ersten Blütezeit von Hochkulturen, die die Jahreskalender entwickelten.

Diese kulturellen Erfindungen werden üblicherweise als eine Geschichte der Ablösung von den Naturzeiten verstanden. Dies ist einerseits zutreffend: Leistungen der kulturellen Zeitordnung ergänzten die Naturzeiten mit neuen Qualitäten. Andererseits steckt darin ein Missverständnis: Die Naturzeiten sind nach wie vor gültig. Ja, die Entwicklung der kulturellen Zeitordnung und dabei insbesondere die Kämpfe um den Kalender wären gar nicht zu verstehen, wenn wir uns von den Naturzeiten völlig abgelöst hätten.

Diese Geschichte ist wiederum, für sich selbst betrachtet, faszinierend (zur Einführung empfehlen wir Duncan 1999). Sie ist Bestandteil der kulturellen Entwicklung und hat großen Einfluss auf alle Lebensbereiche. Diese Entwicklung ist bis heute wichtig, da ihr Verständnis unsere Zeitkompetenz fördert.

- **Frage 1: Welches Jahr dauerte 445 Tage?** Das ist keineswegs eine absurde Frage für Quiz-Sendungen. Wenn wir wissen, wann und warum es ein derartiges »Jahr« tatsächlich gab, haben wir bereits viel über das Jahr gelernt. Dieses spezifische Jahr ist für uns heute nach wie vor bedeutsam. Zunächst schaut es ganz einfach aus. Das Zeitmaß eines Jahres, also die Zeit, die es dauert, bis der Jahreszyklus einmal ganz durchlaufen ist, wird durch den Umlauf der Erde um die Sonne bestimmt. Die Menschen dürften den Jahreszyklus seit Urzeiten gekannt haben. Das genaue Verständnis setzte gute astronomische Kenntnisse und Mathematik voraus.
- **Frage 2: Welche Art von Kalender haben wir heute: Sonnenkalender, Mondkalender oder andere?** Sie kommen sicherlich gut zurecht, wenn Sie ohne großes Nachdenken einen Kalender zur Hand nehmen und für Ihre Planungen verwenden. Aber Sie können dennoch anders mit den Zeiten umgehen, wenn Sie derartige Fragen besser verstehen.

Die Antworten auf die Fragen: In der frühen Geschichte gab es Mond- und Sonnenkalender. Für die Entwicklung von Mondkalendern war es problematisch, dass die Mondmonate nicht genau einer bestimmten Anzahl von Tagen entsprechen (etwa 29 fi Tage). Zugleich ergeben zwölf Mondmonate kein volles Sonnenjahr (etwa 354 Tage). Sonnenkalender scheinen vorteilhafter zu sein, da das Jahr eindeutig wiederkehrt. Das Problem ist damit nicht kleiner. Es dauert nur länger, bis es sich bemerkbar macht. Das Sonnenjahr ergibt sich nicht präzise aus einem Vielfachen ganzer Tage. Vielmehr sind es **ungefähr** 365 bis 366 Tage. Jeder Sonnenkalender, der nicht genau ist, ergibt über die Jahrzehnte und Jahrhunderte hinweg starke Abweichungen gegenüber den Tag- und Nachtgleichen sowie den Sonnwenden und damit den Jahreszeiten.

Um es kurz zu machen: Im Jahre 45 v. Chr. trat im römischen Reich die von Julius Cäsar initiierte Kalenderreform in Kraft (Julianischer Kalender). Inspiriert durch Vorbilder aus dem hellenistischen Ägypten wurde dabei der sehr ungenaue römische Mondkalender durch einen Sonnenkalender abgelöst. Deshalb war im Jahr vorher eine so große Korrektur erforderlich, dass das Jahr 445 Tage hatte (Antwort zu Frage 1).

Dieser Kalender ist die Grundlage unseres heutigen Kalenders. Mit einer besonders wichtigen Veränderung. Kaiser Konstantin förderte zu Beginn des 4. Jahrhunderts die Verbreitung des Christentums. In dem von ihm einberufenen Konzil von Nizäa wurde die Festlegung des Osterfestes vereinheitlicht (damals höchster christlicher Feiertag). Um dem Todestag und der Auferstehung Christi gerecht zu werden, die sich zeitlich nach dem jüdischen Kalender bestimmen, kam in den julianischen Sonnenkalender wiederum ein Bezug zum Mondzyklus (Antwort zu Frage 2).

Dieser Kalender bestimmt bis heute unser Leben. Fasching, Fastenzeit, Ostern, Christi Himmelfahrt, Pfingsten und Fronleichnam sind über die Jahre hinweg bewegliche Feiertage. Die Jahre haben ein variables Moment, wenngleich bei uns nicht so stark ausgeprägt wie in anderen Kulturen und Religionen, bei denen der Mond nach wie vor den Kalender prägt (etwa im Islam).

Der julianische Kalender war für seine Zeit sehr modern. Deshalb konnte er in seinen Grundzügen bis heute Bestand haben. Ein Problem blieb jedoch offen. Die Bestimmung der Länge des Jahres entsprach nicht genau dem Sonnenjahr. Deshalb drifteten Kalender und tatsächliche Jahreszeiten über die Jahrhunderte hinweg immer mehr auseinander. Nach ersten Reformvorschlägen dauerte es noch Jahrhunderte, bis der Kalender und tatsächlicher Jahresverlauf seit der gregorianischen Kalenderreform im Jahr 1582 wieder zueinander passten. Es dauerte weitere Jahrhunderte, bis zunächst alle protestantischen Gebiete und dann auch Länder wie China diese übernahmen.

Für die Zeitkompetenz ist ein Punkt dieser Geschichte wichtig. Die Entwicklung wird üblicherweise so geschildert, als ob wir uns mit Uhren und Kalendern von den Naturzeiten gelöst hätten. Das ist ungenau. Wären diese Zeiten für unsere Vorfahren unerheblich gewesen, hätten sie sich nicht darum gekümmert. Vielmehr trieb der Umstand, dass die wesentlichen Naturzeiten (Erddrehung, Mondmonat, Erdumlauf um Sonne) keine ganzzahligen Vielfache sind, zu einer zunehmenden Präzision in der Zeitmessung. Die Kalender sollen zum natürlichen Jahresgang passen. Wir bleiben also **dauerhaft an die Naturzeiten gebunden**.

Die Geschichte der Monate, Wochen und Tage als weitere Einheiten der Kalender sind nicht minder faszinierend. Sie sind für unsere Lebensgestaltung gleichermaßen grundlegend. Es würde den Rahmen des Buches sprengen, wollten wir das ebenso ausführlich darlegen. Sie finden eine verdichtete Form über die Leistungen der kulturellen Zeitordnung in der folgenden Übersicht (s. S. 48).

Was besagt diese Entwicklung der Kalender für den Umgang mit Zeit? Klar ist, dass der Umgang mit dem Kalender heute ein selbstverständlicher Bestandteil von Zeitkompetenz ist (**Kalenderkundigkeit**). Moderne Kalender geben uns zusammen mit der Uhrenzeit ein wichtiges Instrument an die Hand, wie mit den Zeiten umzugehen ist: planen, datieren, terminieren. Wie gehen wir damit angemessen um? Für welche Aufgaben und Situationen ist welche Art der Verwendung von Kalendern und welches Timing geeignet?

Das gültige Kalendersystem (internationale Norm ISO 8601) ist so gestaltet, dass wir dafür mehr Zeit aufzuwenden haben, als dies bei einem anderen Zeitmesssystem der Fall wäre. Warum? Nehmen wir als Beispiel den Februar. Augustus, war es ein Dorn im Auge, dass sein Monat (August) einen Tag weniger hatte, als der Monat von Julius Cäsar (Juli). Deshalb wurde nach heutiger Zeitrechnung im Jahr 8 n. Chr. per Gesetz des römischen Senats dem August ein Tag hinzugefügt. Dem Februar wurde ein Tag abgezogen und der August entsprechend verlängert. Diese unsystematische Regelung hat bis heute Bestand. Auf Grund des starken lunaren Einflusses variieren wichtige Daten von Jahr zu Jahr.

Erfindungen und Leistungen der kulturellen Zeitordnung

Zeitmaße (geordnet nach Zeitskala, nicht gemäß historischer Entwicklung)

- **Sekunde:** kleinere Einheit von Minuten; 60 Sekunden = 1 Minute; Definition abgeleitet aus Stunde/Tag; Definition Atomzeit gemäß der Schwingungen der Cäsiumelektronen.
- **Minute:** kleinere Einheit von Stunden; 60 Minuten = 1 Stunde; abgeleitet aus Stunde/Tag; abgeleitet als das 60fache einer Sekunde der Atomzeit; Dezimalsystem (republikanischer Kalender).
- **Stunde:** Ungerade Stunden (zweimal je 12 Stunden für hellen Tag und für Nacht); gerade Stunden (einheitlich lang ein 24. Teil eines Tages/unabhängig vom Jahresgang); 60 x 60 Sekunden der Atomzeit; Dezimalsystem.
- **Tag:** Eine Erddrehung; Beginn unterschiedlich, zum Beispiel Abenddämmerung, Mitternacht, morgens.
- **Woche:** Oberbegriff für Zeiteinheit einiger Tage zwischen Monaten und Tagen; typischerweise zwischen 5 und 10 Tagen; babylonische und jüdische 7-Tage-Woche; römische Unterteilung in Kalenden, Nonen und Iden.
- **Monat:** Unterteilung des Jahres; an den Mondzyklus angenäherte Monate; Dauer Kombination aus Mondmonaten und Sonnenjahr.
- **Jahr:** Mond-, Sonnenkalender, Sonnenkalender mit lunarem Anteil, Dezimalkalender; Grad der Genauigkeit; Art der Schaltmonate, -tage.
- **Langzeitzyklen:** Zyklen bestimmter Zahl von Jahren; Beispiel Maya, Olympische Spiele in Antike, Jubeljahr Israeliten.

Spezifische Zeitinstitutionen

- **Besondere Tage:** Sabbat, Sonntag, Montag und so weiter; Kalenden; Wochenende, Feiertage (religiös, staatlich, lokal).
- **Besondere Jahre:** Milleniumsjahr, Jahr der Ratte (China), Schaltjahr etc.
- **Datierung:** Ermöglicht beispielsweise Geburtstag, Jahrestage, Jubiläen, Termine, Befristung.
- **Kalender:** julianischer Kalender (Sonnenkalender); gregorianischer Kalender (mit Mondanteilen, höhere Präzision zu tropischem Jahr) und viele andere; Kalender mit Kalenderjahr, -monat, -woche und Tagesdatum der Internationalen Organisation für Standardisierung (ISO).

Historische Zuordnung

- **Spezifische Zeitgruppen:** gemäß Herrschaftsperiode; Festhalten an deren Abfolge.
- **Fixe Anker:** Beginn des Langzyklus bei den Maya (Beginn 3114 v. Chr.), A.U.C./ab urbe condita in Rom (Beginn 753 v. Chr.); Christi Geburt (vermutlich etwa vier Jahre gegenüber historischem Ereignis ungenau), v. Chr., n. Chr. (Besonderheit: ein Jahr 0 gibt es nicht; heutige Zeitrechnung deshalb eigentlich minus 1).

Übung 7

Mein subjektiver Kalender *(Reflexion/Erlebnis)*

In der Übung 1 (s. S. 22f.) haben Sie Ihre subjektive Zeitwahrnehmung für kurze Zeiteinheiten beobachtet und darüber nachgedacht. Das Zeitmaß des Jahreskalenders ist erheblich größer. Dennoch kann es von Interesse sein, sich damit auseinander zu setzen, welche Bedeutung der Kalender für Sie persönlich hat.

Fragen Sie sich:

- Ist der Jahreskalender für Sie ein reines Planungsinstrument oder erleben Sie diesen mit starkem Bezug zu Jahreszeiten?
- Repräsentiert der Kalender für Sie vorrangig die lineare Abfolge der Tage, Wochen und Monate? Oder repräsentiert er auch die Zyklen von Tag-Nacht, Wochen, Mondmonate und Jahreszeiten?
- Verbinden Sie mit dem Jahreskalender besondere Tage wie etwa Geburts- und Feiertage? Haben Sie besondere Tage oder eine Zeit, in der Sie über das vergangene und/oder das kommende Jahr nachdenken?
- Hat der Kalender eines bestimmten Jahres für Sie eine besondere Bedeutung? Heben Sie Kalender nach Ablauf üblicherweise auf?

Variation der Übung: Noch ein Jahr zu leben

Eine ganz besondere, sicherlich nur für wenige mutige Menschen in Frage kommende Übung finden Sie bei Stephen Levine »Noch ein Jahr zu leben« (1998). Darin nimmt man sich vor, ein Jahr so zu leben, als wäre es das letzte Jahr (ausführlich im genannten Buch nachzulesen). Wie gesagt, dies ist eine sehr weit reichende »Übung«. Sie kann auch Anregungen geben, einzelne Elemente bei sich selbst bewusster zu erleben.

Folgerungen für den Umgang mit Zeiten und Zeitkompetenz

- Kalender sind kulturelle Innovationen zur Zeitmessung und -organisation.
- Sie ergänzen die Naturzeiten und ersetzen sie nicht.
- Mit dem Kalender umgehen zu können ist heute ein wesentlicher Teil der Zeitkompetenz.
- Die Datierung ist so wichtig wie die Zeiteinteilung in Jahr, Monat, etc.
- Das aktuell gültige Kalendersystem hat Unregelmäßigkeiten, die Aufwand für Zeitplanung erfordern.
- Die Zeiten des Kalenders sind nicht qualitätslose, homogene Zeiten. Vielmehr schaffen sie neue besondere Zeiten (z.B. Wochenende, Jahresanfang, Jubiläen, Gedenktage wie Geburtstag und Hochzeitstag, Feiertage etc.).

Effizienz und Effektivität

Wenn Sie zum Jahresende in einem größeren Schreibwarengeschäft einen Terminkalender, Timer oder Derartiges suchen, haben Sie eine große Auswahl. Über 80 Anbieter von Terminkalendern in Papierausgabe oder elektronischer Form bieten Produkte an. Wie kam es zu diesem Angebot zur Strukturierung unserer Zeit? Covey (1994) untergliedert die Entwicklung, die in den 1950er-Jahren begann, in Generationen. Wie auch bei den Menschen trifft man die verschiedenen Generationen gleichzeitig an:

- **Erste Generation – Gedächtnishilfen aller Art:** Verwendet werden Notizen und Listen. Dazu gehören auch die heutigen Post-it-Zettel. Unerledigtes wird für den nächsten Tag gesammelt.
- **Zweite Generation – Planung und Vorbereitung:** Jetzt werden einfache Terminkalender eingesetzt. Effizienz, Sicherheit und Terminplanung stehen im Vordergrund.
- **Dritte Generation – Planung, Prioritätensetzung und Kontrolle:** Es geht um klare Ziele und Prioritätensetzung. Dabei helfen differenzierte Formulare und Checklisten. Diese machen die klassischen Terminplaner zu einem großformatigen Allroundwerkzeug zeitlicher Koordination.
- **Vierte Generation – Prinzipienorientierte Planung:** Diese wird ab den 1990er-Jahren von Covey eingeläutet. Darauf, sowie auf andere neuere Entwicklungen des Zeitmanagements, gehen wir im nächsten Kapitelabschnitt ein.

Zusätzlich zu den Timern finden Sie ein großes Angebot von Seminaren und Büchern. Trotz aller Unterschiede haben diese gewisse Gemeinsamkeiten. So steht bei nahezu allen Zugängen die schriftliche Form im Mittelpunkt. Daneben sollen die unterschiedlichsten Methoden und Anleitungen zur »Optimierung« der Zeitgestaltung dienen. In der dritten Generation ist eine bis ins Kleinste gehende Zeitplanung auf völlige Kontrolle der Zeit ausgerichtet. Es ist eine Terminwelt. Die Methoden werden über die Arbeits- und Berufswelt hinaus auch auf die Privatsphäre ausgedehnt. Termine mit sich selbst, mit dem Partner, mit der Partnerin und Kindern sind darin nichts Ungewöhnliches.

Ab der dritten Generation wird die Unterscheidung zwischen Effizienz und Effektivität ein zentrales Element der Zeitorganisation. **Effektivität** bedeutet, die richtigen Dinge tun (Auswahl der Ziele). **Effizienz** bedeutet, diese Dinge richtig tun (Einsatz der Mittel). Bei der Effizienz geht es also darum, dass Sie Ihre Lebenszeit in allen Bereichen möglichst wirkungsvoll in Bezug auf die ausgewählten Ziele einsetzen. Wenn Sie die Leiter sehr zeiteffizient hinaufsteigen, jedoch an einer ungeeigneten Stelle aufgestellt haben, bleibt ihre Anstrengung, unter dem Strich gesehen, wirkungslos: Sie haben intensiv und fleißig das Falsche gemacht!

Deshalb ist es vorrangig, sich zunächst über die Ziele klar zu werden und daraus Prioritäten abzuleiten. Diese sind in dieser Zeitkontrollwelt schriftlich in eine Tages- beziehungsweise Wochenplanung umzusetzen. Dafür sollte regelmäßig Zeit reserviert werden. Am besten am Abend, am Ende des Arbeitstages oder nach der Arbeit oder morgens vor der Arbeit.

Im Laufe der Jahre wurde eine ganze Reihe von Methoden entwickelt, die bei dieser Art Planung behilflich sind. Einige davon sind inzwischen »Klassiker«. Diese Methoden können Anregungen geben, über die eigenen Kriterien für Prioritätenbildung nachzudenken.

Auswahl klassischer Methoden des Zeitmanagements

Paretoprinzip

Dieses Prinzip geht auf Vilfredo Pareto zurück (1848–1923). Das Grundprinzip lautet: Einige wenige Ursachen führen zu den wichtigsten Wirkungen. Spezifiziert in 80/20-Prinzip: 80 Prozent der Ergebnisse können auf 20 Prozent der Ursachen zurückgeführt werden. Daraus leitet sich Prioritätensetzung ab mit folgenden Fragen:

- Welche 20 Prozent meiner Arbeiten bringen den meisten Erfolg?
- Welche 20 Prozent der Kunden/Waren bringen 80 Prozent des Umsatzes?
- Welche 20 Prozent der Fehler verursachen 80 Prozent des Ausschusses?
- Welche 20 Prozent der Schreibtischarbeit ermöglichen 80 Prozent des Erfolgs?

Eisenhowerregel

Diese Methode ist ein weiteres Hilfsmittel zur Priorisierung. Sie ist nach ihrem Erfinder, US-General und Präsident Dwight Eisenhower (1890–1969), benannt:

- Ausgangspunkt ist die Unterscheidung der Dimensionen Wichtigkeit und Dringlichkeit einer Aufgabe.
- Daraus ergibt sich eine Matrix mit vier Quadranten: (Q1) dringend/wichtig, (Q2) wichtig/nicht dringend, (Q3) dringend/nicht wichtig, (Q4) nicht wichtig/nicht dringend.
- Man ordnet alle zu erledigenden Aufgaben den Quadranten zu.
- Empfohlen wird Reihenfolge dringend/wichtig (Q1) und dann nicht dringend/wichtig (Q2). Nicht wichtige Aufgaben sollten aufgegeben, delegiert oder vereinfacht werden.
- Covey baut auf dieser Matrix auf, setzt aber andere Schwerpunkte (s. S. 55f.).

ALPEN-Methode (Jeder Tag beeinflusst den nächsten Tag)

- **A**lle Aufgaben, Aktivitäten und Termine aufschreiben.
- **L**änge der Tätigkeiten (Zeitbedarf) schätzen.
- **P**ufferzeiten für Unvorhergesehenes einplanen; je nach Arbeitsplatz 30–50 Prozent Pufferzeit für unerwartete Aufgaben reservieren.
- **E**ntscheidungen über Prioritäten, Kürzungen und Delegationsmöglichkeiten treffen.
- **N**achkontrolle: Unerledigtes auf den nächsten Tag übertragen.

Oberstes Prinzip: Tun-Sie-es-sofort-Routine

- Sofortige Zu-ORTnung einer Aufgabe oder Erledigung! Zuordnung zum Beispiel zu Projektmappe, Hängeregister, Wiedervorlage, Rücksprache etc.
- Auf dem Schreibtisch sollte nur das Tagesgeschäft liegen. Alles andere liegt in den dafür vorgesehenen Ablagen.

Übung 8

Der Tag fängt gut an: Was liegt im Postkorb? *(Zeitmanagement)*

Aus der Vielzahl von Übungen des Zeitmanagements wählen wir die zwischenzeitlich bereits klassisch gewordene Postkorb-Übung aus. Diese bietet eine Möglichkeit, konstruktive Hinweise über den eigenen Umgang mit Zeit im Beruf und Privatleben für die Tagesplanung zu gewinnen. Sie wird gerne in Assessment-Centern eingesetzt. Covey verwendet sie, um seine Methoden zusammenfassend zu illustrieren. Beachten Sie bitte: Bei dieser Übung (abgewandelt nach Covey 1994) gibt es weder richtig noch falsch.

Die Aufgabenstellung

Sie kommen am Montag ins Büro, und folgende Themen stehen die nächsten Tage an. Hinter jeder Aufgabe steht die bislang von Ihnen eingeplante Gesamtdauer (Einheiten in Uhrenzeit). Stellen Sie für diesen Tag einen Zeitplan auf. Tragen Sie ein, welche Tätigkeiten Sie zu welcher Zeit machen würden. Sie können dabei Aufgaben weglassen oder auch die Bearbeitungszeiten verkürzen.

Beachten sie dabei bitte: Das folgende Beispiel bezieht sich auf einen klassischen Büroarbeitsplatz. Sie können die Aufgabenstellung natürlich gerne an Ihre eigene Arbeitssituation anpassen.

1. Mittagessen mit Ihrem Vorgesetzten (60–90 Minuten) um 12 Uhr;
2. Planungskonzept für kommendes Jahr erstellen (2–3 Tage);
3. Eingangskorb/E-Mail voll mit Post (30 Minuten);
4. Gespräch mit anderen Kollegen über den letzten Monat (4 Stunden);
5. dringende Aufgaben (Telefon, E-Mails schreiben) (1 Stunde);
6. Sie würden gerne wichtige Fachzeitschriften lesen (30 Minuten);
7. Kurzpräsentation für die nächste Woche vorbereiten (2 Stunden);
8. es gibt Gerücht, dass bei dem Produkt Z Probleme aufgetaucht sind;
9. jemand aus Nachbarabteilung möchte zu Projekt W zurückgerufen werden (30 Minuten) und
10. für 14 Uhr ist eine Besprechung angesetzt, aber Sie wissen nicht, worum es geht (1 Stunde).

Private Wünsche für diese Woche:

1. Tante im Krankenhaus besuchen (2 Stunden);
2. Kindergeburtstag (in 2 Tagen) vorbereiten/einkaufen (2 Stunden);
3. am Haus dringende Reparatur durchführen (2 Stunden) sowie
4. Fortbildungskurs aussuchen und anmelden (1 Stunde).

Schriftlicher Eintrag

Nehmen Sie ein DIN-A4-Blatt zur Hand, und schreiben Sie die Uhrzeiten von 6 Uhr bis 22 Uhr jeweils stundenweise in eine Zeile. Anschließend tragen Sie Ihre geplante Tätigkeit neben der entsprechenden Uhrzeit ein.

Fragen

(Bitte erst lesen, wenn Sie die Übung gemacht haben!)

- Welche der Tätigkeiten gehen Ihnen auch im Beruf »auf den Wecker«? (Zum Beispiel Meetings ohne Tagesordnung)
- Ist Ihre Zeitplanung realistisch?
- Wie geht es Ihnen gefühlsmäßig, wenn Sie den Tag so planen?
- Haben Sie genügend Puffer eingebaut? (Diese Übung verführt zum Verplanen und Füllen des Terminkalenders!)
- Haben Sie Ihren Arbeitsrhythmus und Ihre Arbeitsenergie beachtet?
- Haben Sie Themen gestrichen oder auf nächsten Tag verlegt? Warum?
- Nehmen Sie Arbeit mit nach Hause?

Tipp

Machen Sie die Übung nochmals, nachdem Sie das Buch ganz gelesen haben, und prüfen Sie, ob es Veränderungen in der Art gibt, wie Sie die Übung machen.

Die Erfahrungen mit den angeführten Methoden sind unterschiedlich. Dies ist klar, denn wir Menschen sind verschieden, und die Art, wie wir mit Zeit umgehen und umgehen können, ist sehr unterschiedlich (s. Kapitel »Eigenzeiten«). Wir sammeln ständig Erfahrungen. Damit ändert sich auch, wie wir uns zeitlich geschickt organisieren. Aufgaben können bezüglich der Zeitorganisation extrem unterschiedliche Anforderungen stellen (Planbarkeit, zeitliche Vorgaben und Freiräume, kleine Aufgaben, Mischungsverhältnis mit längerfristigen oder größeren Aufgaben). Außerdem ändern sich die technischen Mittel und damit die Wahlmöglichkeiten und auch die Notwendigkeiten so rasant, dass alle unflexiblen Methoden schon deshalb zu kurz greifen.

Covey, einer der führenden Vertreter dieser Richtung, gibt eine gute und kritische Übersicht über die Stärken und Schwächen der ersten drei der beschriebenen Generationen des Zeitmanagements (Covey u.a. 2001, 1. Kapitel).

Folgerungen für den Umgang mit Zeiten und Zeitkompetenz

- Zeitplaner und Methoden des Zeitmanagements sind wichtige Hilfsmittel für Planung und zeitliche Koordination.
- Diese Methoden sind nur für einen kleinen Ausschnitt von Aufgaben des Umgangs mit den Zeiten geeignet.
- Es gibt keine besten (»optimalen«) Methoden. Finden Sie für sich heraus, was für Sie persönlich in Arbeit/Beruf und Familie/Freizeit passend ist.
- Vermeiden Sie, Zeiten mechanisch in Zeitbruchstücke (*slots* wie bei Flügen) zu zerstückeln und zu fragmentieren. Sie brauchen Luft für offene Zeiten.
- Eine umfassende rechenhafte Kontrolle »der Zeit« ist nicht möglich und zu vermeiden. Das Streben danach erstickt Ihre Flexibilität, Kreativität sowie Offenheit für Neues und damit Freude am Leben (inklusive erfüllter Arbeit).

Der Zeitenkompass

Ein Kompass hilft, wichtige Ziele zu lokalisieren. Er kann Orientierung geben, um die Richtung zum Erreichen unserer (Lebens-)Ziele zu halten. Covey verwendet das Bild des Kompasses zur Kennzeichnung der von ihm vorgeschlagenen vierten Generation eines prinzipienorientierten Zeitmanagements (ausführlich können Sie das nachlesen bei Covey u.a. 2001). Mit diesem Modell sollen die Schwächen der vorangehenden Generationen vermieden werden.

Statt einer strikten Terminplanung soll nun ein Kompass mit übergeordneten Prinzipien und vier grundlegenden Bedürfnissen (physisch, mental, sozial, spirituell) die Richtung angeben und für »Glück« sorgen. Davon ausgehend, verschafft man sich zuerst Klarheit über die eigenen Werte und Rollen. Dann identifiziert man die dazugehörigen Tätigkeiten. Nach dem Prinzip »First things first« trägt man diese Tätigkeiten vorrangig in den Wochenplan ein.

Die vier Quadranten aus Dringlichkeit und Wichtigkeit

	Dringend	**Nicht dringend**
Wichtig	**I** Schwerpunkt dritte Generation Zeitmanagement	**II** Schwerpunkt vierte Generation Zeitmanagement nach Covey
Nicht wichtig	**III** Alle Generationen Zeitmanagement: delegieren/ rationalisieren/vereinfachen/Zeitgrenzen sezten	**IV** Alle Generationen Zeitmanagement: verringern/aussortieren

Covey und Mitarbeiter stellen den zweiten Quadranten der Eisenhowerregel (s. S. 52) in den Mittelpunkt: Es geht bei ihnen darum, möglichst die wirklich wichtigen Dinge zu tun und nicht durch das Erledigen ausschließlich dringlicher Aufgaben davon abgehalten zu werden. Sie plädieren weiterhin für eine schriftliche Zeitplanung und das Verwenden von Timern. Dabei gehen sie jedoch von einer Tages- zu einer Wochenplanung über. Nach ihrer Auffassung tendiert eine Tagesplanung zu sehr dazu, die kurzfristig dringlichen Aufgaben in den Vordergrund zu stellen. Dann werden die dringlichen Aufgaben wichtig. Der Terminkalender dominiert zu stark und behindert somit, erfüllte Zeit zu leben (s. dazu Übung 2, S. 29).

Covey ist nicht der Einzige, der versucht, die Stärken der bisherigen Zeitmanagementansätze zur Planung und zeitlichen Koordination weiterhin zu nutzen und zugleich die qualitative Seite der Lebensgestaltung stärker einzubeziehen. Begriffe wie Glück, Sinn, menschliche Beziehungen werden stärker gewichtet. Zum Tun kommt das Sein hinzu (so etwa auch Seiwert 2002b). Damit werden Schwächen aus der Anfangszeit des Zeitmanagements langsam aber sicher überwunden. Früher wurde Managern dagegen beigebracht, alle »überflüssigen Zeiten einzusparen«. Gesundheitliche Probleme waren nicht selten die Folge, wenn jede »überflüssige« Bewegung wegrationalisiert wurde. Deshalb wurden anschließend Empfehlungen zur körperlichen Bewegung gegeben. Damit wird die Realität der **Körperzeiten** zumindest ansatzweise anerkannt (s. S. 37ff. und 176ff.). Ebenso untergraben Vorschläge, noch mehr Aufgaben in immer kürzerer Zeit zu erledigen, in vielen Fällen die Motivation. Dies kann zu Sinnkrisen führen. Bei allen Weiterentwicklungen bestimmen aber immer noch Fragebögen und Checklisten das Bild (zu Zeiten von Managern interessant Sabelis 2002)

Diese neueren Ansätze des Zeitmanagements enthalten interessante Einzelhinweise zum Umgang mit den Zeiten. Das Bild des Kompasses wird bei Covey jedoch ausschließlich für die Bestimmung der übergeordneten Prinzipien und der daraus abgeleiteten Wichtigkeit von Aktivitäten verwendet. Immerhin findet sich dabei ein ausdrücklicher Verweis zu den Zeiten. Er ordnet »echte Erholung« den wichtigen Aktivitäten zu.

Zusammengefasst: Wie bereits ausgeführt, schlagen wir Ihnen vor, dass Sie sich ausdrücklich auf die Zeiten einlassen. Dabei wird sich zeigen: Zeiten sind Mittel zum Erreichen anderer Ziele. Und Sie gewinnen zugleich Eigenwertigkeit für Ihren Zeitwohlstand. Zeiten verkörpern damit auch Ziele und können zu Orientierungspunkten, Ihrem Zeitenkompass werden.

Timing ist (fast) alles

»It is all in the timing« – »Alles hängt am richtigen Timing« – so war ein Artikel in der *Financial Times* vom 18.9.2002 überschrieben. Am Timing? Kommt es nicht darauf an, möglichst schnell zu sein? Schneller als alle anderen? In einer Welt, in der sich die Debatte vorrangig um Geschwindigkeit und Beschleunigung beziehungsweise dessen Pendant, die Langsamkeit sowie Entschleunigung dreht, wirkt eine derartige Zuspitzung zunächst überraschend. Der Autor des Artikels, der sich mit der Entwicklung der Pensionsfonds und Kapitalmärkte befasst, hat dennoch gute Argumente für seine Pointierung. In Zeiten eines allgemeinen Booms, wenn die Märkte nur eine Richtung kennen, ist es einfach, mit allen anderen mit zu springen. In Zeiten, in denen die Entwicklung differenzierter verläuft und unsicherer wird, kommt dagegen dem richtigen Zeitpunkt von Entscheidungen ein überragendes Gewicht zu.

Timing – dies ist nicht nur in der Welt der Finanzdienstleistungen wichtig. Vielmehr gilt allgemein: Das richtige Timing ist für die Zeiten und damit für unseren Umgang mit den Zeiten grundlegend. Dies gilt für das Verhalten im Verkehr ebenso wie für die Koordination in Produktionsabläufen. Es gilt für die Familie und in der Freizeit. In den unterschiedlichsten Sportarten ist dies offenkundig ein zentraler Erfolgsfaktor, wie zum Beispiel beim Skispringen, bei dem man den richtigen Absprungzeitpunkt treffen muss.

UPS-Werbung

Warum lieben Firmenchefs Golf? Vielleicht ist es das Gefühl von perfektem Timing. Jeder Chef mag es, wenn die Dinge perfekt synchronisiert sind. Für sie bietet UPS synchronisierten Handel. Das heißt: ein ununterbrochener, aufeinander abgestimmter Fluss von Waren, Informationen und Kapital ...

Timing ist für alle Lebensvorgänge grundlegend. Dies können wir an einem Beispiel nachvollziehen, bei dem Timing der Schlüssel zum Verständnis eines neuartigen Problems wurde.

Die Biologin Theo Colborn bekam in den 1980er-Jahren den Auftrag, damals nicht recht einzuordnenden Fortpflanzungsproblemen von Vögeln, Fischen, Alligatoren und anderen Tieren nachzugehen. Es handelte sich um Tiere, die im beziehungsweise am Wasser leben. Die Großen Seen (Nordamerika), in denen diese Probleme auftraten, hatten durch Reinhaltemaßnahmen gegenüber der früheren, hohen Verschmutzung wieder eine deutlich bessere Wasserqualität. Deshalb konnten diese Probleme nicht zugeordnet werden. Alle gängigen Erklärungen ergaben keinen Sinn. Erst als Colborn einer zunächst ungewöhnlichen Spur nachging, fand sie das Ende eines Fadens im Wollknäuel von tausenden Befunden. Extrem niedrige Dosen von Hormonen, die nach üblichen wissenschaftlichen Maßstäben keine Wirkungen auf die Fortpflanzung der Tiere ausüben konnten, hatten negative Wirkungen. Warum? War sie einer neuartigen Homöopathie auf der Spur? Nein, es war viel einfacher, obgleich es für die Durchschnittswerte verwendenden Wissenschaftler nur schwer zu begreifen war. Selbst sehr geringe Dosen von Hormonen können in bestimmten sensiblen Phasen der Fortpflanzung sehr markante negative Wirkungen auslösen (s. Colborn u.a. »Our Stolen Future«1996).

Das bedeutet: Kleine Wirkungen können zu einem sensiblen Zeitpunkt sehr große Auswirkungen haben. In diesem Fall können sie den Bestand mancher Tierarten gefährden. Wer den Film »Lola rennt« kennt, hat eine gute Illustration für dieses Argument.

Folgerungen für den Umgang mit Zeiten und Zeitkompetenz

- Timing ist eine grundlegende Dimension der Zeit.
- Versuchen Sie für Ihre Planung zu nutzen, dass viele Ereignisse und Entwicklungen rhythmisch synchronisiert sind.
- Beachten Sie, dass eine starke Kontrollorientierung der Zeit, die dies missachtet, nicht nur einen sehr hohen Aufwand für Timing erfordert. Diese Orientierung behindert vielmehr auch Ihre Offenheit für überraschende Ereignisse und Abläufe.

(Un-)Pünktlichkeit

»Pünktlichkeit ist eine Tugend.« Hugo Grotius (1583–1645) wird diese Ergänzung des klassischen Tugendkanons zugeschrieben (nach Eriksen 2002, S. 63). Es ist kein Zufall, dass eine derartige Verhaltensmaßregel etwa um diese Zeit auftritt. Zunächst mussten die Uhren weit verbreitet sein und die Zeit genau genug anzeigen. Damit waren die Voraussetzungen für Pünktlichkeit geschaffen (zur Vorgeschichte finden Sie Ausführungen bei Dohrn-van Rossum 1995, 2. Kapitel). Es dauerte dann nicht mehr allzu lange, bis aus der Möglichkeit in gewissen Kreisen eine gesellschaftliche Notwendigkeit wurde.

Die Entwicklung der Vorstellungen zur und die Bewertung von Pünktlichkeit ist nicht nur kulturgeschichtlich interessant. Vielmehr ist dies in unserer mobilen Welt ganz praktisch bedeutsam. Levine schildert in »Eine Landkarte der Zeit« (1998), wie groß die Unterschiede in der Bewertung von Pünktlichkeit und dem tatsächlichen Verhalten weltweit trotz allgemeiner Verbreitung von Uhren und standardisierten Zeiten nach wie vor sind.

Das betrifft die Genauigkeit und damit die Bandbreite, was als un/pünktlich gilt. Es betrifft auch die Frage, welchen Stellenwert Pünktlichkeit überhaupt einnimmt.

Levine tat sich beispielsweise trotz seiner Erfahrungen mit dem verglichen mit der amerikanischen Ostküste schon etwas lässigeren Kalifornien zu Beginn seiner Gastprofessur in Brasilien mit dem dortigen Verhalten sehr schwer. Zugleich eckte er selbst oft an. Er war vorgewarnt worden, dass das Zu-spät-Kommen ganz normal sei. Was er nicht erwartet hatte, war die aus seiner Sicht extreme Form. Besonders erstaunt war er darüber, dass dies nicht nur für die Anfangszeiten, sondern ebenso für das Ende der Lehrveranstaltungen galt. Viele der Studierenden waren auch eine halbe Stunde nach dem offiziellen Schluss noch da und hatten Fragen. Er hatte Probleme wegzukommen, um seine nächsten Verpflichtungen wahrnehmen zu können. Ganz anders waren dagegen die Studenten zu Hause, die erwarteten, dass die Veranstaltungen auf die Minute genau endeten. Auf Grund dieser Erfahrungen befasste er sich intensiv mit den unterschiedlichen Pünktlichkeitskulturen.

Auch innerhalb der Kulturen gibt es große Unterschiede. Dies betrifft die Beziehungen der Beteiligten zueinander ebenso wie die Art der Situation: In hierarchisch geprägten Betrieben ist das, was als pünktlich gilt oder als unpünktlich nicht mehr akzeptabel ist, je nach Status und Funktion deutlich verschieden. Bei privaten Verabredungen hängt es unter anderem davon ab, wie vertraut man miteinander ist. Ist man eher förmlich eingeladen, kann man wohl etwas zu spät kommen. Würde man aber die gleiche Zeitspanne früher kommen, würde dies als unhöflich gelten. Nicht nur Verspätungen, sondern auch **Verfrühungen** können negativ besetzt sein (bei Einladungen: stört bei Vorbereitungen; bei Meetings: kann mit Zeit nicht effizient umgehen).

Derzeit erleben wir einen **Wandel der Pünktlichkeitskultur.** Es hatte Generationen gedauert, bis Zeitdisziplin in bestimmten Ländern durchgesetzt war. Im Industriezeitalter fand das durch das Fließband seinen besonderen Ausdruck (s. S. 106f.). Seither haben sich die Pünktlichkeitsnormen deutlich verändert. Nicht nur jüngere Menschen haben ein anderes Verständnis. Auch im Geschäftsleben kommt durch Handys und andere Mobilitätstechniken zunehmend der Termin auf Sichtweite in Mode. Das passt zur **geforderten Flexibilität.** Zur flexiblen Abstimmung brauchen wir zusätzlich Zeit.

Folgerungen für den Umgang mit Zeiten und Zeitkompetenz

- Es gibt bestimmte Zeitnormen, die prägen, was als zeitliches Verhalten angemessen und was als nicht akzeptabel gilt.
- Trotz einer zunehmenden Standardisierung der Zeit gibt es diesbezüglich nach wie vor große Unterschiede zwischen verschiedenen Kulturen und auch innerhalb von Kulturen.
- Am Beispiel Pünktlichkeit können Sie sehen, wie sich diese kulturell vermittelten Normen im Zeitablauf ändern können.
- Es gehört zur Zeitkompetenz, mit dieser Differenziertheit der Bewertung im Umgang mit Zeiten umgehen zu können.
- Versuchen Sie zu verstehen, welche Pünktlichkeitskultur in Ihren verschiedenen Rollen vorherrscht. Kriterien hierfür sind unter anderem Status und Macht; Vertrautheit; Alter; Einfluss der Handy-Mobilitätskultur; Verbindlichkeit, Rolle bei Terminen.
- Vergessen Sie neben Verspätungen nicht die Verfrühung.

Planvoll, flexibel, spontan

Damit haben wir den Weg des Timings fast abgeschritten. Zukünftige Ereignisse und Handlungen vorausschauend einzuplanen ist der erste Schritt.

Der zweite Schritt ist vergleichbar elementar: flexibel zu sein. Dies war für das Zeitmanagement von Anfang an ein Problem. Eine möglichst detaillierte Planung und Zeitkontrolle ist durch Unerwartetes ständig gefährdet. Deshalb wurden frühzeitig Empfehlungen für Pufferzeiten gegeben. Das hilft etwas. Aber nicht so richtig. Denn im Prinzip bleiben in dieser Sicht Überraschungen der »Gegner«. Diesen gilt es möglichst zu kontrollieren, klein zu halten. Flexibilität tendiert in dieser Haltung dazu, Krisenmanagement zu sein. Dringliches gewinnt die Oberhand (dazu ausführlich Covey u.a. 2001).

Eine **andere Grundeinstellung** ist gefragt: von der Kontrollorientierung zu einer offenen Haltung, in der Planung und zeitliche Koordination mit Flexibilität verbunden wird. Unerwartetes kann Chancen beinhalten. Wenn wir mit Überraschungen rechnen und nicht auf die Abarbeitung von zu erledigenden Listen fixiert sind, können wir diese leichter erkennen. Probleme und Risiken können bei entsprechender Sensibilisierung früher erkannt werden. Dauerbelastung durch Krisenmanagement (Task Force) nimmt ab.

Es geht also darum, angemessen planen zu können und dabei weiterhin flexibel zu sein. Dafür reicht es nicht, Puffer einzubauen. Es geht um etwas anderes: Einen flexiblen und spontanen Umgang mit den Zeiten. **Spontaneität ist nicht planbar**, obwohl sich in der Zeitmanagementliteratur auch für »geplante Spontaneität« Empfehlungen finden.

> »**Schaffe Spontanzeit.** Erinnern Sie sich, welches Vergnügen Ihnen Schneetage als Kind bereiteten? Erwachsene sollten sich ihre eigenen Schneetage machen – eine Zeit für ungeplante, unerwartete Ereignisse. Wählen Sie sich einen Nachmittag in drei Wochen aus, schreiben Sie Ihren eigenen Namen in Ihren Terminkalender, und verlassen Sie Ihre Arbeit frühzeitig für einen ungeplanten Spaziergang. Gehen Sie, wohin immer Sie Ihre Laune treibt. Oder nehmen Sie sich einen Samstag vor und verlassen das Haus ohne ein bestimmtes Ziel.« *(Zeitschrift Utne, Januar/Februar 2003, S. 64; eigene Übersetzung)*

Auch das ist Timing: Die Gelegenheit beim Schopfe packen, wenn sich eine Idee für ein lang bearbeitetes Problem ergibt; wenn sich ein kritischer Moment in einem Projekt »plötzlich« zeigt; wenn überraschend eine Geschäftschance auftaucht. Zeitkompetenz bedeutet, Freiräume für derartige Flexibilität und Spontaneität zu erkennen und zu pflegen.

Zeitorganisation und Spontaneität. Der Vortrag des Trainers zum Zeitmanagement war auf einer Tutzinger Tagung sehr gut angekommen. Intensiv wurden Einzelfragen zur Anwendbarkeit der vorgestellten Methoden gestellt und beantwortet. Da meldete sich ein Teilnehmer: »Ihr Vortrag hat mir viele praktische Anregungen zu meiner Zeiteinteilung gegeben. Aber was sagen Sie zu folgendem Fall, der mir persönlich passiert ist. Da läutete es einmal an der Tür, und eine ältere Frau aus meiner Gemeinde stand draußen. (Fragesteller war Pfarrer in einer ländlichen Gemeinde) ›Ich wollte Ihnen nur etwas von der Schlachtplatte vorbeibringen‹, sagte die Bäuerin. Nach Ihren Zeitmanagementmethoden hätte ich mich knapp und freundlich bedanken sollen, um dann wieder an der Predigt arbeiten zu können; nach dem Prinzip ›Störungen klein halten‹. Irgendwie kam mir aber das Verhalten der Bäuerin seltsam vor, der Zeitpunkt und ihre ganze Art. So bat ich sie herein. Im Laufe des Gesprächs erzählte sie mir, dass sie massive Probleme hätte und sie sich etwas antun wolle. So wie ich sie kannte, wäre ich vorher nie darauf gekommen.« Der Pfarrer fuhr fort: »Wie die Frau wieder gegangen war, wurde mir klar, dass sie gekommen war, um in ihrer Not ein Gespräch führen zu können. Die Schlachtplatte war nur der äußere Anlass ihres Besuchs. Wie sieht es für derartige Fälle mit Ihren Zeitplanungsmethoden aus?« *(Martin Held bei einer Tutzinger Tagung)*

Man kann Spontaneität nicht planen. Es gibt jedoch Zugänge, mit denen Sie die Fähigkeit und Offenheit für neue Situationen und Herausforderungen üben können. Das Improvisationstheater trainiert die geistige Flexibilität. Sie lernen, **spontan und kreativ auf Unvorhergesehenes zu reagieren.** Denn auch unser Alltag ist, ob im Beruf oder sonst, voll von Überraschungen.

Keith Johnstone (geb. 1933) entwickelte diese Methode in den 1950er-Jahren. Seit 1971 lebt er in Calgary, Kanada. Mehrmals im Jahr kommt er nach Europa und hält Kurse in Deutschland (www.keithjohnstone.com). Seit etwa zehn Jahren gibt es auch in Deutschland Improvisationstheater, die nach seiner Methode arbeiten. Fast in jeder größeren Stadt sind sie unter Namen wie »Fast-Food-Theater«, »Spontantheater«, »Improtheater« oder Ähnlichem zu finden.

Wie können wir seine Methoden anwenden? Ausgangspunkt ist folgendes Grundprinzip: Man spricht keinen festen, vorher abgestimmten Text. Man erfindet spontan eine kurze Theaterszene. Johnstone entwickelte dazu eine Reihe von Übungsstücken, um die Spontaneität und Schnelligkeit der Akteure spielerisch zu trainieren. Zur Anregung haben wir für Sie einige Spiele ausgewählt (Johnstone 1998; Vlcek 2000). Die Übungen können Sie ab zwei Personen durchführen. Je größer die Gruppe, desto lustiger und interessanter wird es.

Übung 9

Ganz schön spontan *(Improvisationstheater)*

- **Erste Improvisations-Übung: oh ja!**
  Alle gehen durch den Raum. Wer Lust hat, ruft: »Lasst uns doch ...« und macht damit einen Verhaltensvorschlag (zum Beispiel laut gähnen). Die anderen rufen bei jedem Vorschlag »oh ja!« und führen die Vorgabe so lange durch, bis der nächste Vorschlag kommt.
- **Zweite Improvisations-Übung: Falsche Bezeichnungen vergeben**
  Alle gehen durch den Raum. Zeigen Sie auf eine bestimmte Sache und geben Sie dieser eine falsche Bezeichnung (zum Beispiel statt Stuhl etwa Kühlschrank; statt Lautsprecher Blumenvase).
- **Dritte Improvisations-Übung: Geschichten gemeinsam erzählen**
  Eine Person beginnt eine Geschichte mit dem ersten Wort zu erzählen. Der Nächste fügt dazu ein weiteres Wort an und so fort. Ziel ist es, eine zusammenhängende Geschichte zu entwickeln.
- **Vierte Improvisations-Übung: Händeschütteln einmal anders**
  Alle wandern durch den Raum, begegnen einander und begrüßen sich mit Händeschütteln. Vor jedem Händeschütteln überlegen Sie sich, wie oft Sie die Hand des anderen schütteln wollen (1- bis 5-mal). Versuchen Sie bitte, diese Anzahl dann auch bei jedem Händeschütteln umzusetzen, unabhängig davon, wie häufig Ihr Gegenüber sich das vorgenommen hat.

Auswertung

- **Erste Übung:** Manchmal hat man keine Lust, auf den Vorschlag zu reagieren. Wie gehen Sie damit um?
- **Zweite Übung:** Falsche Namen zu vergeben übt die Zweigleisigkeit des Denkens. Meiner Erfahrung nach fällt dies am Anfang sehr schwer.
- **Dritte Übung:** Hier kommt man mit Vorausdenken nicht weiter. Man lernt, die Vorgaben des Miterzählers spontan aufzunehmen.
- **Vierte Übung:** Bei unterschiedlicher Häufigkeit des Händeschüttelns wird eine Person länger schütteln wollen. Die andere Person lernt dabei ihre eigenen Reaktionsweisen auf Unvorhergesehenes besser kennen.

Timing – Was nehme ich mit für meine Zeitkompetenz?

Sie sind kalenderkundig. Sie können mit Kalendern und Timern planen. Je nach Aufgabenstellungen und Situationen ist es für Zeitkompetenz besonders wichtig, Terminkalender und unterstützende Methoden als Hilfsmittel *flexibel* verwenden zu können. Damit wir dadurch nicht eingeengt werden, sondern spontan bleiben. Zu üben ist dafür insbesondere die Kunst der Unterscheidung: Für welche Aufgaben und welche Situationen ist jeweils planvolles Handeln angesagt und wann Flexibilität und Spontaneität? Welche Zeitanteile und Zeiten sind zu planen und welche nicht? Ebenso wichtig ist es, den angemessenen Grad der Genauigkeit der Planung zu verstehen und die Zeit nicht zu detailliert zu stückeln. Falls Sie noch versuchen, Ihre Zeiten durchgängig zu kontrollieren, versuchen sie, Offenheit für Entwicklungen zu trainieren.

Dazu ist das generelle Verständnis der Zeiten hilfreich: Timing ist ein allgemein gültiges temporales Grundprinzip (geeignete Abfolge von Aktivitäten, angemessene Zeitpunkte; Synchronisierung, Vermeidung von Gleichzeitigkeit). Unsicherheit ist ein allgemein gültiges temporales Grundprinzip. Es gibt gewisse Regelmäßigkeiten zeitlicher Abläufe. Und es gibt kleine und größere Abweichungen. Seien Sie nicht überrascht über Überraschungen. Gehen Sie davon aus, und leben Sie mit den Zeiten.

Einige **ausgewählte Literaturempfehlungen** zu diesem Kapitel finden Sie auf Seite 234f.

Speed

Von Gazellen und Löwen

»Jeden Morgen wacht in Afrika eine Gazelle auf. Sie weiß, sie muss schneller laufen als der schnellste Löwe, um nicht gefressen zu werden.
Jeden Morgen wacht ein Löwe auf. Er weiß, er muss schneller als die langsamste Gazelle sein, oder er würde verhungern.
Es ist egal, ob man ein Löwe oder eine Gazelle ist: Wenn die Sonne aufgeht, musst du rennen!«

Rennen! Immer nur rennen! Dies bringt eine Grundstimmung auf den Punkt. Um mithalten zu können, müssen wir schnell sein. Möglichst schnell. Permanent schnell. Wer auf der Stelle bleibt, fällt zurück. Zugleich schwingt in der öffentlichen Diskussion die vielfach anzutreffende, negativ getönte Erfahrung mit: Eile, Hetze, Hast, Hektik, Zeitdruck.

Woher stammt dieses Zitat? Es spielte im vergangenen Jahrzehnt bei den Veränderungsprozessen in Unternehmen eine wichtige Rolle, die unter Etiketten wie »Speed-Management« bei den Rationalisierungs- und Reorganisationsschüben der Konzerne abliefen. Unter der Überschrift »Zeitoptimierte Prozesse« war die Gazellengeschichte beispielsweise das Eingangs-Chart des entsprechenden Programms eines führenden deutschen Technologiekonzerns. Unter dem Motto: Time Optimized Processes – TOP! ersetzte der Slogan »Die Schnellen fressen die Langsamen« in kurzer Zeit das Motto »Die Großen fressen die Kleinen«.

Die Firma Fibernet Europe wirbt beispielsweise auf einer Zeitungsseite mit Stellenangeboten mit dem Slogan »Be fast or be food. Es gibt keine Starken oder Schwachen. Nur Schnelle und Langsame.«

Ist für den Erwerb der Zeitkompetenz Speed-Training angesagt, damit Sie in der Hochgeschwindigkeitsgesellschaft besser mithalten können? Nehmen Sie sich in Ihrem eigenen Tempo Zeit für Geschwindigkeit.

Es gibt Situationen, in denen es darauf ankommt, Geschwindigkeiten gut abschätzen zu können, zum Beispiel im Straßenverkehr. In vielen beruflichen Aufgaben ist es entscheidend, abschätzen zu können, in welchem Tempo Abläufe möglich sind, um entsprechend zu planen, Zeiten abzustimmen, Nachschub zu organisieren und so weiter. Wie gut sind Sie im Schätzen von Geschwindigkeiten in unterschiedlichen Situationen?

Übung 10

Schätzen Sie Geschwindigkeiten? *(Beobachtung/Eingangsreflexion)*

Nehmen Sie sich einen Ihnen noch nicht bekannten Fußweg vor. Gehen Sie diese Strecke und versuchen Sie ohne Hilfsmittel wie Uhr, Karte, Wegweiser Ihre Geschwindigkeit abzuschätzen. Bei längeren Strecken können Sie auch das Fahrrad benutzen.

Lassen Sie durch einen Beobachter die entsprechenden Angaben festhalten, sodass Sie im Nachhinein die tatsächliche Geschwindigkeit abklären können.

Nach einigen derartigen Durchgängen spüren Sie nach, an was es liegt, wenn Ihr subjektives Geschwindigkeitserleben sich von den tatsächlichen Geschwindigkeiten stark unterscheidet. Fragen Sie sich:

- Geht es mir bei der Abschätzung der Geschwindigkeit von Arbeitstätigkeiten ähnlich?
- Wovon ist dies abhängig (Vertrautheit Situation, Zeitdruck, Kontrollierbarkeit)?
- Täusche ich mich regelmäßig im Zeitbedarf?

Eilige Zeiten

Bevor uns der Kopf schwindelt von Beschleunigungstechniken, ist ein Blick auf die Ausgangsgeschwindigkeiten hilfreich. Menschen sind bei den Höchstgeschwindigkeiten ohne Hilfsmittel weder auf dem Land noch im Wasser mit Spitzenleistungen vertreten, wie Sie der nachfolgenden Übersicht entnehmen können. Bei Ausdauerleistungen liegen sie ganz passabel. Beim Triathlon zu Wasser, Land und Luft würden wir schlecht abschneiden, da wir nicht fliegen können.

Höchstgeschwindigkeiten von Tieren und Menschen

Höchstgeschwindigkeiten auf dem Land

- Gepard: bis zu 120 km/h (maximal über 500 m);
- Strauß: bis zu 70 km/h (längere Strecken);
- Pferd: bis zu 70 km/h (schnellstes Nutztier);
- Mensch: bis zu 44 km/h (über 100m-Strecke; ohne technische Hilfsmittel);
- Afrikanischer Elefant: bis zu 40 km/h (Länge nicht angegeben);
- Riesenschildkröte: bis zu 1,9 km/h (langsamstes Reptil);
- Gartenschnecke: bis zu 0,05 km/h.

Höchstgeschwindigkeiten im Wasser

- Barrakuda: bis zu 150 km/h (schnellster Fisch);
- Schwertwal: bis zu 65 km/h (schnellster Meeressäuger);
- Eselpinguin: bis zu 36 km/h (schnellster Wasservogel);
- Mensch: bis zu 7,5 km/h (Weltrekord über 50 m Freistil).

Höchstgeschwindigkeiten in der Luft

- Wanderfalke: bis zu 360 km/h (im Sturzflug);
- Fliegender Fisch: bis zu 55 km/h;
- Steckmücke: 1,4 km/h;
- Mensch: 0 km/h (kontrolliert ohne Hilfsmittel).

(Aus: Blaube, Wolfgang: Tierisches Tempo. In: Zeitschrift mobil 2/2001, S. 46–50)

Ist dies nicht etwas für Quizsendungen beziehungsweise für biologisch Interessierte? Weit gefehlt. Diese Grundtatsachen des Lebens sind äußerst wichtig und für Zeitkompetenz unmittelbar relevant.

Folgerungen für den Umgang mit Zeiten und Zeitkompetenz

- Geschwindigkeit ist eine der grundlegenden Dimensionen der Zeit.
- Es gibt bestimmte typische Geschwindigkeiten (Licht-, Schallgeschwindigkeit; maximale Geschwindigkeiten bei der Fortbewegung).
- Unterschiedliche Geschwindigkeiten haben sich in der biologischen Evolution unter verschiedenen Bedingungen bewährt.
- Beachten Sie die jeweils angemessene Geschwindigkeit für Ihre unterschiedlichen Aufgaben in Beruf und Familie.

Zurück zur Geschichte der Beschleunigung und Geschwindigkeit. Unsere Vorfahren domestizierten Wildtiere. Sie steigerten damit ihre eigene maximale Transportgeschwindigkeit und vergrößerten ihren Aktionsradius. In Hochkulturen, wie beispielsweise bei den Persern und später im Römischen Reich, konnte durch geschickte Organisation (Stafetten-Prinzip) die Höchstgeschwindigkeit über große Entfernungen ausgeschöpft werden. In der ersten Hälfte des 19. Jahrhunderts gelang in Europa ein Durchbruch, ein qualitativer Sprung bei den technisch erreichbaren Geschwindigkeiten. Mit der Erfindung der Eisenbahn wurden weite Räume erschließbar, und große Märkte konnten entstehen. Dies gab den Anstoß zur Standardisierung der Ortszeiten in Zeitzonen und Weltzeit.

Und wieder ist eine lange und spannende Geschichte kurz zu machen (mehr dazu in Gleick 2000; Borscheid 2004). Zunächst noch gemächlich, in Zeiträumen von Generationen und Jahrzehnten, wurden immer weitere Beschleunigungstechniken erfunden (vgl. die kleine Auswahl auf Seite 70). Diese verbreiteten sich in den sich industrialisierenden Staaten in **alle Lebensbereiche** und zeitlich versetzt zunehmend über **alle Teile der Welt**.

Die einzelnen Beschleunigungstechniken veränderten die Wirtschaft und die Gesellschaft. Noch weitreichendere Folgen hatte deren **Zusammenwirken und Vernetzung.** Nicht nur einige Manager haben einen eiligen Lebensstil. Immer mehr wurde dieser gesellschaftlich mit Prestige aufgeladen und zum Statussymbol. Wer Zeit zum Schlendern hat, ist in dieser Sicht kein genießender Mensch. Vermutlich hat er nur zu wenig zu tun.

Symptomatisch für die Ausbreitung der Beschleunigung in nahezu allen gesellschaftlichen Bereichen ist, dass heute selbst als traditionell empfundene Medien wie Bücher davon betroffen sind.

Kleine Auswahl der Beschleunigungstechniken

- **Physischer Verkehr:** Eisenbahn, Dampfschiff, Fahrrad, Automobil, Flugzeug, Steighilfen (beispielsweise Gebäudelift, Seilbahn), Raketen.
- **Information und Medien:** Buchdruck (früher Vorläufer); Zeitung, Tele-, Phono-, Fotografie, Telefon, Radio, Film, TV, Fax, Internet, E-Mail.
- **Alle Lebensbereiche und Wirtschaftssektoren:** Maschinen und Maschinenstraßen aller Art (zum Beispiel Druckmaschinen), Ernährungszubereitung (industriell vorgefertigte Mahlzeiten, Mikrowelle, etc.), Haushaltsgeräte aller Art (Waschmaschine und viele andere Geräte), Sportgeräte, Zigarette statt Zigarre.
- **Zusammenwachsen der Beschleuniger:** Vernetzung und Mobil-Werden der Geräte (Beispiel: Telefon – Handy, PC – Internet – Laptop), Fernmessung, Fernwirkung, Telebanking.
- **Natur:** Begradigung Flüsse, Brücken, Züchtung Nutztiere und -pflanzen, Wachstumshormone.

»**Die Buchbeschleuniger.** ›Höher – schneller – weiter‹ lautet die klassische Devise von Rekordjagden im Sport. Auch die Freunde des Buches müssen erkennen, dass ihr Lieblingsmedium mit gespannten Muskeln in den Startlöchern hockt. Sentimentale mögen es mit Sten Nadolnys buchtitelstiftender ›Entdeckung der Langsamkeit‹ halten, doch sie haben ihren Lesesessel im beschaulichen Abseits bezogen, fernab von den Tempomachern des Marketings. (...) Am 23. April nämlich, an seinem ›Welttag‹, wird das Buch ›so schnell, wie es noch nie in seiner langen Geschichte war‹. Das verspricht die Stiftung Lesen in Mainz, einer Stadt, die seit dem Wirken Johannes Gutenbergs eine erste Adresse für Buchbeschleuniger ist. Dazu sollen vierzig Schriftsteller in morgendlicher Stunde zusammenkommen, um von ausgewählten Lektoren ein Thema zur erzählerischen Ausschmückung zu erhalten. Zwei Stunden bleiben ihnen für ihre Texte (...) Abends um sieben muss das Opus fertig sein (...) Alle Exemplare der Auflage, die diese Terminhürde pünktlich nehmen, schmückt fortan rhetorischer Lorbeer: Als »schnellstes Buch der Welt« besteigen sie Expresszüge, um noch am selben Abend auf den Bahnhöfen diverser Großstädte empfangen und vorgelesen sowie im Internet rezensiert zu werden.« *(Neue Zürcher Zeitung, Internat. Ausgabe 19.2.2003, S. 41)*

Ebenso wichtig ist die »Beschleunigung der Beschleunigung«. Die Verbreitung der Eisenbahn, der Telegrafie und des Telefons dauerte viele Jahrzehnte. Die Ausbreitung von Mobiltelefonen war dagegen eine Sache von wenigen Jahren.

Diese ungebrochene Dynamik verursacht bei vielen Menschen das Gefühl, der Zeit hinterherzurennen. »Nahezu alles wird schneller.« Alles? Nein: Nur manches beschleunigt sich. Wie ausgeführt, dreht sich die Erde wie eh und je. Häufig erzeugt Beschleunigung geradezu Verlangsamung. Stauerfahrene Zeitgenossen können das nachfühlen. In den Informationsfluten der Internetwelt nach Auswahlkriterien suchende Zeitgenossen ebenso. Versuche, einen dringend benötigten Handwerker zu bestellen, führt nicht selten in die zeitlos beständige Telefonschleifenwelt.

Beschleunigung erzeugt darüber hinaus Gegenströmungen. Denn bei zunehmender Geschwindigkeit bleibt Qualität auf der Strecke. Beliebt ist deshalb die zahlenmäßig kleine »Slow-Food-Bewegung«. Ihr liegt die Erfahrung von Essensgenuss und Esskultur zu Grunde. Auch die braucht ihre Zeit. Wenn wir uns diese nicht mehr nehmen, können wir zwar, physiologisch betrachtet, eine bestimmte Kalorienzahl einnehmen, der Genuss geht dabei aber verloren.

Techniken bieten Beschleunigungspotenziale an. Man muss sie aber nicht zwingend nutzen. Sie hängt vielmehr von deren Einschätzung, Bewertung und dem Kosten-Nutzen-Verhältnis ab. Schnelligkeit bei Rettungseinsätzen nach Unfällen hat positive Wertigkeit.

In bestimmten Situationen und Aktivitäten kann Schnelligkeit Spaß machen und Lebensfreude bringen. Sie kann etwa dazu dienen, die eigene Leistungsfähigkeit auszuloten. (Nicht nur) junge Menschen können sich daran messen und reifen. Dazu einige Anregungen für Ihren persönlichen Zugang.

Übung 11

Schnelligkeit macht Spaß *(Bewegung)*

Welche Sportarten machen Ihnen am meisten Spaß? Hat das unter anderem mit der Geschwindigkeit dieser Sportart zu tun? Was sind die Unterschiede zwischen Squash und Golf, Baseball und Cricket? Entdecken Sie Ihre persönlichen Geschwindigkeiten:

- Beobachten Sie Ihre normale Gehgeschwindigkeit in unterschiedlichen Situationen: in der Arbeit, bei der Suche nach Unterlagen, auf dem Weg zu einer Besprechung, beim Einkaufen, Bummeln oder Spazierengehen.
- Übertragen Sie Ihre Gehgeschwindigkeit von einer Situation auf die andere? Viele übernehmen ihre hohe Geschwindigkeit im Berufsleben in den Freizeitbereich. Das kann dazu führen, dass man im Supermarkt die Nahrungsmittel eilig zusammenrafft, obwohl man reichlich Zeit hätte.
- Werden Sie schneller oder langsamer, wenn Sie mehrere Dinge gleichzeitig machen (zum Beispiel zuhören und essen, telefonieren und PC-Eingabe)?

Auch *Tanzen* ist eine wunderbare Möglichkeit, die Wirkung von Geschwindigkeit auf Körper und Geist zu entdecken: Was ist ihr Lieblingstanz? Bevorzugen Sie mehr schnelle Tanzarten (Rock'n Roll) oder mehr langsame (Blues)? Oder hat jede etwas für sich? Erleben Sie manchmal Diskrepanzen zwischen Ihrem inneren Geschwindigkeitsbedürfnis und der Geschwindigkeit der Musik?

Tipp

Sie können diese Art Übung auch auf andere Zeitdimensionen ausdehnen wie etwa Rhythmen und Timing.

»**Schnell ist schön ...** Haben Sie schon einmal etwas von ›High-Speed-Mountaineering‹ (HSM) gehört? Nun, dabei handelt es sich – der Anglizismus lässt es schon erahnen – um einen in den USA entwickelten Trendsport. (...) So ist es kein Wunder, dass bergbegeisterte Boys/Girls ihre knapp bemessene Freizeit optimal nutzen, indem sie in einer affenartigen Geschwindigkeit auf Berge rennen oder durch senkrechte Granitwände sprinten – Letzteres als Variante ›High-Speed-Climbing‹ (HSG). Erste Ansätze von HSM – nicht mit BSE verwechseln – sind vereinzelt auch bei uns in den Alpen seit einigen Jahren zu beobachten, aber jetzt scheint sich der Trend festzusetzen ...« *(DAV Panorama/Mitteilungen des Deutschen Alpenvereins, Dez. 2002)*

In anderen Situationen suchen wir Ruhe. Einiges geht uns zu schnell. Beschleunigung wird in manchen Zusammenhängen negativ bewertet. Denken Sie etwa an Alterungsprozesse oder unerwünschte Änderungen.

Vielfach ist das, was als Siegeszug eines sich beschleunigenden High-Speed-Trends verkauft wird, etwas ganz anderes. Nehmen Sie das Überschallflugzeug »Concorde«, deren Flüge im Herbst 2003 eingestellt wurden, oder die Magnetschwebebahn »Transrapid«. »Jenseits der Schnelligkeit« – allein der Name deutet die Fantasien an, die in der Zeit dieser Erfindungen in den 1960er-Jahren gängig waren. Beides sind Beispiele für den Sachverhalt, dass die technischen Erfindungen zur Beschleunigung vielfach Ausdruck technischer Begeisterung und Fantasien sind. Teilweise sind sie ohne Subventionen wirtschaftlich nicht konkurrenzfähig.

Es ist vorteilhaft, derartige Fantasien aufzugeben. Dann sehen wir alle wieder realistischer die Reichweite der Beschleunigungspotenziale: Die tatsächliche Beschleunigung ist in ihrem Tempo und ihrer Vernetzung **historisch einmalig**. Zu verstehen, wie wir damit angemessen umgehen können, ohne uns zu »Tode zu hetzen«, ist gesellschaftlich und für uns persönlich relevant.

»Rom wurde nicht in einem Tag erbaut.« Nicht anders verhält es sich mit den Beschleunigungspotenzialen. Wir brauchen mindestens eine Generation, bis die Produkte ausgereift und in unsere Lebenswelten und gesellschaftlichen Strukturen eingebettet sind. Wir sind nicht gezwungen, alle technisch möglichen Beschleuniger zu verwenden.

Wir verarbeiten tagtäglich einen ständigen Strom von Erlebnissen und Eindrücken. Wir interpretieren, vergleichen und verändern unsere persönlichen Grundeinstellungen (Glaubenssätze). Diese bestehen meistens aus (un)bewussten Verallgemeinerungen über uns selbst, die anderen und die Welt. Sie prägen uns und helfen bei der Organisation unseres Lebens. Da sie unser Verhalten wesentlich beeinflussen, ist es sinnvoll, sie zu kennen. Eine einfache, wirkungsvolle Möglichkeit besteht darin, sich über die eigenen Redensarten und Mottos klar zu werden (s. Übung 12, S. 74).

Folgerungen für den Umgang mit Zeiten und Zeitkompetenz

- Beschleunigung ist ein grundlegender gesellschaftlicher Trend.
- Es gehört zur Zeitkompetenz, mit den neuen Beschleunigungspotenzialen zurechtzukommen.
- Versuchen Sie zu erkennen, wie Sie diese Potenziale für Ihre Aufgaben vorteilhaft einsetzen können.
- Ebenso, was Sie in welchen Situationen besser bleiben lassen.
- Kultivieren Sie Gelassenheit im Umgang mit Beschleunigung und Schnelligkeit.
- Beachten Sie, dass beim Unterlassen von Aktivitäten Souveränität geboten ist, gerade wenn bestimmte Geräte als normal vorausgesetzt werden (zum Beispiel bezüglich der Erreichbarkeit durch Handy und E-Mails).

Übung 12

»Wer rastet, der rostet« und »Eile mit Weile« *(Glaubenssätze)*

a) Welche *spontane(n) Satzergänzung(en)* fällt/fallen Ihnen zu den nachfolgenden Formulierungen in Zusammenhang mit Geschwindigkeit ein?

- »Ich bin zu «
- »Jeder sollte ....«
- »Immer wenn ...... , dann ....«
- »Ich glaube bestimmt, dass ....«
- »Schon immer war ich ....«

b) Welche *Redensarten* und *Sprichwörter* wurden von Ihren Eltern, Verwandten, Lehrern häufig benutzt? Welche kann man am Arbeitsplatz hören? Hängt ein lustiger Spruch an Ihrer Pinnwand? Schreiben Sie Ihre Sprüche auf, und ergänzen Sie auch die folgende Aufstellung mit eigenen Redensarten.

- »Zeit ist Geld.«
- »Schnell beim Essen, schnell bei der Arbeit.«
- »Die Schnellen fressen die Langsamen.«
- »Leben auf der Überholspur.«
- »Morgenstund hat Gold im Mund.«
- »In der Ruhe liegt die Kraft.«
- »Abwarten und Teetrinken.«
- »Eile mit Weile.«
- »Termine sind bedrohlich.«
- »Hektik bedeutet Erfolg und bringt Anerkennung.«
- »Kommt Zeit, kommt Rat.«
- »Schnelligkeit macht das Leben erst interessant.«

Neben Redensarten gibt es typische »Aufträge«, die man als *inneren Antreiber* bezeichnet. Welche davon spielen bei Ihnen eine zu starke Rolle?

- »Sei schnell!«
- »Sei freundlich!«
- »Streng dich an!«
- »Sei perfekt!«
- »Sei stark!«
- »Sei sparsam!«

Nachdem Sie die Übungen (a) und (b) abgeschlossen haben, können Sie Ihre Grundeinstellungen näher unter die Lupe nehmen:

- Welche dieser Sprüche fördern »Speed«? Welche machen langsamer?
- Welche führen zu Überforderung? Welche zu Unterforderung?
- Welche eröffnen Möglichkeiten? Welche begrenzen Sie?
- Gibt es ähnliche Grundeinstellungen bei Ihren Kollegen oder Freunden?
- Gibt es Einstellungen, die Sie künftig stärker zur Geltung bringen oder lieber abschwächen wollen?

Tipp

Diese Art Übung können Sie vergleichbar zu Geschwindigkeiten zu allen Sie besonders interessierenden Zeitaspekten machen.

Nonstop

Neben Beschleunigung und Schnelligkeit sind Pausenlosigkeit und Nonstop-Aktivitäten ein **zweiter gesellschaftlicher Entwicklungstrend**. Dieser hat vergleichbar weit reichende Auswirkungen. Die Eisenbahn brachte den Durchbruch für die Beschleunigungsgesellschaft. Die elektrische Beleuchtung war der Ausgangspunkt der Nonstop-Gesellschaft.

Unsere Vorfahren waren in ihrem Bemühen, die Nacht zum Tage zu machen, sehr erfinderisch. Bis zum Beginn des 19. Jahrhunderts, als die Gasbeleuchtung erfunden wurde, gab es jedoch noch keine regelbare Technik zur künstlichen Beleuchtung. Erst dann kam man dem alten Traum einer kontrollierbaren, beständigen Beleuchtungsmöglichkeit näher. Den Durchbruch brachte die Erfindung der elektrischen Beleuchtung durch Edison (2. Hälfte 19. Jahrhundert). Die Nacht konnte zum Tage gemacht werden, wie es die Aufklärung propagiert hatte (*enlightenment*). So wie zuvor der Raum, konnte nunmehr die Nacht erobert werden.

Viele Techniken folgten, die die Tendenz zur Nonstop-Gesellschaft und Pausenlosigkeit begünstigten (vgl. Moore-Ede 1993; Adam u.a. 1998): Wasserversorgung, Konservierungstechniken, Kommunikationssysteme, öffentliche Beleuchtung, kontinuierliche Produktionsstraßen und vieles mehr. Wiederum verdichten sich diese Techniken in der gesellschaftlichen Ausbreitung und Anwendung. TV-Stationen senden nonstop, und Öffnungszeiten dehnen sich aus. Dienstleistungen werden rund um die Uhr angeboten: 24 Stunden, 7 Tage die Woche, rund ums Jahr – amerikanisch geschrieben 24/7/365.

Wurde mit den genannten Techniken der Schlaf überflüssig? Der Werbeslogan von Infineon »never stop thinking« deutet zunächst auf ein derartiges Wunder hin. Aber selbst Mitarbeiter einer Hightech-Firma können nur für sehr kurze Zeit ohne Schlaf auskommen. Von den Effizienzverlusten durch Übermüdung ab dem zweiten Tag einmal ganz abgesehen. Auch heute wird vorrangig am Tag eingekauft, und verglichen damit nur wenig mitten in der Nacht, selbst wenn etliche Läden geöffnet wären. Der Nachteinkauf bringt in den allermeisten Fällen keinen besonderen Vorteil. Die täglichen Verkehrsspitzen mit Staus belegen ebenso eindrucksvoll, dass nicht alles nonstop vor sich geht.

Lesezeichen der Buchhandlung Riemann in Coburg

Dennoch ist »etwas dran« an der Rede von der Nonstop-Gesellschaft. Finanzmärkte operieren in weltweiter Vernetzung. Wenn die einen zu Bett gehen, beginnen die anderen mit der Arbeit. Online vernetzen sich Geschäfte weltweit. Das Motto Karls V. aus der beginnenden Neuzeit »In meinem Reich geht die Sonne nicht unter« (16. Jahrhundert) wird jetzt, durch neue technische Möglichkeiten realisierbar. Manches von diesen Potenzialen ist wirtschaftlich nutzbar. Anderes ist nicht unbedingt wirtschaftlich vorteilhaft, wird aber dennoch zum Beispiel als modisch chic eingeführt.

Wie bei der Schnelligkeit werden wir durch die normative Besetzung von Pausenlosigkeit und Nonstop-Aktivitäten geprägt. In einer bei Jubiläen beliebten, sehr alten Redewendung wie »Sie war unermüdlich in ihrem Einsatz« schwingt Derartiges mit. Es dauert eine geraume Zeit, bis die Gesellschaft und Wirtschaft mit den technischen Möglichkeiten zu Nonstop-Aktivitäten genügend Erfahrungen gemacht haben und wir damit angemessen umgehen können.

»**Hyperaktive Zoo-Pinguine.** Statt in ihren Nestern zu liegen und die Winterruhe zu genießen, sind die Pinguine im Zoo von San Francisco einem mysteriösen Schwimmfieber verfallen. (...) Seit Weihnachten kreisen 52 Tiere fast ohne Unterbrechung durch den Pool. Den ganzen Tag über zieht die Gruppe ihre Bahnen und legt erst am Abend eine Pause ein. (...) Normalerweise ziehen sich die Pinguine Anfang November in ihre Nester zurück. Die Tierpfleger geben sechs Neulingen, die im Dezember zu der Gruppe stießen, die Schuld an dem ungewöhnlichen Verhalten. Wenige Stunden nach der Ankunft der Magellan-Pinguine begann das Dauerschwimmen (...).« *(Auszüge einer Meldung der Süddeutschen Zeitung, Nr. 14, 18./19.01.2003, S. 12)*

Alles gleichzeitig sofort

Gleichzeitigkeit ist ein **dritter Trend**, der heute zu beobachten ist. Mehr gleichzeitig machen, um mehr aus der gleichen Zeit herauszuholen. Was ist damit gemeint? Alles in der Gegenwart geschieht gleichzeitig. Das war schon zu allen Zeiten so. Was aber ist genau damit gemeint? Wie beschrieben, ermöglichten Eisenbahn und elektrische Beleuchtung historisch eine neue Qualität im Umgang mit den Zeiten. Mit Telefon, Radio, Fernseher, Computer, Internet, Mobiltelefonen, Laptop & Co. können wir zum ersten Mal in der Geschichte physisch an einem Ort und gleichzeitig virtuell an weit entfernten Orten sein (dazu Schneider/Geißler 1999).

Am Aufstieg des Begriffs Echtzeit/*real time* lässt sich das Neuartige nachvollziehen (s. Gleick 2000). Durch »Live-Übertragungen«, ein anderes Schlüsselwort aus dieser neuartigen Gleichzeitigkeitswelt, im Radio und Fernsehen änderten sich raumzeitliche Zuordnungen. Durch den Computer und dessen neue Anwendungsmöglichkeiten durch das Internet steigern sich Informations-, Austausch- und Fernwirkungsoptionen in atemberaubender Geschwindigkeit. Mit E-Mail, Chat-Room und dem Mobiltelefon wächst das Potenzial für räumlich-zeitlich entfernte Gleichzeitigkeiten exponenziell an: **Nähe und Ferne verändern sich.**

Das Handy ist ein Symbolgerät für diese moderne Form der Gleichzeitigkeit. Nicht einfach nur an einem Ort sein, sondern hier sein und gleichzeitig weltweit Informationen einholen, Termine koordinieren. Manche können sich schon gar nicht mehr vorstellen, wie sie noch vor wenigen Jahren ohne ein derartiges Gerät auskommen konnten.

Was sind die Auswirkungen auf unseren Umgang mit Zeiten? Zunächst: Es verwirrt bei manchen das Denken, wie die nachfolgende, die Naturgesetze auf den Kopf stellende Werbung beispielhaft deutlich macht.

»Sehen Sie die 9-Uhr-Nachrichten schon um 8. Informieren Sie sich über das Neueste aus aller Welt. Direkt über CNN News. ...« *(Werbung einer bei Mobiltelefonen weltweit führenden Firma, 2001)*

Weit reichender ist: Das sequenzielle Nacheinander von Abläufen vermittelt Ordnung. Diese Logik wird durch die Gleichzeitigkeit von Aktivitäten aufgelöst. Damit wird zusätzlicher Aufwand erforderlich, um neue Ordnung herzustellen. Diese hohe zusätzliche Zeitinvestition für die moderne Art der Gleichzeitigkeit wird vielfach unterschätzt. Damit wird der bestehende Zeitdruck noch verstärkt. »Alles braucht seine Zeit«, gerade auch die Nutzung der Potenziale der neuen Art von Gleichzeitigkeit.

Damit stellt sich eine historisch neuartige Aufgabe. Bedienen wir uns nochmals zur Illustration des Vergleichs mit den Eisenbahnen. Für uns sind heute die Geschwindigkeiten von TGV und ICE selbstverständlich. Bei der Einführung von Eisenbahnen dauerte es lange Zeit, bis sich die Menschen an die erhöhten Geschwindigkeiten gewöhnten. Wir sind heute in der Gefahr, dass die neuen Gleichzeitigkeitstechniken uns daran hindern, zur Ruhe zu kommen. Die Ferne zu erschließen kann es uns erschweren, ganz im Hier und Jetzt an einem Ort präsent zu sein (s. S. 183ff.).

Kontrolle der Zeit

Schneller werden, um mehr in gleicher Zeit zu erledigen. Nonstop agieren, um durch Verkürzung von Pausen und Nutzung bisher leerer Zeiten mehr in gleicher Zeit unterzubringen. Gleichzeitig mehr erledigen, um die Zeiten besser zu nutzen. Dies sind drei eng miteinander verwobene Grundtrends unseres Umgangs mit den Zeiten. So wesentlich diese Trends sind, sind sie doch ihrerseits **Teil einer noch grundlegenderen Tendenz**, die Zeiten zu kontrollieren. Dies ist nichts Neues, wie in einem Zitat von Günter Anders nachzulesen ist (Erstveröffentlichung 1959).

»**§ 4 Der Hiob von heute.** (...) Aber der Grund, aus dem dieser Geschäftsreisende aus New York als ein Hiob mit seinem Gott zu hadern begann, der Beschwerdepunkt, den er vorbrachte – sinnlose Installierung von Raum und Zeit –, der ist doch wohl erstmalig. Für ihn waren die beiden jedenfalls nichts anderes als Obstruktionsfaktoren. Nichts anderes als Sabotagekräfte, die ihm, gleich, wo und wann er etwas in Angriff nahm, deshalb im Wege standen, weil sie Wege erforderten, also sein Schlaraffenideal der Unmittelbarkeit unerreichbar machten. (...) Denn damit verriet er ein Stück von uns allen, eine der Geheimmaximen unseres heutigen Daseins: Eben unseren Kampf gegen Raum und Zeit.« *(Aus: Anders, Günter: Die Antiquiertheit von Raum und Zeit 1980, S. 340f.)*

Ebenso wie unsere Vorfahren danach strebten, eine regelbare künstliche Beleuchtung zu erfinden, gibt es eine lange Geschichte der Konservierungstechniken von Nahrungsmitteln. Mit der Erfindung der modernen Kühlkette gelang hier in der zweiten Hälfte des 19. Jahrhunderts ein grundlegender Durchbruch (vgl. dazu König 1998). Verderbliche Lebensmittel konnten von da an über große Strecken zu den Bevölkerungszentren gebracht werden. Dabei wird zum Beispiel der Reifeprozess von Obst und Gemüse gezielt angehalten, das heißt, die natürliche Entwicklung wird im eigentlichen Wortsinn »eingefroren«. Zum gewünschten Moment löst man dann gezielt die Nachreifung aus, häufig beschleunigt man diese auch.

Vergleichbar sind Video- und Festplattenrekorder, in denen gerade nicht Gleichzeitigkeit hergestellt werden soll. Vielmehr wird dadurch die Möglichkeit eröffnet, Filme zu speichern und zum gewünschten Zeitpunkt ablaufen zu lassen. Computer sind, wenn sie funktionieren, die **Zeitkontrollgeräte *par excellence*.** Sie dienen zur:

- Beschleunigung der Übertragung und Verarbeitung von Informationen,
- Nutzung rund um die Uhr,
- zur modernen Art der Vergleichzeitigung und
- zum Desynchronisieren und Abspeichern.

Beschleunigung, permanente, pausenlose Hochgeschwindigkeit und Gleichzeitigkeit sind ebenso zentrale Bestandteile des Zeitkontrollprogramms wie abbremsen, speichern, zeitlich versetzt nutzen. Alles kostet einen Zeitaufwand, ohne dass wir das ins Kalkül mit einbeziehen.

Auch die zunächst fantastisch wirkenden neuen Optionen, bei denen Informationen mit Lichtgeschwindigkeit übertragen werden, brauchen Zeit zur Verarbeitung. Dies entspricht den Naturgesetzen (zu Imaginationen der fantasierten virtuellen Virtualität Schneider 1999). Zeiten zu kontrollieren benötigt einen hohen Aufwand und wird uns auch nie perfekt gelingen. Deshalb ist die eigentliche Aufgabe für Zeitkompetenz eine andere: Es geht darum zu lernen, wie wir mit den neuen Möglichkeiten angemessen umgehen und die für uns persönlich vorteilhaften auswählen. Es gilt, gerade nicht gegen die Zeiten anzukämpfen, sondern diese zu verstehen und zu beachten.

Übung 13

»Time is on my side« *(Musik/Bewegung)*

Zur Inspiration für neue Sichtweisen, wählen wir ein Motto aus, das uns die Rolling Stones in den 1960er-Jahren geschenkt haben: »Time is on my side«. Sie können die Übung alleine, aber auch gut in einer Gruppe umsetzen. Vorteilhaft ist, wenn Sie eine CD haben und das Abspielgerät auf Titelwiederholung stellen können.

Grundübung

Wählen sie einen Raum aus, in dem Sie sich bewegen können. Legen sie den Titel »Time is on my side« auf. Hören Sie zunächst in Ruhe der Musik zu. Lassen Sie diese auf sich wirken. Stehen Sie dazu bequem am Platz.

Kommen Sie in der nächsten Phase in Bewegung. Versuchen Sie, sich bewusst anders als der Rhythmus und das Tempo der Musik zu bewegen.

Nach angemessen langer Zeit in dieser Bewegung machen Sie eine Pause. Hören Sie dabei wieder bewusst auf den Rhythmus, das Tempo, das Zusammenspiel der verschiedenen Instrumente und Gesang. Stehen Sie dazu wieder bequem an einem Platz.

Nach angemessen langer Zeit bewegen Sie sich wieder. Versuchen Sie jetzt bitte, sich mit der Musik zu bewegen, ihrem Rhythmus und Tempo.

Machen Sie, wenn Sie das Gefühl haben, Sie haben das lange genug gemacht und den Übereinklang mit den Zeiten der Stones gefunden, wieder eine Pause. Hören Sie dabei wiederum bewusst auf die Zeiten der Musik.

Nach angemessen langer Zeit bewegen Sie sich erneut in einem letzten Durchgang. Versuchen Sie dieses mal, sich ganz bewusst gegen den Rhythmus und mit anderem Tempo als die Musik zu bewegen. Versuchen Sie dabei eine eigene Geschwindigkeit (langsamer oder schneller) und einen eigenen Rhythmus zu finden. Kommen Sie danach mit Musik oder in der Stille zur Ruhe.

Anschließend bieten sich folgende Fragen zum Nachdenken für sich selbst oder als Basis für einen Austausch in der Gruppe an:

- Wie waren Ihre Empfindungen während dieser Übung?
- Was waren die grundlegenden Unterschiede zwischen den drei Durchgängen? Machte es ebenso Spaß sich anders und gegen das Tempo und den Rhythmus der Musik zu bewegen wie im Einklang damit?
- Welche Rolle spielten die Pausen?
- Welche Bewegung hat Ihnen am besten entsprochen?
- Wo mussten Sie alte Gewohnheiten (kurz) ablegen?
- Spielte die Reihenfolge eine Rolle?

Gönnen Sie sich zur Belohnung anschließend »Turn! Turn! Turn! « der Gruppe »The Byrds« mit dem Text des alten Predigers Salomo: *For everything there is a season and a time for every matter under heaven.*

Tipp

Zugang mit Musik, Bewegung, Tanz ist für unterschiedlichste Fragen und Aufgaben der Zeitkompetenz sehr gut verwendbar. Jeweils entsprechend anzupassen.
Dazu passen auch die Übungen 14 (S. 89), 22 (S. 129) und 30 (S. 167).

Aufbauende Übung

Vielleicht regt Sie diese Übung an, sich wieder öfters in und mit Musikzeiten zu bewegen. Eventuell haben Sie auch Lust, die Erfahrungen dieser Körperübung auf Situationen in Ihrer Arbeitstätigkeit zu übertragen: Wie ist das bei mir im Beruf in typischen Situationen und bei bestimmten Aufgaben? Achte ich da auf die immanent angemessenen Tempi und Rhythmen? Versuche ich, die Zeiten zu kontrollieren? Haben eventuell meine Zeitprobleme damit zu tun? Wie könnte ich das verbessern?

Zeit = Geld

»Zeit ist Geld« – diese von Benjamin Franklin 1748 formulierte Gleichung ist heute Allgemeingut. Geld steht für einen mächtigen Antriebsfaktor der beschleunigten Pausenlosigkeit und Gleichzeitigkeit: Münz-, Papier-, Plastikgeld bis hin zu digitalisierten Finanzströmen rund um den Globus. Geld ist im Wechselspiel mit den neuen Techniken ein ebenso wirkungsmächtiger Antreiber wie diese. Geld begünstigte wie die Uhrzeit eine erhöhte Rechenhaftigkeit und legte damit das Fundament für die moderne Wirtschaft. Zugleich führte die Verschränkung von Zeit und Geld zu einer Änderung im Zeitverständnis. Und damit zu einer weit reichenden Änderung im Umgang mit der Zeit.

Dazu eine Rückblende. Der Unterschied gegenüber früheren Zeiten ist nicht das Haushalten mit der Zeit, das mussten Menschen zu allen Zeiten. In einer agrarischen Gesellschaft spielten etwa die Vorgaben des Wetters für den Ernteerfolg eine große Rolle. Man musste zusehen, das Heu und die Getreideernte vor dem Gewitter einzubringen. Dennoch war die Grundhaltung eine andere als heute. Die Menschen orientierten sich in ihren Lebensvollzügen an den Jahreszyklen der kirchlichen Festtage, die ihrerseits eng an die Naturzeiten des Jahresgangs angelehnt waren. Die Zeit war heilige Zeit, wie dies bereits in den Psalmen formuliert wurde – »unsere Zeit steht in Gottes Händen« (Psalm 31, 16).

In der Moderne wurde die Zeit zunehmend zu einer **Ware und Ressource**. Mit knapper Zeit ist nun möglichst effizient zu wirtschaften, viel herauszuholen: Knappheit wird zum Dauerzustand. Die Franklinsche Maxime änderte zunächst die Berufswelt. Sie war als Ratschlag »an einen jungen Geschäftsmann« (*busy* = eilig, geschäftig, *businessman* = Geschäftsmann) formuliert. Das führte dazu, dass sich das Bild des wirtschaftlich erfolgreichen Geschäftsmanns und Managers änderte. Vertreter der Wirtschaftselite pflegten in der aufblühenden Marktwirtschaft zunächst eher noch das feudalistische Selbstverständnis: Zeit haben und andere für sich arbeiten lassen. Später wurde diese Haltung, ganz im Sinne Franklins, durch Zeitdruck und volle Terminkalender als Erfolgsstatus abgelöst. Zwischenzeitlich mehren sich die Anzeichen dafür, dass der Höhepunkt dieser Haltung bereits hinter uns liegt (s. ausführlich dazu die Kapitel »Zeitkompetenz« und »Zeitwohlstand«).

Diese Haltung der möglichst intensiven Zeitnutzung strahlte auf immer mehr Lebensbereiche des Alltags in Familie und Freizeit aus. Es ist schwer auseinander zu halten, was mediale Aufmachung und was gesellschaftlich relevante Substanz ist. Dies illustriert beispielsweise, dass lange Artikel über Phänomene wie Speed-Dating in deutschen ebenso wie in britischen und schweizerischen Zeitungen erschienen, die vor nicht allzu langer Zeit noch völlig unverständlich gewesen wären:

> »**Eine Ausfahrt auf der Single-Autobahn.** Speed-Dating – die schnelle Suche nach dem Traumpartner: ›Nicht unbedingt romantisch, für mich als bekennendes Arbeitstier aber ok‹. Warum eine neuartige Dienstleistung, die Paare im Siebenminuten-Takt zusammenzuführen verspricht, auf solch große Gegenliebe stößt.« *(Überschriften eines groß aufgemachten Berichts in der Süddeutschen Zeitung, 31. Juli 2002, S. 3)*

Knapp und bündig: Die **Maxime »Zeit = Geld«** kann als Erfolgsgeschichte des Zeitsparens gelesen werden.

»Die Falle des gehetzten Zeitsparers«

Staffan Linder

Muße und Zeitüberfluss sind als Folge des Zeitsparens zu erwarten. Unsere Vorfahren brauchten für eine einfache Strecke von etwa 15 bis 20 km hin und zurück einen Tag. Bei normalen Verkehrsverhältnissen merken wir eine solche Strecke heutzutage kaum noch. Schrieben wir früher langwierig per Hand einen langen Brief und brachten ihn zum Briefkasten oder zur Post, geht dies heute per E-Mail in einem Bruchteil der Zeit.

Kleines Fundstück: »Glaubst du an Liebe auf den ersten Blick?« fragte ein Freund Mulla Nasrudin. »Nun«, sagte der Mulla, »ich denke, das spart eine Menge Zeit.« *(Quelle unbekannt)*

Muße? Zeitüberfluss? Schon eher könnten wir in Abwandlung des berühmten Buchtitels von Proust von der »Suche nach der gesparten Zeit« sprechen. Sprüche wie »Alles hat seine Zeit, nur ich habe keine« machen die Runde. Hetze, Zeitnot und Zeitdruck, wie in einem Kompressor zu stecken, sind Alltagserfahrungen.

Dies ist nicht einfach nur Ausdruck einer Haltung »Lerne klagen, ohne zu leiden«. Viele Menschen, die eigentlich nicht besonders unter äußerem Zeitdruck stehen, haben das vorherrschende Gefühl so verinnerlicht, dass sie nur schwer aus diesem Tretrad aussteigen können.

Ist das nicht paradox? Was auf den ersten Blick so wirken mag, hat System. Ein Blick auf den ökonomischen Antrieb der Beschleunigung und der daraus resultierenden »Falle des gehetzten Zeitsparers« macht dies verständlich. Wenn der Leitspruch »Zeit ist Geld« zur ausschließlichen Maxime wird, dann gilt: Zeit sparende Geräte wie Mikrowelle, ein schnelles Auto, Handy, Laptop ermöglichen uns, in der jeweils gesparten Zeit noch mehr zu machen. Nehmen Sie etwa an, Sie fahren mit dem Pkw oder der Eisenbahn im Schnitt nicht, wie bisher, 80 km in der Stunde, sondern nach Ausbaumaßnahmen 120 km. Wofür könnten Sie die gewonnene Zeit verwenden? Für mehr Muße, Gespräche, Naturerleben, kulturelle Ereignisse, schöpferische Tätigkeiten? Tatsächlich tun das sehr wenig Menschen. Dafür erhöhen viele ihren Aktionsradius und fahren »geschwind mal« zusätzlich weite Strecken.

Je mehr wir machen können, desto mehr verstärkt sich das Gefühl, auf noch mehr verzichten zu müssen, was wir in der gleichen Zeit ebenfalls machen könnten: **Ich könnte etwas verpassen.**

Die Ökonomen nennen dies die Opportunitätskosten der Zeit. Wir intensivieren Tätigkeiten, um mit der gewonnenen Zeit noch mehr machen und diese noch intensiver nutzen zu können. Verstärkter Zeitdruck ist deshalb keineswegs paradox, sondern die unvermeidliche Folge.

Staffan Linder veröffentlichte 1971 ein vorausschauendes Buch zu dieser »Falle der gehetzten Zeitsparer«. Aus heutiger Sicht wirkt die damalige Zeit noch relativ wenig hektisch. Linder sah in seiner Analyse der gehetzten Freizeitgesellschaft in den beiden damals diesbezüglich am fortschrittlichsten Ländern, USA und Schweden, bereits die Zeichen in Richtung Zeitverdichtung und Hetze. Dies waren für ihn nicht einfach zufällige Einzelbeobachtungen. Vielmehr folgten sie für ihn aus der Zeit = Geld-Logik, wenn wir ausschließlich vom Kalkül der Opportunitätskosten der Zeit angetrieben werden. Die sich daran anschließende Erkenntnis ist ebenso wichtig. Diese Logik ist nicht notwendigerweise wirtschaftlich vorteilhaft:

- Bei zu starker Zeitverdichtung leidet die Arbeitsqualität, und es entstehen problematische Effekte mit hohen Folgekosten. Ein gutes Beispiel sind die teuren Rückrufaktionen in der Automobilindustrie, die sich in den letzten Jahren häufen.
- Es fällt unter Zeitdruck schwer, kreativ zu sein. Dies beeinträchtigt damit die Innovationskraft der Wirtschaft.
- Menschliche Beziehungen leiden unter Zeitnot oder gehen in die Brüche.
- Durch das permanente, im Hintergrund stets mitlaufende Gefühl, etwas zu verpassen, sinkt das Wohlbefinden.

Zeit ist Geld

»Zeit ist Geld!« – »Na, des stimmt net. Zeit hab i gnua, aber kein Geld! Wenn i so viel Geld hätt wie Zeit, dann hätt i mehr Geld wie Zeit.« – »Dann hättn Sie keine Zeit mehr, dass Sie mit mir wohin gehen.« – »Das nicht, aber heut hätt ich noch Zeit.«

Karl Valentin

Wir können Zeit sparen und mit ihr bei bestimmten Tätigkeiten haushälterisch umgehen. **Lebenszeit**, einmalig gelebte Zeit, **können wir jedoch nicht sparen.** Das ist anders wie beim Geld.

Michael Ende thematisierte dies ebenfalls in seinem märchenhaften Roman »Momo«. Seine grauen Männer propagierten das Zeitsparen und vertrieben damit die Lebensfreude. Und tatsächlich versuchen wir ja gerade nicht, Lebenszeit zu sparen, sondern diese zu steigern. Doch das ist wieder eine andere Geschichte unseres Bemühens, Zeit zu kontrollieren (s. S. 174f.).

Angemessene Eile

Rennen? Immer nur rennen? Nichts ist den Zeiten unangemessener als eine derartige Maxime. Blind drauflosrennen, möglichst schnell, erschwert es, auf das richtige Timing zu achten. So fragen Internetberater im McKinsey Quaterly (Heft 3/2001) nicht zufällig: »How fast is too fast?« Eine Aufgabe, die Ausdauer über Wochen, Monate oder gar Jahre erfordert, ist etwas völlig anderes als ein Noteinsatz bei der Feuerwehr. Und auch da gilt: Wer permanent hyperaktiv ist, wird im entscheidenden Moment schlecht vorbereitet, unausgeruht und unkonzentriert sein. Für Hundertmeterläufe gilt vordergründig »je schneller, desto besser« beziehungsweise »der Schnelle siegt«. Beim Schnellsein ist es entscheidend, im richtigen Moment schnell zu sein. Wer zu häufig früh startet, wird disqualifiziert. Wer bei der Tour de France seine Kräfte nicht richtig einteilt und die unterschiedlichen Phasen des Rennens ignoriert, hat gegenüber zeitbewussteren Konkurrenten keine Chancen.

Eine Strategie, die nur auf Höchstgeschwindigkeiten setzt, kann bestenfalls kurzfristig Maximalerträge erbringen. Hohe Durchschnittserträge sind ausgeschlossen. **Angemessene Geschwindigkeiten** sind je nach Situationen, Aufgabenstellungen und Abläufen völlig unterschiedlich. Wer mit dem Fahrrad beziehungsweise Motorrad zu langsam fährt, wird umfallen. Wer zu schnell in die Kurve geht, wird schleudern und kann umfallen. Eine Erkenntnis, die bereits in einem biblischen Text (etwa 2. Jahrhundert v. Chr.) zu finden ist.

> »**Die rechte Einstellung zum Erwerb.** *Mein Sohn, warum willst du dir so viel Mühe bereiten? Es bleibt doch keiner ungestraft, der zu hastig vorandrängt. Läufst du zu rasch, erreichst du das Ziel nicht; fliehst du zu schnell, entkommst du nicht. Da müht sich einer, plagt sich und hastet, doch umso mehr bleibt er zurück. Da ermattet einer und bricht unterwegs zusammen, ist arm an Kraft und reich an Schwäche, doch das Auge des Herrn schaut ihn gütig an, er schüttelt den schmutzigen Staub vor ihm ab. Er richtet sein Haupt auf und erhöht ihn, sodass viele über ihn staunen. Gutes und Böses, Leben und Tod, Armut und Reichtum, kommen vom Herrn.*« (Jesus Sirach 11,10–14)

»Schnelligkeit ist gut! Noch mehr beschleunigen ist gut!« »Entschleunigung ist angesagt! Lobt die Langsamkeit!« Gegenüberstellungen dieser Art sind beliebt. Angesichts der Attraktion der Kontrolle der Zeit auf der einen Seite und des gleichzeitigen Zeitdrucks und der Zeitnot auf der anderen Seite ist dies verständlich. Aber es hilft nicht weiter. Wenn wir zu schnell sind, ist abbremsen angesagt. Richtig. Aber auch da ist auf die Umstände zu achten. Wenn wir etwa auf zu glatter Fahrbahn bei hoher Geschwindigkeit bremsen, kann es erst richtig schleuder-gefährlich werden. Bei wildem Wasser gegen die Strömung zu halten ist gefährlich. Noch gefährlicher ist es, wenn noch höhere Geschwindigkeit und noch mehr Zeitkontrolle propagiert werden. Wildwasserfahren lehrt etwas anderes: sich mit dem wilden Wasser bewegen und dabei versuchen, in ruhigeres Gewässer zu kommen.

Wie aufgezeigt, stehen uns heute historisch erstmalige neue technische Potenziale zur Verfügung. Die **Aufgabe** ist zu lernen, damit angemessen umzugehen – das Tun wie das Lassen.

Folgerungen für den Umgang mit Zeiten und Zeitkompetenz

- Vermeiden Sie, permanent pausenlos und simultan immer schneller sein zu wollen.
- Beachten Sie bei Ihren Tätigkeiten, dass Schnelligkeit an einer Stelle zusätzlichen Zeitaufwand an anderen Stellen verursacht (zum Beispiel ständige Veränderungen, Terminverschiebungen).
- Versuchen Sie, zu verstehen und zu beachten, in welchen Situationen und für welche Aufgaben welche Tempi angemessen sind.
- Seien Sie wählerisch in der Auswahl und Nutzung von Beschleunigungs-, Nonstop- und Simultangeräten.

Die folgende Methode, benannt nach ihrem Begründer Moshe Feldenkrais (1904–1984), betont die Zusammenhänge zwischen körperlicher und geistiger Beweglichkeit. Sie stellt eine Lernmethode dar, die den Körper im Zusammenwirken mit dem Bewusstsein schult. Mit dieser Methode können alle Dimensionen von Zeiten – Geschwindigkeit, Rhythmus, Gleichzeitigkeit etc. – bewusst gemacht und geübt werden. Feldenkrais bietet einfache Körperübungen (Lektionen), mit denen man den körperlichen und geistigen Bewegungsspielraum erweitern und sich zugleich seinen Umgang mit Zeit bewusst machen kann. Da die Lektionen in bequemer Lage durchgeführt werden und jeder Teilnehmer den Grad an Anstrengung selbst wählen kann, sind die Übungen für Menschen jeden Alters geeignet.

Dazu zunächst einige wichtige praktische Hinweise:

- **Geschwindigkeit (Eigenzeit):** Erfolgreich lernen kann man nur in einem Tempo, das dem einzelnen Menschen gemäß ist. Leider vergessen viele Erwachsene häufig ihre angemessene Geschwindigkeit und übernehmen das Drängen und Schieben, das wir auf Grund unserer Leistungsgesellschaft gewöhnt sind. Bei Unsicherheit sollte man die Bewegungen lieber noch langsamer vollziehen und den eigenen Ehrgeiz reduzieren.
- **Aufmerksamkeit:** »Wenn man nicht weiß, was man tut, dann kann man nicht tun, was man will.« (Feldenkrais) Man sollte beim Lernen die Absicht weglassen, es richtig zu machen. Je angenehmer und leichter etwas geht, desto wirkungsvoller und angemessener ist der jeweilige Ablauf. Die Aufmerksamkeit wird auf die inneren, mit der Bewegung verbundenen Empfindungen gelenkt. Dabei wird eine starke Konzentration vermieden, die die äußere Wahrnehmung vermindert.
- **Aus Fehlern lernen:** Wer keine Fehler macht, kann auch nicht lernen. Jede Handlung kann zu Unbekanntem und Neuem führen. Wenn man ständig versucht, Fehler zu vermeiden, nimmt man sich die Lernchance und verliert vielleicht das Interesse beziehungsweise die Freude am Lernen. Es ist sinnvoller, Alternativen zu entwickeln. Später stellt sich dann heraus, welche davon in welcher Situation individuell geeignet ist.
- **Bewusstes Bewegen:** Zur Erklärung des Unterschieds zwischen Bewusstsein und Bewusstheit verwendet Feldenkrais das Beispiel einer Treppe, die man jeden Tag hinaufgeht. Erst wenn man die damit verbundene Anzahl von Handlungen kennt, wie etwa das Verschieben der Augen und all die Kopf und Armbewegungen, die Zahl der Treppenstufen etc., sind wir uns ihrer gewahr und erleben Bewusstheit.
- **Erfolg mit dem richtigen Maß an Energieeinsatz:** Wenn Sie übermäßige, körperliche Anstrengung erleben, wird Ihr Gehirn mit Eindrücken überhäuft. Der gewünschte Lernprozess wird untergraben. Bei unnötigen Kraftanstrengungen erzeugen Sie unnötige Wärme und Reibung an den Gelenken. Dies kann zu Verschleißprozessen führen.

Übung 14

Vertraut werden mit meinen Geschwindigkeiten *(Feldenkrais-Methode)*

Bei dieser Übung geht es um die Koordination der Beuge- und Streckmuskeln.

Ausgangsposition: Legen Sie sich mit ausgestreckten Beinen auf den Rücken. Ziehen Sie die Knie an, stellen Sie die Beine auf, und schlagen Sie, wie man es häufig im Sitzen macht, das rechte über das linke Knie.

Lassen Sie beide Knie ganz langsam nach rechts sinken, sodass beide jetzt nur auf dem linken Fuß ruhen. Wenn Sie beim Sinkenlassen einen Widerstand spüren oder sich anstrengen müssen, kehren Sie wieder langsam zurück in die Mitte. Nach einer kleinen Pause wiederholen Sie diese kleine, langsame Bewegung nach rechts und zurück zur Mitte etwa 20-mal. Ihre Arme liegen dabei bequem neben Ihrem Körper. Versuchen Sie, durch die Bewegung Bewusstheit zu erleben. Dabei können folgende Fragen hilfreich sein:

Tipp

Eine weitere Feldenkrais-Übung finden Sie in Übung 22 (S. 129).

- Welche Bewegungsgeschwindigkeit haben Sie gewählt?
- Ist sie gleich, schneller oder langsamer als gewohnte Geschwindigkeit?
- Haben Sie während der Übung die Bewegungen schneller gemacht?
- Welcher Körperteil beginnt zuerst mit der Bewegung?
- Wie verändert sich die Gewichtsverlagerung auf dem linken Fuß?
- Welche Rolle spielen Hüfte, Rippen und Schulter?
- Wie wirkt sich die Drehbewegung auf die Wirbelsäule aus?
- Bleibt der Kopf stabil in seiner Lage, oder hat er die Tendenz, sich mitzubewegen? Wenn ja, wohin?
- Bewegen Sie sich fließend, oder machen Sie die Bewegung in kleinen, von außen nicht erkennbaren Schritten. Was können Sie tun, um die Bewegung geschmeidiger und fließender zu vollziehen?
- Welche Zusammenhänge mit der Atmung können Sie spüren? Haben Sie Ihren Atemrhythmus verändert?

Atmen Sie ein, während die Knie in die Mitte zurückkehren. Atmen Sie aus, wenn die Knie sinken, sodass eine Hin- und Herbewegung der Beine einem Atemzyklus entspricht. Strecken Sie die Beine aus. Versuchen Sie zu spüren, auf welcher Seite Ihres Beckens sich mehr verändert hat. Eine der beiden Seiten liegt flacher auf und ist mit dem Boden vollständiger in Berührung. Welche Seite ist es?

Kreuzen Sie jetzt das linke Knie über das Rechte. Lassen Sie beide nach links hinübersinken, und bringen Sie sie dann wieder in die Mitte zurück. Wiederholen Sie diese Bewegung etwa 20-mal, und machen Sie dazwischen jeweils eine Pause.

Beantworten Sie bitte jetzt die Fragen, die Sie sich zuvor bei der Bewegung in die andere Richtung gestellt haben. Beobachten Sie zum Schluss, welche Körperseite jetzt »mehr« am Boden liegt und mit ihm vollständiger in Berührung ist. Die Fortsetzung dieser Übung finden Sie in Feldenkrais (1978, S. 148ff.) beziehungsweise in Reese/Kirschner (2002).

Tipp

Weitere Übungen finden Sie in Reese/Kirschner 2002; Hanna 2000 sowie unter www.feldenkrais.de.

Speed – Was nehme ich mit für meine Zeitkompetenz?

Es gibt eine Fülle von Anregungen für Ihre Zeitkompetenz. Wählen Sie gemäß Ihren eigenen Bedürfnissen und Aufgaben aus, welche Sie in nächster Zeit konkret verfolgen wollen. Es kann sein, dass die Möglichkeiten des Handys Ihr Leben auf Grund der permanenten Erreichbarkeit unbemerkt verändern: Dieser Vorteil verknüpft sich mit dem Nachteil der permanenten Verfügbarkeit. Oder Sie nutzen Beschleunigungstechniken und geraten in einen Sog, der Sie alle Bereiche des Lebens immer ruheloser erleben lässt.

Versuchen Sie herauszufinden, **wofür welche Geschwindigkeiten angemessen sind**. Achten Sie darauf, dass Sie nicht permanent immer noch mehr machen wollen und der »gesparten Zeit« hinterherhetzen. Nutzen Sie die modernen Kommunikationsmöglichkeiten nach Ihren Bedürfnissen und Erfordernissen bei gleichzeitiger Verankerung im Hier und Jetzt.

Dieses Kapitel begann mit einer Geschichte von Gazellen und Löwen. Die darin zum Ausdruck kommende Management-Maxime bringt das Problem der Hochgeschwindigkeit-Nonstop-Gesellschaft auf den Punkt: Das blinde, pausenlose Drauflosrennen ist das Problem. Es ist wichtig, im rechten Moment Kräfte für hohe Geschwindigkeiten mobilisieren zu können und im Rhythmus der Zeiten die Zeiten zu nutzen. Aber ebenso wichtig ist es, sich die Kräfte einzuteilen, den rechten Moment zu erkennen und schnell zu sein:

> *»Jeden Morgen wacht in Afrika eine Gazelle auf. Sie weiß, dass sie sich, will sie nicht gefressen werden, in ihrem Verhalten nach den Jagdzeiten der Löwinnen richten muss.*
> *Jeden Morgen wacht in Afrika eine Löwin auf. Sie weiß, dass sie nur dann nicht verhungern wird, wenn sie die Zeiten beachtet, zu denen die Gazellen ihren Durst am Wasser stillen.*
> *Es ist egal, ob man eine Löwin oder eine Gazelle ist: Wenn die Sonne aufgeht, muss man etwas von den Zeiten anderer Lebewesen verstehen und sie beachten.«*

Einige **ausgewählte Literaturempfehlungen** zu diesem Kapitel finden Sie auf Seite 235.

Rhythmen

»Schöpferische Pause«

Fritz Klatt

»**Atemschwingungen.** *Die Schwingungen des Atems übertönen die Herzschläge. Mehrere Blutwellen gehen während eines Atemzuges ein und aus. Der Atem geht lauter. Vor allem: die Schwingungen des Atems sind willkürlich dehnbar. Dabei ist von entscheidender Wichtigkeit, dass die Pause zwischen Ausatmung und neuer Einatmung dehnbar ist. Diese Pause ist schöpferisch. Aus ihrer Tiefe kann der wahrhaft eigene Atem sich erheben. Bei den meisten Menschen wird diese Gelegenheit immer wieder vorbeigelassen. Ihr Atem schwingt achtlos über diese Besinnungspause hinweg. So kommen alle diese gar nicht zu ihrem Eigenatem (...).*« (Fritz Klatt: Die schöpferische Pause 1923, S. 3)

Herzschlag, Atem, Tagesrhythmen, Jahreszeiten – wir haben die Rhythmen ständig in uns, bei uns und um uns herum. Wir leben in ihnen. Nichts ist einfacher, als rhythmisch zu leben? Weit gefehlt. In diesen Zeiten des »jederzeit, überall, sofort« wirken viele Menschen atemlos. Sie sind aus dem Rhythmus geraten. Manchmal entsteht sogar der Eindruck, Rhythmen seien etwas Veraltetes. Viele Menschen meinen, sie leben heute in einer von den Naturrhythmen losgelösten Zeit. Rhythmen kommen in dieser Welt nur noch als Nostalgiewert vor, etwa in romantischen Sonnenuntergängen der Reiseprospekte.

Manche Personen leben in ständiger Eile und sind so geschäftig, dass sie im beruflichen und familiären Alltag ihre Körperrhythmen ignorieren. Wir können jedoch beobachten, dass die Rhythmen über die aktuelle Fitnesskonjunktur und Wellness-Welle unter neuen Etiketten wiederkehren.

In den Reformbewegungen waren bereits an der Wende des 19. zum 20. Jahrhundert Rhythmen ein wichtiges Thema. Fritz Klatt war ganz im Mainstream der Reformpädagogik (Texte dazu finden Sie bei Held/Geißler 1995, S. 129ff.). Seit dieser Zeit haben wir durch Chronobiologie, Chronopharmazie und andere Disziplinen viel Wissen über Rhythmen gewonnen. Wir wissen darüber so viel wie noch nie zuvor. Im Alltag wurden die Rhythmen dennoch zunehmend vernachlässigt. Dieser Trend kehrt sich inzwischen langsam um. Wir laden Sie ein, sich Zeit zu nehmen für die Welt der Rhythmen.

Übung 15

Rhythmus des Lebens *(Atem)*

Beginnen wir zur Einstimmung mit dem Rhythmus unseres Atems. Der Atem versorgt alle Zellen mit dem Lebens- und Energieträger Sauerstoff. Der Atem ist ein grundlegender Rhythmus allen Lebens. So lange wir leben, spüren wir ihn in uns. Deshalb ist der Atem sehr gut geeignet, einen Zugang zu Rhythmen zu finden und zu üben (vertiefend Middendorf 1995; Lodes 2000).

Diese Übung können Sie zu Hause machen oder in der Natur zusätzlich die frische Luft genießen und auftanken.

Grundübung – den Atemraum spüren

Suchen Sie sich bitte einen Platz, an dem Sie sich gerne aufhalten und nicht gestört werden. Setzen oder legen Sie sich bequem hin. Kommen Sie nun langsam innerlich an Ihrem Platz an. Beobachten Sie Ihren Atem: In welchem Rhythmus kommt und geht er? Spüren Sie Ihre Zunge im Mund, und lockern Sie bewusst den Unterkiefer – so entspannt sich Ihr ganzes Gesicht.

Gehen Sie nun mit Ihrer Aufmerksamkeit zu den Schultern. Lassen Sie die Schultern locker hängen und atmen Sie tief in den Unterbauch. Hinterkopf und Rücken bilden eine gerade Linie. Legen Sie beide Hände auf den Unterbauch und spüren Sie, wie sich Ihr Bauch in einem bestimmten Rhythmus senkt und hebt. Wenn Sie eine Weile so geatmet haben, legen Sie nach dem Ausatmen jeweils eine Pause ein. Genießen Sie, wie Sie ruhiger werden und sich immer mehr entspannen.

Variationen – mit dem Atemrhythmus spielen

Gehen Sie mit Ihrer Aufmerksamkeit zu Ihrem Herzschlag. Wo genau im Körper können Sie ihn wahrnehmen? Er ist wahrscheinlich relativ ruhig und regelmäßig. Beobachten Sie ihn liebevoll. Es wird Folgendes passieren: Die Ruhe Ihres Herzschlags wird sich auf Ihren ganzen Körper ausdehnen. Nach einer Weile wirkt sich diese Ruhe wiederum auf Ihren Herzschlag aus. Sie macht ihn noch ruhiger.

Kehren Sie mit Ihrer Aufmerksamkeit zum Atem zurück. Er wird immer ruhiger und gleichmäßiger. Wie ein Pendel – Atemzug um Atemzug. Stellen Sie sich vor, wie mit jedem Einatmen frische Kraft einströmt. Allein die Vorstellung vertieft das Ein- und Ausatmen. Sie können Ihren Rhythmus auch bewusst ein klein wenig verändern. Spüren Sie nach, welche Auswirkungen eine andere Atemfrequenz auf Ihr Wohlbefinden hat. Wählen Sie den Rhythmus aus, der Ihnen momentan am meisten Freude bereitet, und atmen Sie so einige Zeit bewusst ein und aus. Achten Sie dabei auf die kleine Pause, die sich zwischen Ein- und Ausatmen ergibt.

Beenden Sie die Übung, indem Sie sich langsam wieder bewegen, sich räkeln und strecken. Stehen Sie in Ihrer Geschwindigkeit auf und spazieren Sie ein wenig im Raum herum. Spüren Sie nach, ob Sie Unterschiede im Atem vor und nach der Übung wahrnehmen können.

Tipp

Wenn Sie mit Ihrem Atemrhythmus vertraut sind, können Sie diese Übung auch zwischendurch in Pausen, in beruflichen und familiären Alltagssituationen verkürzt durchführen. Dies wird Ihnen helfen, wieder mit Ihren Rhythmen in Einklang und zur Ruhe zu kommen.

Die Welt der Rhythmen

Das Leben ist rhythmisch: Von kleinsten Schwingungen einzelner Zellen über den Stoffwechsel des Organismus bis hin zu den Lebenszyklen der Generationenabfolge ist Leben rhythmisch geprägt.

Die Welt ist rhythmisch: Vom Mikrokosmos der Atomschwingungen bis hin zum Makrokosmos des Weltalls. Unser Bereich, der für uns Menschen (Humankosmos) maßgeblich ist, wird durch das Zusammenspiel bestimmter Rhythmen geprägt. Tages- und Jahresrhythmus sind für uns dominant. Der Mondrhythmus spielt eine abgeschwächte Rolle, während der Gezeitenrhythmus bei uns Menschen biologisch nicht verankert ist.

Auswahl einiger besonders wichtiger Rhythmen

- **Tagesrhythmus:** Die Erddrehung verursacht den Hell-Dunkel-Rhythmus von Tag und Nacht (entspricht einem »Tag«). In Abhängigkeit vom Breitengrad ändert sich im Jahreszyklus dieser Rhythmus.
- **Jahresrhythmus:** Der Erdumlauf um die Sonne ergibt ein Jahr. Im Zusammenspiel mit der Neigung der Erdachse (Ekliptik) ergeben sich die Jahreszeiten. Je nach Breitengrad ist das ortsspezifisch unterschiedlich.
- **Monatsrhythmus:** Der Mondumlauf um die Erde ergibt einen Mondmonat.
- **Gezeiten:** Der Mond in Kombination mit den Einflüssen der Sonne ergibt die Gezeiten.

> Das Leben ist »eine Symphonie von Rhythmen«.
> Barbara Adam

Diese Grundrhythmik prägt die biologische Evolution. Daher sind alle Lebewesen rhythmisch geprägt. Die Vielfalt der Zeitmuster ergibt sich durch das Zusammenspiel unterschiedlich starker Rhythmen. So ist das Leben in der Gezeitenzone für die Lebewesen zeitlich anders als das Leben für Landlebewesen. Die Abbildung auf der nächsten Seite soll ein Gefühl für die grundlegende Bedeutung der Rhythmik des Lebens vermitteln.

Das Zusammenspiel unterschiedlichster Rhythmen mit verschiedenen Zeitskalen ist faszinierend: Extrem langwellige und sehr kurzwellige Rhythmen; starke, andere Rhythmen beeinflussende und schwächere, die aber nicht minder bedeutsame Funktionen ausüben können. Wichtig ist die Koordination und Synchronisation unterschiedlichster Rhythmen innerhalb von Organismen, ebenso die Koordination von Rhythmen der Umwelt mit den Rhythmen der Lebewesen.

Ist die Geschichte der Entwicklung der kulturellen Zeitordnung nicht auch die Geschichte der Herauslösung aus den Naturzeiten? Wird der Einfluss der Rhythmen nicht schwächer und schwächer? Warum sollten wir uns heute noch damit befassen, wenn es um Zeitkompetenz geht?

Die Geschichte der kulturellen Zeitordnung ist eine Geschichte der Herausbildung und Entwicklung kultureller Rhythmen. Diese kulturell entwickelten Zeitinstitutionen waren eng an die Naturrhythmen angelehnt. In Europa war dies durch den Jahreszyklus des Kirchenjahres für die Menschen über die Jahrhunderte hinweg prägend. Später lockerte sich diese enge Bindung an die Naturrhythmen. Jahreskalender, Monat, Woche und Wochentage bilden jedoch bis heute einen bestimmenden Lebensrhythmus. Im Laufe der Zeit kamen neue rhythmische Elemente dazu, wie beispielsweise Nationalfeiertage, *banking holidays*, Ferientermine und vieles mehr.

Auf der einen Seite werden Rhythmen immer stärker überspielt, gleichsam sedimentiert. Auf der anderen Seite entwickeln sich zugleich fortlaufend neue rhythmische Momente: gesellschaftlich, in Betrieben, in der Familie und individuell. Warum? Rhythmen schaffen Ordnung. Sie verleihen eine gewisse Verlässlichkeit in einer durch Unsicherheit gekennzeichneten Lebenswelt. Dies ist heute nicht weniger bedeutsam als zu allen früheren Zeiten. Und dies wird so bleiben.

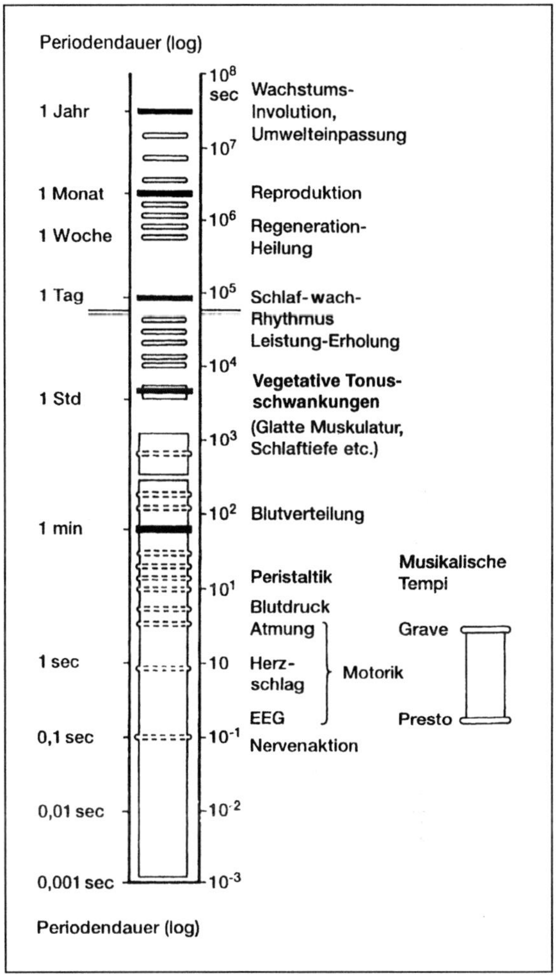

Spektrum der biologischen Rhythmen (modifiziert nach: Hildebrandt 1988)

Die Bindung der kulturellen Zeitordnung an die Naturrhythmen geht jedoch viel tiefer. Dies illustrieren wir an der Erfindung der Atomzeit, da diese als Paradebeispiel der Loslösung von den Naturzeiten dient. Die Atomzeit ist im doppelten Sinn an Naturrhythmen gebunden. Ausgangspunkt ist die Dauer des natürlichen Tag-Nacht-Rhythmus zum Zeitpunkt seiner Festlegung (ein Bruchteil des damaligen Tags 1960er-Jahre: Tag geteilt durch 24 Stunden, geteilt durch 60 Minuten, geteilt durch 60 Sekunden = 1 Sekunde). Darauf bezogen wurde die Sekunde an einem sehr kurzwelligen Naturrhythmus der atomaren Ebene neu geeicht, der Schwingungsfrequenz der Cäsiumatome. Und sie wird den natürlichen Schwankungen durch Schaltsekunden nachgeführt.

Ein weiteres, noch grundlegenderes Faktum: Die natürlichen Rhythmen sind nach wie vor wirksam. Wir können versuchen, sie zu überspielen. Aber es erfordert viel Aufwand und hat zum Teil weit reichende Folgen, wenn die Rhythmen zu massiv und lang anhaltend ignoriert werden (Adam/Geißler/Held 1998). Wer nichts von Rhythmen versteht, versteht nichts von der kulturellen Zeitordnung. *Gerade weil die Welt und das Leben rhythmisch sind, können wir den heute (noch) vorherrschenden Lebensstil pflegen.* Warum? Die Antwort finden Sie in der folgenden Übersicht zusammengefasst.

Rhythmen und ihre Freiheitsgrade

1. Rhythmen sind die Wiederkehr des Ähnlichen (nicht die Wiederkehr des Gleichen).
2. Rhythmen sind durch Variation und Flexibilität gekennzeichnet.
3. Vielfalt und Schwankungsbreite der Rhythmen ermöglichen es, Änderungen abzupuffern.
4. Damit geben Rhythmen Freiheitsgrade, also Elastizität im Umgang mit den Zeiten.
5. Dies ist die Voraussetzung für das Überspielen der Rhythmen.
6. Die Freiheitsgrade sind nicht beliebig. Wenn sie zu stark überdehnt werden, können sie »reißen«.

Die Besonderheit der Rhythmen ist nicht ihre absolute Genauigkeit. Vielmehr ist es die **Wiederkehr des Ähnlichen.** (1) Rhythmen ermöglichen deshalb **Flexibilität**. Beispielsweise ist das Wetter im Jahresablauf nicht immer exakt identisch. Wären die Lebewesen auf starre Programme fixiert, könnten sie darauf nicht flexibel reagieren, auch nicht wir Menschen. (2) Das Zusammenspiel der Vielfalt von Rhythmen ermöglicht es, **Änderungen abzupuffern**.

Stellen Sie sich das am Beispiel eines Hochseilartisten vor. Würde dieser versuchen, möglichst gleichförmig auf dem Hochseil zu laufen, wäre dies nicht sehr vorteilhaft. Aus Erfahrung weiß er, dass ein leichtes Wippen und Ausbalancieren ihm mehr Stabilität gibt.

Das ist ein allgemeines Grundprinzip. Auch der Herzrhythmus variiert leicht, wird er starr, dann ist dies, medizinisch gesehen, ein Alarmzeichen. (3) Dies ist der grundlegende Aspekt zum Verständnis der Rhythmen. Diese Schwankungsbreite ermöglicht die Kooperation von Personen mit jeweils unterschiedlichen Eigenrhythmen. Rhythmen ermöglichen, mit flexiblen Zeitprogrammen auf äußere Zeitgeber zu reagieren. Sie geben **Elastizität** im Umgang mit den Zeiten. (4) Dies ist die Voraussetzung für das **Überspielen von Rhythmen.** Wir nutzen diese Möglichkeit heute reichlich, vielfach allzu reichlich. Wir machen die »Nacht zum Tage« oder überspielen Jahreszeiten. Viele haben im Winter ein sehr hohes Aktivitätsniveau und ignorieren beim Essen die jeweilige Saison (sprichwörtlich: Erdbeeren im Winter). (5)

Wir nehmen uns diese **temporalen Freiheitsgrade** gerne, sofern sie uns nützlich und attraktiv scheinen. Sie sind jedoch nicht beliebig dehnbar. Die Freiheitsgrade der Rhythmen haben eine bestimmte Bandbreite. Dafür ist das Bild des Gummibands treffend. Ein gutes Band ist sehr elastisch. Wenn wir es ruckartig heftig überdehnen, kann es bereits bei einmaliger Überdehnung reißen. Ebenso kann es langsam spröde oder reißanfällig werden, wenn wir es häufig etwas zu stark dehnen. Analog funktionieren rhythmische Systeme. (6)

Viele der Probleme im Umgang mit den Zeiten sind Rhythmusprobleme. Wir nutzen Freiheitsgrade der Rhythmen und ahnen dabei nicht, dass wir diese Flexibilität gerade den Rhythmen verdanken. Wir nutzen diese zum Teil so extrem, dass wir ihre Grenzen nicht beachten. Pausen, Erholung und Ruhephasen werden zu Relikten einer Zeit, als wir noch verschwenderisch mit Zeit umgingen und uns zeitlich ineffizient verhielten. Wenn wir gemäß dieser Sichtweise »Keine Zeit haben« als Status- und Erfolgsausweis ansehen und Zeit als beliebig kontrollierbar missverstehen, führt dies zu Zeitproblemen. Das ist unwirtschaftlich und verringert unser Wohlbefinden. **Wer Rhythmen versteht, kommt zu einem anderen Umgang mit den Zeiten** (Held/Geißler 1995; s. Übung 19 auf Seite 111ff.).

Folgerungen für den Umgang mit Zeiten und Zeitkompetenz

- Rhythmus ist eine elementare Dimension der Zeit.
- Rhythmen sind für eine kulturelle Zeitordnung grundlegend.
- Wenn wir Naturrhythmen zu stark überspielen und kulturelle Rhythmen auflösen, müssen wir mit negativen Folgen rechnen.
- Dies ist unklug, unwirtschaftlich und für das Wohlbefinden nicht förderlich.
- Verinnerlichen Sie folgende Grundhaltung: Rhythmen vermitteln Flexibilität und Ordnung. Sie kombinieren damit Flexibilität mit temporaler Sicherheit und Orientierung in einer zukunftsoffenen Welt.
- Achten Sie darauf, in welchen Situationen Sie die Freiheitsgrade der Rhythmen möglicherweise überstrapazieren.

25 Stunden sind auch ein Tag

Würden Sie für vier, sechs oder gar acht Wochen in einen von der Außenwelt abgeschirmten »Bunker« gehen? Ohne direkten sozialen Kontakt? Ohne aktuelle Medien? Ohne Tag und Nacht erleben zu können in völliger zeitlicher Isolation? Viele Personen würden ein derartiges Ansinnen wohl weit von sich weisen. Verständlicherweise. Genau dies haben Hunderte von Menschen jedoch tatsächlich gemacht (Zulley/Knab 2000, 5. Kapitel). Über 400 beispielsweise in einem Labor in Andechs, nicht weit entfernt vom »Heiligen Berg« des Klosters. Da weltweit viele Versuchspersonen zu derartigen Isolationsexperimenten bereit waren, wissen wir viel über die zeitliche Organisation des Menschen. Zusammen mit der Forschung bei Pflanzen und Tieren bis hin zur Ebene der Zellen und der Gene schält sich immer mehr ein Bild der uns Menschen bestimmenden Rhythmen heraus.

Warum wurden die Versuche in einem »Bunker« durchgeführt? Es ist erstaunlich, wie viele Zeitsignale wir üblicherweise aus der Umwelt empfangen. Tageslicht, Temperatur, Glockenschläge, Zeitungen, Fernsehen, Internet, Telefon bis hin zu Straßenverkehr und anderen indirekten Hinweisen. Durch die freiwillige Isolierung konnte die Zeitstruktur der Menschen ohne irgendwelche äußeren Einflüsse (im »Freilauf«) untersucht werden. Was würden Sie erwarten? Wilde, unregelmäßige Variationen? Oder eher eine einigermaßen regelmäßige Zeitstruktur, die nahe am natürlichen 24-Stunden-Tag liegt?

Das menschliche Verhalten wird durch ein Zusammenspiel von äußeren Zeitgebern (exogen) und innerer Tagesrhythmik (endogen) gesteuert.

Lassen wir eine Vielzahl von Einflussfaktoren wie beispielsweise Alter und Gesundheit weg, so ergibt sich aus den Untersuchungen ein eindeutiges Bild. Der Mensch besitzt eine innere Rhythmik. Die Tagesrhythmik ist ohne Außeneinflüsse ungefähr 25 Stunden lang. Deshalb nennt man diese Rhythmik *circadian*: *circa* = ungefähr und *dies* = Tag. Mit anderen Worten: Wir haben als Erbe unserer biologischen Evolution eine so genannte endogene Rhythmik in uns. Wir werden in unserem zeitlichen Verhalten nicht ausschließlich durch Außeneinflüsse bestimmt.

Warum schwankt die Phasenlänge nicht um die natürliche Vorgabe des 24-Stundentags? Nehmen wir einmal an, die innere Rhythmik wäre etwa 24 Stunden lang. Was würde dann passieren? Kleinste Abweichungen von genau 24 Stunden würden sich im Laufe weniger Tage und Wochen aufsummieren und

Auswahl wichtiger Zeitgeber zur Synchronisierung circadianer Rhythmen

- **Tageslicht:** Mit Abstand stärkster äußerer Zeitgeber (ZG).
- **Soziale Kontakte:** Mit Abstand nach Tageslicht zweitwichtigster ZG.
- **Zeitpunkt der Hauptmahlzeiten:** Nächstwichtigster ZG (biologisch/sozial).
- **Körperliche Aktivitäten:** Nächstwichtigster ZG.
- **Weitere regelmäßig wiederkehrende Ereignisse:** Beispielsweise natürliche Ereignisse wie zyklisch schwankende Temperaturen; kulturelle ZG.

uns vom natürlichen Tages-Rhythmus entfernen – wenn es keine Korrekturfaktoren gäbe. Es kommt darauf an, dass unsere innere Tagesrhythmik durch andere Einflüsse mit der natürlichen Tagesrhythmik synchronisiert wird. Die Übersicht oben vermittelt eine über die spezifischen Zeitgeber hinausgehende allgemeine Erkenntnis: Rhythmen wirken zusammen mit sozialen und kulturellen Einflüssen. Der Evolutionsbiologe Christian Vogel hat dies so formuliert: »Wir sind an der langen elastischen Leine der biologischen Evolution.«

Das Ungefähre aller Rhythmik ist grundlegend. Rhythmen geben zeitliche Ordnung und zugleich zeitliche Flexibilität. Abweichungen können abgepuffert und Störeinflüsse durch Phasenanpassungen überwunden werden. Der circadiane Rhythmus ist für uns Menschen besonders prägend. Daneben gibt es weitere Rhythmen, die kurz- über mittelwellige (etwa Tagesrhythmik) bis zu langwellige Phasenlängen abdecken.

Es gibt auch Hinweise auf eine gewisse Wochenrhythmik. Als Beispiel lassen sich Rhythmen bei Fieberinfektionen anführen. Inwieweit dieser Periodenbereich beim gesunden Menschen innerlich verankert ist, wird noch diskutiert. Unter den Chronobiologen wird diskutiert, ob der Menstruationszyklus der Frau ein circalunarer Rhythmus ist oder die Phasenlänge eher zufällig ähnlich lang ist wie der Mondzyklus. Gesichert ist, dass der Einfluss des Mon-

Spektrum von Rhythmen beim Menschen

- **ultradian:** Periodenlänge kleiner als ein Tag (z.B. Herzfrequenz, Essen, Trinken);
- **circadian:** Periodenlänge etwa ein Tag (praktisch alle Funktionen des Organismus sind beteiligt; insbesondere Aktivität–Ruhe, Nahrungsaufnahme, Stoffwechsel und vieles mehr);
- **circalunar:** Periodenlänge etwa einem Monat entsprechend (beispielsweise Menstruationszyklus der Frau).
- **circannual:** Periodenlänge etwa einem Jahr entsprechend (Veränderungen Hormonhaushalt, Stoffwechsel). (Nach: Hildebrandt/Moser/Lehofer 1998)

Zeitmaschine im Kopf
»Das Auge ist zu schnell für das Gehirn

Schaut man ruckartig auf eine Uhr, so bleibt einen winzigen Moment lang die Zeit stehen – für unser Gehirn. Denn nach schnellen Augenbewegungen nehmen wir ein neues Bild länger wahr, als wir es tatsächlich sehen. Dieses »Chronostasis« genannte Phänomen mag mancher schon bemerkt haben. Jetzt haben engliche Forscher herausgefunden, dass seine Dauer von der Augenbewegung abhängt, die zuvor gemacht wurde (Nature, Bd. 414, S. 302, 2001).«

Quelle: Süddeutsche Zeitung vom 20.11.2001

des als äußerer Zeitgeber zur Synchronisation des Menstruationszyklus in den Industriestaaten zwischenzeitlich nahezu vollständig überblendet wird.

Im sehr kurzwelligen Bereich gibt es endogene Rhythmen, die nur indirekt über die anderen Rhythmen wie beispielsweise den Herzschlag durch Außeneinflüsse synchronisiert werden. Die Abstimmung dieser Myriaden von Rhythmen ist für unsere Gesundheit, Leistungsfähigkeit und unser Wohlbefinden wichtig. Die in Ruhestellung zu beobachtende Abstimmung der Frequenzen bestimmter Rhythmen ist haushälterisch. So ist das Verhältnis Herzrhythmus: Atemrhythmus etwa 4:1. Rhythmen sind gut für die funktionelle Ökonomie.

Die »innere Uhr« ist in den Medien ein beliebtes Thema. Wir verwenden diesen Begriff nicht. Er trifft nicht, worum es geht. Uhren, die derartig flexibel wären wie die endogene Tagesrhythmik des Menschen, würden wir kaum verwenden. Sie kommt »Palmströms Uhr« von Morgenstern näher als unseren üblichen Zeitmess-/Zeitanzeigegeräten.

> **»Palmströms Uhr**
> *Palmströms Uhr ist andrer Art, reagiert mimosisch zart.*
> *Wer sie bittet, wird empfangen. Oft schon ist so gegangen,*
> *wie man herzlich sie gebeten, ist zurück- und vorgetreten,*
> *eine Stunde, zwei, drei Stunden, je nachdem sie mitempfunden.*
> *Selbst als Uhr, mit ihren Zeiten, will sie nicht Prinzipien reiten:*
> *Zwar ein Werk, wie allerwärts, doch zugleich ein Werk – mit Herz.«*
> (Christian Morgenstern 2001, S. 250f.)

Die innere Rhythmik ist nicht nur ein Zeitmess- oder Zeitanzeigegerät. Die Beliebtheit der Metapher »innere Uhr« ist vielmehr Ausdruck davon, dass die Gleichsetzung »Zeit = Uhrzeit« in unserer Gesellschaft für viele zur Zeitvorstellung schlechthin wurde. Das hat einen kuriosen Effekt. Die Chronobiologen führen mit der Uhrenmetapher die Menschen an die Ergebnisse zu den Lebensrhythmen heran. Über diesen Umweg wird die mechanische Sichtweise mit transportiert. Allerdings: Besser die Ergebnisse verbreiten sich so, als dass die Rhythmik weiterhin als Überbleibsel aus vormodernen Zeiten missverstanden wird.

> **»Chronobiologie ist Rhythmusforschung.**
> *Es gehört zu den grundlegenden Erkenntnissen der Chronobiologie, dass die zeitliche Ordnung der Lebensvorgänge in Form von Rhythmen geschieht. Chronobiologie ist daher gleichbedeutend mit Rhythmusforschung.«* (Hildebrandt/Moser/Lehofer 1998, S. 4)

Hell wie der lichte Tag – Zeitgeber Tageslicht

»Hell wie der lichte Tag« – dieser Werbespruch einer Beleuchtungsfirma wurde zum Wahrzeichen des Siegeszugs der künstlichen Beleuchtung. Ein entsprechender Lebensstil galt lange Zeit als modern: In modernen Komfortwohnungen die künstliche Beleuchtung genießen; unabhängig von Dunkelheit oder Helligkeit zur Arbeit fahren; in künstlich beleuchteten Büros und Produktionsräumen arbeiten. – So produzieren und genießen viele einen hohen Güterwohlstand. Tatsächlich leben aber viele in »biologischer Finsternis«.

Wie geht das zusammen? Die Geschichte der chronobiologischen Forschung kann uns dies erhellen (Zulley/Knab 2000). Zunächst hatten die Forscher angenommen, dass Licht beim Menschen im Unterschied zu den Ergebnissen bei Tieren kein wichtiger Zeitgeber sei. Es stellte sich heraus, dass das mit der verwendeten Lichtstärke zu tun hatte: Die Deckenlampen hatten 300 Lux. Dies entspricht etwa einer Beleuchtung von Büroräumen mit Fensterplatz. Variationen in der Versuchsanordnung ergaben: *Natürliches Tageslicht ist der wichtigste Zeitgeber zur Synchronisierung der endogenen Rhythmen.*

Selbst Lichtstärken an einem trüben Wintertag liegen bei etwa 2.500 Lux. Bereits in dieser Größenordnung ist das Tageslicht als Zeitgeber zur Synchronisierung der circadianen Rhythmen wirksam. Künstliches Licht der üblichen Stärke (beispielsweise 300 Lux) kommt uns subjektiv recht hell vor. Zumindest heller als etwa diffuses Tageslicht an regnerischen Tagen in der dunklen Jahreszeit. Es wirkt aber nicht als Zeitgeber. Da spielt uns unsere Wahrnehmung einen Streich. Es gibt nämlich zwei unterschiedliche Rezeptoren: Eine Art für Helligkeitswahrnehmung zum räumlichen Sehen (Stäbchen/Zapfen) und eine für die endogenen Rhythmen (Ganglienzellen).

> »**Das Auge der Zeit.** *(...) Die Prinzipien der zeitlichen Kontrolle des Lebens durch die innere Uhr und ihre Synchronisation mit der Außenwelt sind auf allen biologischen Ebenen vom Einzeller bis zum Menschen gleich. So besitzen zum Beispiel alle inneren Tagesuhren eigene Lichtrezeptoren, die sich von denen der visuellen Raumwahrnehmung unterscheiden. Beim Menschen, wie bei allen Säugetieren, sind es nicht die Stäbchen und Zapfen der Netzhaut, mit denen das Licht und die Farben unserer räumlichen Umwelt wahrgenommen*

werden, sondern eigene Lichtrezeptoren, die auch im Auge sitzen und die in der Evolution wahrscheinlich weit vor den Stäbchen und Zapfen entstanden sind. Das Gehirn ›sieht‹ also die Zeit mit anderen ›Augen‹ als den Raum.« (Roenneberg/Merrow 1999, S. 13)

» (…) dass jede Zelle über Uhrengene verfügt, die zentral steuernde Hauptuhr ist allerdings im zentralen Nervensystem (…) im *Nukleus Suprachiasmaticus* lokalisiert.« (Björn Lemmer, Chronopharmakologie, 2004, S. 7)

Es wäre faszinierend, tiefer in die Zusammenhänge einzutauchen: die Steuerung durch das Gehirn, den so genannten suprachiasmatischen Kern (SCN) und die Zirbeldrüse; die Rolle der Hormone, insbesondere Melatonin sowie Seratonin; und vieles mehr. Doch das wäre zu viel des Guten.
Wenn wir zu wenig helles Tageslicht spüren, hat das Folgen:

- Das Wohlbefinden wird negativ beeinträchtigt.
- Aufmerksamkeit und Leistungsfähigkeit reduzieren sich.
- Auf Dauer schädigt es die Gesundheit.

Es gibt Menschen, die dafür besonders anfällig sind. Insbesondere in der dunkleren Jahreszeit werden manche Menschen melancholisch beziehungsweise schlechter gestimmt, wenn sie nicht lange genug draußen im hellen Tageslicht sind (Winterblues).

Bei manchen Menschen kann dies zu schwerwiegenden Verstimmungen oder gar zu jahreszeitlich bedingten Depressionen führen. Dies trägt die passende Kurzbezeichnung SAD, *sad* für traurig (*Seasonal Affective Disorder*, saisonal abhängige Depression). Die weltweiten Untersuchungen ergaben einen deutlichen Zusammenhang mit den Breitengraden. In Florida tritt etwa SAD sehr viel weniger auf als in Alaska.

Ebenfalls wichtig ist das Lichtverhalten der Menschen. In Finnland und Island kommen SAD-Symptome deutlich weniger vor als in vergleichbaren Regionen der USA, da sich die Menschen in den erstgenannten Ländern mehr im Freien aufhalten. Wer regelmäßig spazieren geht oder sich sonst im Freien aufhält, bei dem treten die Symptome deutlich seltener auf als bei den Stuben- oder Bürohockern (Wirz-Justice/Kräuchi/Graw 2000).

Künstliches Licht eröffnet zeitliche Möglichkeiten, die kaum jemand missen möchte. Zugleich ist darauf zu achten, dass wir uns dabei nicht neue Probleme einhandeln.

Folgerungen für den Umgang mit Zeiten und Zeitkompetenz

- Nutzen Sie das natürliche Tageslicht als stärksten Zeitgeber.
- Gehen Sie regelmäßig ans Tageslicht. Eine halbe Stunde und mehr am Tag ist vorteilhaft (gehen Sie zu Fuß, fahren Sie mit dem Fahrrad, werden Sie im Garten aktiv oder setzen Sie sich einfach auf den Balkon).
- Beachten Sie die Zeitgeber zur Synchronisation der circadianen Rhythmen, insbesondere das helle Tageslicht.
- Falls Ihnen dies schwer fallen sollte, versuchen Sie Gewohnheiten zu entwickeln, bei denen Sie regelmäßig im Tageslicht draußen sind.
- Gehen Sie insbesondere in der dunkleren Jahreszeit und an trüben Tagen bei Tageslicht ins Freie.

Zeitkompetenz ist nicht vorrangig eine Frage des Wissens. Vielmehr geht es darum, uns bisheriger Verhaltensroutinen bewusst zu werden und entsprechende Erkenntnisse selbst praktisch anzueignen. Nichts hilft dazu besser, als dies tatsächlich zu tun.

Übung 16

Mein Tageslicht-Konto *(Beobachtung/Auswertung)*

Was für die Fische das Wasser, ist für uns das Tageslicht. Wir nehmen es oft nicht bewusst wahr. Es ist während des Tages wie selbstverständlich da. Nehmen Sie sich einmal bewusst Zeit für Ihr persönliches Tageslicht-Konto.

Grundübung: In heller Jahreszeit

Machen Sie diese Übung zunächst in einer hellen Jahreszeit (Sommer, früher Herbst oder Frühjahr). Nehmen Sie sich eine Periode in Ihrem Alltagsleben (nicht Urlaub oder Krankheit) von ein oder noch besser zwei Wochen vor. Protokollieren Sie in dieser Zeit genau, wie lange Sie sich zu welchen Tageszeiten im Tageslicht aufhalten. Sie können dazu den Beobachtungsbogen (s. S. 104) oder einfach einen Notizblock mit den entsprechenden Rubriken verwenden.

Nehmen Sie sich im Anschluss an diese Beobachtungsphase einmal in Ruhe Zeit, die Beobachtungswerte für sich auszuwerten:

- Entspricht die Dauer, in der Sie in dieser Aufzeichnungsperiode im hellen Tageslicht waren, Ihren Erwartungen?
- Wie sind Ihre Gewohnheiten? Gehen Sie regelmäßig nach draußen? Oder eher selten?
- Wie schätzen Sie Ihre Empfindungen dazu ein? Spielt die Dauer des hellen Tageslichts subjektiv überhaupt eine Rolle?
- Verdunkeln Sie nachts künstlich oder können Sie den Zeitgeber Morgendämmerung erleben?

> **Tipp**
>
> Sie können die Übung gut mit Übung 31 (S. 171ff.) kombinieren.

Aufbauübung: Dunkle Jahreszeit

Machen Sie diese Übung später erneut, nun in der dunklen Jahreszeit (später Herbst, früher Winter). Einige ergänzende Fragen für Ihre Auswertung:

- Wie sind die Unterschiede zwischen den beiden Beobachtungsperioden? Wie lange sind Sie in der dunkleren Jahreszeit bei Tageslicht draußen?
- Gehen Sie üblicherweise noch in der Dunkelheit beziehungsweise in der frühen Dämmerung zur Arbeit und gehen typischerweise in Dunkelheit wieder nach Hause?
- Kommen Sie zwischendurch täglich nach draußen?
- Ergeben sich im Wohlbefinden Unterschiede? Gehen Sie auch nach draußen, wenn es trüb und nasskalt ist oder vermeiden Sie das lieber?

Beobachtungsbogen: mein Tageslicht-Konto

__. Beobachtungstag: .... *Beobachtungen von: ....*

Wochentag: .... Datum: ....

Sonnenaufgang __.__ Uhr Sonnenuntergang __.__ Uhr

Ende Schlafenszeit (morgens) __.__ Uhr Beg. Schlafenszeit (abends) __.__ Uhr

Zeit draußen im Tageslicht:

		Dauer etwa	Tageslichtbedingungen
Beginn: __.__ Uhr	Ende: __.__ Uhr	..... Min.	....
Beginn: __.__ Uhr	Ende: __.__ Uhr	..... Min.	....
Beginn: __.__ Uhr	Ende: __.__ Uhr	..... Min.	....
Beginn: __.__ Uhr	Ende: __.__ Uhr	..... Min.	....
Beginn: __.__ Uhr	Ende: __.__ Uhr	..... Min.	....
Beginn: __.__ Uhr	Ende: __.__ Uhr	..... Min.	....

Hauptaktivitäten an diesem Tag:

....

....

Abweichungen von sonstigen Gewohnheiten (bezogen auf diesen Wochentag):

....

Anmerkungen zum subjektiven Wohlbefinden an diesem Tag:

....

Jahreszyklus

Der Jahreszyklus ist so wirksam wie die Tagesrhythmen. Dies hat mit den Eigenschaften der geophysikalischen Rhythmen zu tun, die die Rhythmen des Lebens bestimmen (s. S. 94 und 99). Der Jahresrhythmus wird in seinen Wirkungen maßgeblich durch den Breitengrad sowie weitere Einflussgrößen bestimmt (beispielsweise Meere, Meeresströmungen, Monsunwinde). Es gibt zwar auch einige endogene Jahresrhythmen des Menschen. Diese haben aber nicht die Bedeutung wie die circadianen Rhythmen, da wir evolutiv aus äquatornahen Regionen stammen.

Dennoch beeinflussen uns die Jahreszyklen. Wir beobachten Veränderungen etwa im Hormonhaushalt, Stoffwechsel und Kreislauf. Sie haben Auswirkungen auf die Leistungs- und Anpassungsfähigkeit sowie auf die Anfälligkeit für Krankheiten. Dabei wirkt der Jahresrhythmus mit dem Tagesrhythmus zusammen. Je nach nördlicher oder südlicher Breite ändern sich die Tag-Nacht-Verhältnisse im Jahreslauf. So ist die Entstehung von Wintermelancholie in unseren und in den nördlichen Breitengraden kein Zufall.

Für unser Verständnis der Zeiten und den daraus ableitbaren Folgerungen für unseren Umgang mit den Zeiten ist ein weiterer Gesichtspunkt bedeutsam: Lange Zeit herrschte der Eindruck vor, dass die Welt temporal immer mehr standardisiert und vereinheitlicht wird. Es sei modern, überall auf der Welt gleichartig zu leben:

- Einflüsse des Klimas – kein Problem für Klimaanlagen,
- Einflüsse des Helligkeit-Dunkelheit-Zyklus – erledigt die künstliche Beleuchtung,
- Unterschiede zwischen Winter und Sommer – dafür gibt es die Heizung,
- unterschiedliche Gegebenheiten auf Grund von Topografie, Insellage, Berge und Ähnlichem – kompensieren die modernen Verkehrsmittel.

Dieses Verständnis ist gängig, jedoch nicht zeitengemäß, denn damit ist ein sehr hoher energetischer Aufwand verbunden. Wenn wir uns von der Fiktion der Bedeutungslosigkeit von Kontexten und der jahreszeitlichen Bedingungen verabschieden, können wir viel **moderner und zeiten-gemäßer leben**.

Moderne Zeiten – Rhythmus und Takt

Moderne Zeiten. Neben den nach wie vor wirksamen natürlichen und sozialen Zeitgebern gibt es weitere, früher unbekannte Zeitgeber wie etwa den Takt. Sie kommen nicht einfach nur zusätzlich hinzu. Vielmehr überdecken sie vielfach die für die biologischen Rhythmen wichtigen Zeitgeber.

Der Takt hatte sich zunächst in der Musik als Methode der Synchronisierung des Zusammenspiels der Musiker herausgebildet (seit dem frühen 17. Jahrhundert). In der Entwicklung des Industriezeitalters spielte der Takt als großer Synchronisator eine wichtige Rolle. Dieser klang aber nunmehr ganz anders als der Takt in der klassischen Musik. Immer mehr wurde die mechanische Uhrenzeit zum Zeitgeber. Die modernen Maschinen wie Dampfmaschine und der Takt der Eisenbahnen veränderten das Zeitempfinden. Aus den Schlachthöfen Chicagos kommend, wurde die Zerlegung der Produktion und das Fließband zum Symbol der neuen Zeit. Taylorismus, Henry Fords legendäre *Tin Lizzy* und vieles mehr beeinflussten zunehmend die Städte. Fabriksirenen gaben den Arbeitstakt vor.

Beachten Sie den »Takt«: Es handelte sich dabei um einen neuartigen Zeitgebertyp. Im Unterschied zum Rhythmus wird beim Takt versucht, möglichst gleichmäßig zu sein. Es kam auf mechanische Gleichförmigkeit und Kontrollierbarkeit der Zeiten an. Im Film »Moderne Zeiten« von Charly Chaplin (1936) können Sie diese taktförmig beschleunigte Zeitgestaltung in klassischer Form erleben. Im Übrigen mit einem Happyend der eigenen Art: Charly Chaplin findet am Ende den Weg aus dieser Welt der Maschinenzeit und wandert hinaus in die Freiheit. Im Unterschied zum Rhythmus setzt der Takt starr auf die Gleichförmigkeit der Zeiten.

Beispiel aus der Beratungspraxis. Ein Klient kam wegen Herzrhythmusstörungen und Stress in meine Praxis. Später stellte sich heraus, dass er in einem Musikstudio speziell für die Programmierung von Rhythmusgeräten (Schlagzeug) zuständig war. Bei diesen Geräten gibt es eine »Human feel«-Taste. Diese stattet den elektronisch erzeugten Schlagzeugklang mit minimalen, fast nicht hörbaren Rhythmusvariationen aus, damit es nicht so »mechanisch, computermäßig« klingt. *(Elmar Hatzelmann)*

Trotz der großen Erfolge der Automatisierung und Fließbänder hatte es die Vertaktung als Zeitgeber auf Grund dieser Starrheit nicht leicht, sich auszubreiten. Deshalb ließ die Wirkungskraft bereits nach wenigen Generationen wieder nach. Der Maschinentakt war einfach zu starr und zu wenig flexibel.

Dennoch wirkt der Maschinentakt auch heute in dieser nach Flexibilität strebenden Zeit stark nach. Noch immer wird Zeit überwiegend in einer Art Zeit-Mechanik verstanden. Dies geht so weit, dass das Wissen um die Lebensrhythmen mit dem Bild der »inneren Uhr« anhand der Zeit=Uhrzeit-Vorstellung verbreitet wird. Dies beeinflusst viele Menschen heutzutage selbst dann noch, wenn wir nach Ruhe und Muße streben (s. S. 183ff.). So wird entgegen den Erkenntnissen der Rhythmusforschung noch immer versucht, die Zeiten zu kontrollieren. Man meint, zur mechanischen Uhrenzeit und Zeitkontrolle einfach etwas Rhythmik ergänzen zu können. Dabei wird eine zentrale Erkenntnis der Rhythmusforschung verschenkt. Es wird gleichsam die Pointe übersehen: **Rhythmen vermitteln Ordnung und erlauben Flexibilität.** Das gilt für natürliche Rhythmen wie für kulturell entwickelte.

Übung 17

Die fünf Rhythmen der Seele *(Musik/Tanz)*

»Rhythmus ist Leben – Leben ist Bewegung«, dies steht als Motto über den Übungen von Gabrielle Roth. Sie ist Tänzerin, Therapeutin, Musikerin und Autorin. Sie inszeniert experimentelles Theater, leitet Workshops und Seminare. In ihrer Arbeit als Lehrerin für Tanz und Bewegung entwickelte sie fünf zentrale rhythmische Übungen. Passend zu diesen Rhythmen hat sie Musik komponiert beziehungsweise zusammengestellt. Während der Übung hört man die Musik und tanzt dazu in freier Bewegung. Dadurch erschließt man sich spielerisch einen persönlichen, körperlichen Zugang zu den Rhythmen. Sie unterscheidet folgende fünf:

- Flowing (enthüllt die Mysterien des Weiblichen);
- Staccato (das Geheimnis des Männlichen);
- Chaos (beide Rhythmen begegnen sich und schaffen Raum für Neues);
- Lyrical (in dieser Phase entfaltet sich das Neue) und
- Stillness (zur Ruhe kommen).

In ihren Kursen werden diese fünf Rhythmen mit Musikbegleitung getanzt. Sie nennt diese Abfolge »The Wave«. Es gibt mehrere CDs, mit denen man diese Übung daheim oder mit einer Gruppe genießen kann (Gabrielle Roth & the Mirrors »Initiation«, CD; siehe dazu auch Literaturtipp auf S. 236). Wenn Sie sich mit dem Prinzip der Übung vertraut gemacht haben, können Sie eine für Sie persönlich passende Musik auswählen und die Länge je nach Stimmung variieren.

Mittagstief – vom Mittagsschlaf zum Power-Napping

Zeitgemäß – das ist wörtlich zu nehmen. Für unseren Umgang mit den Zeiten sind die Rhythmen auch im Tagesverlauf wichtig. Für Tagespläne bei Veranstaltungen und Meetings aller Art sollte das physiologische Mittagstief beachtet werden (zu ultradianen Rhythmen Zulley/Knab 2000; zum Mittagsschlaf Paquot 2000). Lange galt es als unmodern und unwirtschaftlich, längere Zeit für Mittagspausen einzuberechnen. Alle Pausen waren in dieser Sichtweise nicht genügend effizient genutzte Zwischenzeiten.

Die Einstellung zu Pausen ist dabei, sich zu ändern. Das macht Sinn, denn nichts ist so unmodern und unwirtschaftlich, wie Grundrhythmen permanent zu missachten. An diesem Beispiel können wir deshalb den allgemein grundlegenden Punkt unterstreichen: Es steht nicht in unserem individuellen Belieben, wie wir mit den Zeiten umgehen. Die gesellschaftliche Bewertung etwa von Mittagsschlaf, Pünktlichkeit und Geschwindigkeit übt einen großen Einfluss auf uns aus. Deshalb ist es erfreulich, dass die Ergebnisse der Chronobiologie zum Mittagstief dem guten alten Mittagsschlaf beziehungsweise der Mittagsruhe zu einem Comeback verholfen hat. Nunmehr heißt es **Power-Napping** und ist damit in der Wertschätzung deutlich nach oben gerutscht.

Übung 18

Power-Napping *(Schlaf/Ruhe)*

Alle Menschen haben ein Mittagstief. Für einige reicht eine »normale Mittagspause«. Für andere ist eine richtige Mittagsruhe mit kurzem Nickerchen beziehungsweise Schlaf vorteilhaft. Die Beachtung des Mittagstiefs hat positive Auswirkungen auf das Wohlbefinden und die Leistungsfähigkeit sowie auf den Schlaf-Wach-Rhythmus und damit den Nachtschlaf.

Manche Menschen sind geübt mit dem kurzen Mittagsnickerchen beziehungsweise Kurzschlaf, wie das Power-Napping konventionell heißt. Sie brauchen keinerlei Übungsanleitung. Chronobiologische Untersuchungen verstärken die Vermutung, dass darüber hinaus mehr Menschen als bekannt zum kurzen Mittagsnickerchen neigen (über zwei Drittel der Versuchspersonen machten bei Gelegenheit im Mittagstief einen Kurzschlaf).

Versuchen Sie für sich herauszufinden, ob auch Ihnen Power-Napping gut tut, ganz ohne Hilfsmittel.

- **Lage:** Vorteilhaft ist es, sich hinzulegen. Das geht an vielen Orten, auch im Arbeitsbereich. Ist dies nicht möglich, empfiehlt sich eine bequeme Sitzhaltung.
- **Dauer:** Es kommt nicht darauf an, wirklich einzuschlafen. Vom Augen zumachen, über das kurze Einnicken bis zu einem Schlaf von etwa 10–20 Minuten reicht die regenerierende Wirkung. Wichtig ist es, nicht zu lange zu schlafen. Denn sonst kommt man in eine Tiefschlafphase und braucht anschließend wieder eine längere Anlaufphase. Die Erfahrungen zeigen, dass ein kurzer Schlaf bis zu etwa einer halben Stunde sinnvoll ist. Falls einmal weniger Zeit zur Verfügung steht, kann auch eine Ruhezeit nur für einen kurzen Moment gut tun. Ein Tipp: Zur Sicherheit können Sie anfangs einen Wecker stellen.
- **Zeitpunkt:** Essen Sie vor dem Nickerchen. Achten Sie auf Ihr persönliches Mittagstief. Dieses ist individuell unterschiedlich und variiert in der zeitlichen Dauer. So können Sie je nach Gegebenheiten den Mittagsschlaf zu unterschiedlichen Uhrzeiten machen und die Flexibilität der Rhythmen nutzen.

(Nach: Elisabeth Kräuter: Trainerin und Coach, München).

Tipp

Auch ein längerer Mittagsschlaf kann seine Vorteile haben, etwa bei einer längeren Siesta in südlichen Gefilden oder bei entsprechenden Temperaturen.

Pausen und Auszeiten

Rhythmen schwingen in Phasen: Aktivierung – Entspannung, Aktivität – Ruhe, Produktion – Reproduktion, Aufbau – Abbau, einatmen – ausatmen, aufnehmen – abgeben. Diese Abfolge bedeutet nicht eine einfache Symmetrie. So existiert zwischen einatmen und ausatmen eine kurze Pause. Wenn wir uns den Spannungsbogen von Rhythmen ansehen, können wir diesen zu Zeitformen ausdifferenzieren: Anfang, Ende, Übergang, Neuanfang, Pause, Auszeit und Wiederholung. Jede dieser Zeitformen hat eine besondere Bedeutung (ausführlich können Sie dies nachlesen auf S. 147ff.).

Pausen sind für unser **Wohlbefinden** und unsere **Leistungsfähigkeit** besonders wichtig. Auch im Berufsleben wird diese Erkenntnis immer häufiger berücksichtigt. Das gesellschaftliche Comeback des Mittagsschlafs wurde bereits als Beispiel angeführt. In etlichen Firmen gibt es mittlerweile auch so genannte Sabbaticals. Dabei handelt es sich um eine auf einer anderen Zeitskala angesiedelte Auszeit von mindestens einem viertel und häufig von einem halben Jahr. Selbst in den der mechanischen Uhrenzeit verpflichtenden Ratgebern finden sich immer häufiger Empfehlungen, Pausen zu machen.

Auch wenn es Männern immer noch schwerer als Frauen fällt, eine Babypause einzulegen, so steigt doch die gesellschaftliche Akzeptanz für den Wunsch vieler Männer, mehr Zeit mit ihren Kindern verbringen zu können. Dieser gesellschaftliche Bedeutungswandel fördert die Akzeptanz von Pausen.

> Auszeiten können so unterschiedlich sein wie die Tradition der »Wüstentage« in Klöstern, »Auszeit« (time out) in Sportarten wie Basketball sowie Zeiten von Krankheit und Trauer.

Zwei Arten von Pausen sind zu unterscheiden. Zum einen sind dies regelmäßig rhythmisch wiederkehrende Pausen. Zum anderen sind es zusätzliche Auszeiten, die unterschiedlichste Gründe haben können: Ein überraschendes Wiedersehen; das Gefühl, über etwas in Ruhe nachdenken zu wollen; das Empfinden, für den Körper eine zusätzliche Regenerationszeit zu benötigen; eine mit dem Partner und anderes mehr.

Wenn wir für Rhythmen und Auszeiten sensibel geworden sind, verstehen wir: Wir können funktional vieles entsprechend der Uhrzeit organisieren und koordinieren. Die gelebte, individuell einmalige Zeit hingegen können wir nicht beliebig hin- und herschieben. Regelmäßige Pausen sind im rhythmischen Tagesablauf ebenso wichtig wie gelegentlich zusätzliche Auszeiten.

Folgerungen für den Umgang mit Zeiten und Zeitkompetenz

- Pausenlos nonstop aktiv zu sein schadet Ihnen.
- Rhythmisch organisierte Pausen strukturieren Ihre Zeit.
- Seien Sie aufmerksam dafür, wann Sie besondere Auszeiten brauchen.

Übung 19

Rhythmen ins Leben bringen *(Regeln)*

Sie erinnern sich an ein Grundproblem von Zeitmanagementmethoden: Wir können nicht alles vollständig und exakt planen. Die Ansätze behelfen sich etwa mit Pufferzeiten und »Terminen mit sich selbst«. Vereinzelt finden sich Hinweise, bei der Tagesplanung auf die biologischen Rhythmen zu achten. Wir schlagen Ihnen vor, bei der Planung Unsicherheit und Unvorhersehbares nicht als »Störung« zu bekämpfen. Gehen Sie vielmehr von den Rhythmen und deren organisierenden Flexibilität aus. Aus der Rhythmusforschung lassen sich **Grundregeln für Tages- und Wochenplanung** ableiten. In die Regeln und Erläuterungen gehen Erkenntnisse mit ein, die im Kapitel »Eigenzeiten« (s. S. 115ff.) näher ausgeführt werden.

Selbstverständlich hängt die Detailumsetzung von Ihren jeweiligen zeitlichen Spielräumen und Vorgaben ab. Dazu empfiehlt es sich, ausdrücklich Ihrer Umgebung mitzuteilen, dass sich die Beachtung der Rhythmen auf Wohlbefinden und Leistungsfähigkeit sowie längerfristig auf die Gesundheit positiv auswirkt. Wenn Sie bereits eine Tages- und Wochenplanung machen, können Sie die folgenden Regeln mit einbeziehen. Andernfalls können Sie auch nur einzelne, Sie besonders ansprechende Regeln beachten.

Rhythmus – Grundregeln für die Tages- und die Wochenplanung

1. *Übergreifend:* Gehen Sie bei Ihrer Planung von den Grundrhythmen aus.
2. Beachten Sie Ihre eigenen Rhythmen im Tagesverlauf und im Tag-Nacht-Rhythmus.
3. Achten Sie darauf, dass Sie in der Regel genügend Pausen haben.
4. Beachten Sie bei Ihrer Planung auch die Rhythmen derjenigen, mit denen Sie zusammenarbeiten.
5. Finden Sie einen passenden Rhythmus für die Aufgaben im Beruf und in der Familie.
6. Versuchen Sie, für sich einen Wochenrhythmus zu finden.
7. Beachten Sie bei den Zeiten der Tages- und Wochenplanung den Jahresgang.
8. Seien Sie für Unterschiede im Ablauf der Monate und im Jahresgang aufmerksam.
9. Beachten Sie bei Ihrer Planung, dass sich im Rhythmus der Lebensjahre und der Phasen des Lebensalters Verschiebungen ergeben.
10. *Übergreifend:* Verplanen Sie nicht den gesamten Tag und die gesamte Woche.

Erläuterungen zu den Grundregeln

Zu 1): Das sind die Rhythmen im Tagesverlauf, der Tag-Nacht-Rhythmus, die Woche, der Monat, die Jahreszeiten und Jahre.

Zu 2): Je nach circadianem Typ sind geeignete Zeiten für Aktivitäten und Pausen, Mittagsruhe und so weiter recht unterschiedlich.

Zu 3): »In der Regel« schließt nicht aus, dass Sie gelegentlich einen dichteren Kalender haben und flexibel auf Anforderungen reagieren. Im Gegenteil, dies ist das Wesen des Rhythmus. Vermeiden Sie dagegen die permanente Minimierung von Pausen. Vermeiden Sie, Pausen »irgendwie irgendwann« dazwischen zu schieben, ohne auf die Tagesrhythmik zu achten.

Zu 4): Manche versuchen, ihre eigene Zeitplanung zu perfektionieren und übersehen dabei, dass es ebenso wichtig sein kann, sich mit den Zeiten der anderen abzustimmen. Das ist etwas völlig anderes, als die eigenen Zeitprobleme zu »delegieren«, das heißt, auf andere abzuschieben.

Zu 5): Ebenso empfiehlt es sich, die beruflichen und familiären sowie sonstigen Tätigkeiten nicht permanent neu zu planen. Nutzen Sie vielmehr die ordnende Flexibilität von Rhythmen, um einen geeigneten Grundrhythmus für die beruflichen und familiären Anforderungen zu finden. Nutzen Sie zugleich diese Flexibilität auch, wenn etwa während der Schulferien der Kinder oder bei Besuchen andere Bedingungen gegeben sind.

Zu 6): Ein wöchentlicher Grundrhythmus gibt eine gewisse Struktur und Ordnung, aus der Kraft für beanspruchende Aufgaben und unvorhersehbare Herausforderungen geschöpft werden kann. Achten Sie bei aller Flexibilität auf eine gewisse Regelmäßigkeit.

Zu 7): Viele Menschen können im Sommer auf Grund der Helligkeit am Morgen bereits früher produktiv sein und mit Freude arbeiten. In der dunkleren Jahreszeit sind andere Zeiten angesagt. Achten Sie darauf, in der dunkleren Jahreszeit regelmäßig genügend im Tageslicht zu sein.

Zu 8): Es gibt, über den Tagesgang hinausgehend, Unterschiede im Monats- und Jahresrhythmus, aus denen sich Folgerungen für Tages- und Wochenplanung ergeben. Ein Beispiel ist der Menstruationszyklus.

Zu 9): Dies ist bei den einzelnen Menschen sehr unterschiedlich. Deshalb ist es wichtig, dass Sie für sich persönlich eine Sensibilität entwickeln, etwa bei Änderungen im Schlafrhythmus.

Zu 10): Finden Sie für sich persönlich heraus, wie viel Planung und wie viel Offenheit für Sie angemessen ist. Dies ist etwas völlig anderes, als hierfür bestimmte Zeiten vorab zu fixieren. Lassen Sie sich Luft zum Atmen. Dies erhöht die Möglichkeit, kurzfristig sich ergebende Chancen zu ergreifen sowie sich abzeichnende Risiken und akute Probleme umgehend entschlossen anzupacken.

Tipp

Machen Sie diese Übung nochmals, nachdem Sie die nachfolgenden Überlegungen zu Eigenzeiten, Zeitempathie und Bewegung gelesen haben.

Rhythmen – Was nehme ich mit für meine Zeitkompetenz?

Rhythmen bilden die Basis für Zeitkompetenz. Es ist wichtig, für die eigenen Körperrhythmen sensibel zu werden und auf äußere Zeitgeber zu achten. Welche Rhythmen für Sie besonders wichtig sind, können Sie selbst herausfinden. Eventuell sind es eher »kleine« Pausen zum rechten Moment, die Sie in nächster Zeit benötigen. Möglicherweise ist es vorrangig, für sich einen Tagesrhythmus einschließlich Mittagsruhe und Tag-Nacht-Rhythmus zu finden, der Ihnen gut tut und zugleich mit den Bedingungen in der Arbeit und Ihrem privaten Umfeld in der Familie harmoniert. Vielleicht leben Sie bereits im Rhythmus und sind für besondere Auszeiten zusätzlich zu den Ritualen und Rhythmen zwischendurch aufmerksam.

Allgemein gilt: Rhythmen sind insbesondere in der modernen Welt von höchster Bedeutung. Es gilt, nicht permanent zu rasen, nonstop aktiv zu sein und noch mehr gleichzeitig zu machen. Zeitkompetent zu sein bedeutet, die Flexibilität der Rhythmen und ihre ordnende Strukturierungskraft zu leben.

Einige **ausgewählte Literaturempfehlungen** zu diesem Kapitel finden Sie auf Seite 235f.

Eigenzeiten

Am Puls der Zeiten

Kennen Sie das auch? Sie haben viel zu tun. Andere Menschen sind Ihnen zu langsam oder nicht auf der Höhe der Zeit. Oder Sie fühlen sich gehetzt, in Ihren Rhythmen und Ihrem Tempo von anderen nicht beachtet? Vielfach passen unsere Zeiten nicht zueinander. Dies führt zu Reibungsverlusten und zur Nichtbeachtung der Eigenzeiten.

Nicht immer ist eindeutig, welche Zeiten nicht passen. Prozesse werden beschleunigt und Pausen verschwinden, obwohl dies die Qualität der Aktivitäten beeinträchtigt. Nur ist dies nicht immer so offenkundig wie im Fall der Pulsmessung (s. Zeichnung S. 115): Der Arzt mag noch so eilig sein, bei der Messung des Pulses kommt es jedoch darauf an, dass er den Eigenrhythmus des Patienten erfasst. Über dieses Beispiel hinausgehend, sollten wir auf die Unterschiedlichkeit der Eigenzeiten achten.

Zu den bisher beschriebenen grundlegenden Themen Uhrzeit, Timing, Geschwindigkeit und Rhythmus kommt deshalb noch das Verständnis für die jeweiligen Eigenzeiten der beteiligten Personen und Prozesse hinzu. Wichtig ist es ebenso, ein Verständnis für die persönlichen Eigenzeiten zu bekommen, wie sich auf die spezifischen Zeiten der anderen Menschen einzulassen (Zeitempathie). Wir laden Sie zu einem Spaziergang durch die Welt der Eigenzeiten ein, um am Puls der Zeiten zu sein.

Lerchen und Eulen – Eigenrhythmen

Wir Menschen sind verschieden. Im Alter, im Temperament, in der Größe, der Haarfarbe, den Vorlieben und bei den Fähigkeiten unterscheiden wir uns. Wir sind auch temporal unterschiedlich. Manche unserer Zeiteigenschaften sind uns vertraut, andere weniger. Manche zeitlichen Eigenschaften unserer Mitmenschen kennen wir, andere nicht. Viele unserer Eigenzeiten entsprechen den Unterschieden der inneren Organe des Menschen. Diese sind nicht so leicht erkennbar wie die äußerlich sichtbaren Merkmale. Es ist vorteilhaft, wenn wir uns auf diese temporalen Tiefenschichten und die Vielfalt der Eigenzeiten einlassen.

Welche temporalen Eigenschaften kommen Ihnen in den Sinn? Relativ bekannt ist die Unterscheidung der Menschen in »Lerchen« und »Eulen« (siehe dazu Zulley/Knab 2000). **Morgenmenschen** haben einen kurzen circadianen Rhythmus. Dieser liegt bei ihnen in der Regel nur leicht über 24 Stunden. Sie sind morgens bereits früh munter (»Lerchen«). Selbst wenn sie abends spät zu Bett gehen, wachen sie vergleichsweise früh auf. Sie tun sich mit Schichtarbeit schwer und sollten daher Nacht- und Wechselschichten meiden.

Abendmenschen haben ohne Außeneinflüsse eine deutlich längere circadiane Periode. Diese kann 26 Stunden und mehr betragen (die mittlere Dauer liegt bei ungefähr 25 Stunden). Ihr Rhythmus ist im Tagesablauf verschoben. Sie sind noch weit in den Abend beziehungsweise sogar bis in die Nacht hinein aktiv (»Eulen«). Daher sind sie geeigneter für Abendschichten. Ausgenommen sind Nachtschichten über längere Jahre hinweg. Denn der Tiefpunkt der Körpertemperatur in der späten Nacht und am sehr frühen Morgen sollte von allen Menschen beachtet werden.

Es existiert eine große Streubreite unserer inneren **Wach-Schlaf-Rhythmik**. Unsere bisherigen Aussagen gelten für gesunde, erwachsene Menschen zwischen etwa 20 und 60 Jahren. Dabei tritt jedoch eine große Streubreite auf. Zugleich stellen wir im Altersablauf gewisse Regelmäßigkeiten fest. Wenn Kinder auf die Welt kommen, bringen sie zunächst nur das Potenzial für diesen grundlegenden circadianen Rhythmus mit. Anfänglich sind aber die darunter liegenden kürzeren (ultradianen) Rhythmen noch stärker, insbesondere der Vier-Stunden-Rhythmus. Mehr oder weniger schnell wird bei den Kleinkindern dann das Potenzial der circadianen Rhythmik realisiert – eine Erleichterung für den Schlafrhythmus der Eltern.

Machen wir einen Sprung zu den Jugendlichen und zu den jungen Erwachsenen. Diese tun sich unabhängig davon, ob sie im Grunde Morgen-, Tag- oder Abendmenschen sind, für einige Jahre relativ leichter, ihr tägliches Aktivitätsmuster in Richtung Abend zu verschieben. Für die Leistungs- und Aufnahmefähigkeit ist dies angesichts der in Deutschland zumeist sehr früh beginnenden Schulanfangszeiten nicht immer förderlich. Im Prinzip sind dies die einzigen Jahre im Leben, die aus chronobiologischer Sicht für Abendschichten geeignet sind – was beide Autoren aus eigener Erfahrung mit Schichtarbeit in diesem Alter bestätigen können.

Interessant ist auch die individuelle Streuung im Erwachsenenalter. In den Folgejahren setzt sich in der Regel die Veranlagung zur zeitlichen Lage des Wach-Schlaf-Rhythmus durch (Morgen-/Tag-/Abendmensch). Bei manchen Menschen lässt die ausgeprägte circadiane Rhythmik bereits ab einem Alter von etwa 40 Jahren nach. Mit 50 setzt dieser Prozess bei den meisten Menschen langsam ein. Zugleich gibt es aber 60-Jährige, bei denen der circadiane Grund-Rhythmus immer noch sehr stark ist. Es ist vorteilhaft, wenn wir diese Entwicklung beim Altern verstehen und beachten. Ein etwas flacher werdender Schlaf ist mit zunehmendem Alter normal. Die Spannkraft des Rhythmus ist nicht mehr ganz so stark. Manche beunruhigen sich darüber. Aber erst diese Beunruhigung aus Unwissenheit über die natürliche Veränderung macht dann das eigentliche Problem aus.

Wir können auch mit zunehmendem Alter gut schlafen, und wir können dafür etwas tun. Vorausgesetzt: Wir achten auf die natürlichen Zeitgeber und auf eine gewisse Regelmäßigkeit in unserem Tagesablauf. Dies schließt hin und wieder lange Abende keineswegs aus. Im Gegenteil, diese können für das Gefühl des Zeitwohlstands förderlich sein. Es sind dann Ausnahmen in einem rhythmischen Grundmuster, die unser Wohlbefinden und damit einen guten Schlaf fördern. Dies entspricht dem im Kapitel »Rhythmen« (s. S. 91ff.) eingeführten Grundmerkmal von Rhythmen – einer flexiblen Ordnung.

Ein weiterer Grundrhythmus ist das bekannte **Mittagstief**, das alle Menschen mehr oder wenig ausgeprägt haben. Je nach circadianem Typ kann diese Phase bis in den Nachmittag hinein variieren. Im beruflichen Alltag haben viele Menschen nicht die Möglichkeit, zu dem für ihren Typus geeigneten Zeitpunkt eine Mittagsruhe zu halten. Viele meinen auch nur, dass sie diese Möglichkeit nicht hätten. Andere übergehen ihr Mittagstief mit koffeinhaltigen Getränken. Experimente zeigen, dass weit über die Hälfte zu einem kurzen Mittagsschlaf neigt, wenn sie die Gelegenheit dazu hätte, aber meist nicht hat. Für manche Menschen ist eine »normale« Mittagspause gut und erfrischend. Für andere ist erst eine richtiggehende Mittagsruhe mit einem kurzen Nickerchen beziehungsweise Mittagsschlaf erholsam. Dieser »Siestatyp« kommt nicht nur im Süden, sondern auch in unseren Breitengraden recht häufig vor.

Wie beim Wach-Schlaf-Rhythmus ist der Einfluss des Lebensalters interessant. Kleinkinder haben eine mehr oder weniger ausgeprägte Tendenz zu einem längeren Mittagsschlaf. Diese Disposition ist kulturell überformbar. Nach einigen Jahren ist bei allen Kindern die Neigung zum Mittagsschlaf verschwunden. Ab der Pubertät bildet sich dann langsam der individuelle Typ der Mittagsruhe aus. Bei manchen ist es eine kleine Ruhepause, und bei anderen ist es eine kürzere Mittagsruhe mit Nickerchen oder kurzem Schlaf (s. Übung 18 auf S. 408f.).

»Kinder zwischen acht und zwölf sind nämlich die einzigen, die mittags grundsätzlich nicht schlafen.« (Zulley/Knab 2000, S. 55)

Lerchen, Eulen, Siestatypen – bei den Schlafphasen gibt es eine große Streuung. In der **Schlafdauer** sind wir Menschen ähnlich unterschiedlich. Für gesunde Erwachsene gilt: Das Verhältnis von Wachen und Schlafen liegt ungefähr in der Größenordnung von 2 zu 1. Die individuelle Schwankungsbreite der angemessenen Schlafdauer ist dabei relativ groß. Es gibt echte Langschläfer, die im Schnitt mehr als neuneinhalb Stunden schlafen. Einen Durchschnitt von siebeneinhalb bis acht Stunden findet man häufig. Zugleich gibt es echte Kurzschläfer, die im Durchschnitt weniger als sechs Stunden schlafen. Die Zuordnung zu Lang- und Kurzschläfern erfolgt aus chronobiologischer Sicht nur, wenn die Betroffenen sich dabei wohl fühlen und einen guten Schlaf haben.

Die durchschnittliche Eigenschlafdauer hilft uns, die unterschiedlichsten Einflüsse auf unsere biologischen Rhythmen zu verstehen. Es handelt sich um Rhythmen. Das klingt zwar trivial, aber es hat eine wichtige Konsequenz: Einmalige Abweichungen sind, wenn wir gesund sind und einen guten Schlaf haben, kein Problem. Im Gegenteil kann ein besonderer Anlass, etwa ein Fest, unserem Befinden gut tun. Nur wenn wir dauerhaft versuchen, mehr aus der Nacht »herauszuholen«, kann dies tagsüber zu Unaufmerksamkeit und schlechter Laune führen.

Erinnern Sie sich an die Aussage des Evolutionsbiologen Christian Vogel: »Wir Menschen sind an der langen elastischen Leine der Evolution.« Mit anderen Worten, die biologischen Rhythmen sind stark gesellschaftlich überformbar. Wir können sogar versuchen, auf Dauer »Zeit zu sparen«, indem wir kürzer schlafen. Dies ist bis zu einem gewissen Grad möglich, hat aber seinen Preis. Wir müssen dann mit nachlassender Leistungsfähigkeit, schlechter Stimmung und negativen gesundheitlichen Folgen rechnen. Es gibt Zeitbudgetstudien, in denen die Aktivitäten einschließlich Ruhe und Schlaf zeitlich erfasst werden. Die Ergebnisse deuten darauf hin, dass in den Industriestaaten im

Laufe der letzten Jahrzehnte die durchschnittliche Schlafdauer abgenommen hat. Es ist zu vermuten, dass ein Teil der Bevölkerung inzwischen die Flexibilität überstrapaziert: Sie schlafen zu wenig (Coren 1999).

Auch bei der Schlafdauer gibt es einen starken Einfluss des Alters. Unklar ist, ob zwischen Frauen und Männern ein eindeutiger Unterschied in der durchschnittlichen Schlafdauer und in den Anteilen extremer Kurz- und Langschläfer besteht. Im Unterschied zur sozialwissenschaftlichen Forschung (siehe dazu Hofmeister/Spitzner 1999) werden in der Chronobiologie Frauen- und Männerzeiten bisher wenig beachtet.

In unseren Breitengraden gibt es einen gewissen Einfluss des Jahreszeiten-Rhythmus auf die Dauer des gesunden Schlafs. Im Unterschied zu früheren Generationen wird dies seit der Einführung des elektrischen Lichts und weiterer technischer Innovationen wie etwa des Fernsehens zunehmend kulturell überspielt. Inwieweit dies negative Auswirkungen hat, ist noch nicht geprüft. Sicher ist dagegen: Wir Menschen sind in unserem Nachtschlaf von der jahreszeitlichen Variation des Hell-Dunkel-Rhythmus unterschiedlich stark abhängig. Es gibt einen Anteil von Menschen, die eine länger anhaltende biologische Finsternis (s. S. 101ff.) einigermaßen robust abpuffern können. Ebenso eindeutig ist, dass ein gewisser Anteil auf entsprechende Bedingungen mit einer Stimmungseintrübung bis hin zu abnehmendem Aktivitätsantrieb reagiert. Bei einem kleinen Prozentsatz kann dies sogar zu einer jahreszeitlich bedingten Depression führen (»Winter-Depression«).

Kurzum, es gibt Personen, für deren Eigenzeitlichkeit der Zeitgeber Tageslicht eine besondere Bedeutung hat. Für deren Zeitkompetenz und Zeitwohlstand ist es in unseren Breitengraden sehr wichtig, dass sie sich dessen bewusst sind und sich daran orientieren. Sich regelmäßig im Tageslicht aufhalten und sich im Freien bei Licht bewegen, ist für alle zu empfehlen. Dies gilt auch für die beim Hell-Dunkel-Rhythmus Robusteren.

Folgerungen für den Umgang mit Zeiten und Zeitkompetenz

- Individuelle Rhythmen schwanken in großer Bandbreite.
- Nutzen Sie die Erkenntnisse über temporale Typen, um Ihre persönlichen Eigenrhythmen besser kennen zu lernen.
- Achten Sie auf Ihren persönlichen Wach-Schlaf-Rhythmus.
- Berücksichtigen Sie die Einflüsse des Alters und der Jahreszeiten auf Ihre Eigenrhythmen.
- Beachten Sie Ihre Eigenrhythmen, denn diese wirken sich positiv auf Ihre Leistungsfähigkeit, auf Ihr Wohlbefinden und Ihre Gesundheit aus.

Übung 20

Meine Eigenrhythmen *(Beobachtung/Reflexion)*

Nehmen Sie sich Zeit, ihre Eigenrhythmen näher kennen zu lernen. Als Einstieg bietet sich der Tag-Nacht- beziehungsweise Aktivitäts-Schlaf-Rhythmus an. Je nach Neigung können Sie die Übung in folgenden Formen machen:

- als Tagebucheintrag,
- mit dem Beobachtungsbogen arbeiten oder als
- Gedankenspiel.

Grundübung

Nehmen Sie sich für die Übung eine oder zwei Wochen Zeit. Überlegen Sie sich die von Ihnen bevorzugte Form. Halten Sie vor Beginn der Übung fest, welchem Typ Sie sich selbst zuordnen: Ausgeprägter Morgen-, früher Tag-, Tag-, später Tag-, ausgeprägter Abendmensch. Halten Sie auch an ihren Gewohnheiten fest (Wecker, Verdunkelung und so weiter). Beobachten Sie dann in dieser Zeit Ihre Schlaf- und Müdigkeitszeiten (s. S. 122).

Auswertung

- Inwieweit stimmen Ihre Erfahrungen in dieser Zeit mit Ihren Erwartungen und Eigeneinschätzungen überein?
- Welche überraschenden Erfahrungen haben Sie gemacht?
- Was waren hierfür mögliche Gründe?
- Hat dies mit Ihrem Lebensalter zu tun?

Aufbauende Übung

Falls Sie Lust haben, können Sie diese Übung auch variieren.

Ein Beispiel: Wenn Sie wiederholt erkennbar früher müde werden, als Ihre übliche Bettgeh-/Schlafenszeit ist, bietet sich folgende Variation an: Gehen Sie unabhängig von der Uhrzeit dann ins Bett, wenn Sie müde werden. (Ein Freund erzählte mir, dass er häufig abends gegen 21 Uhr sehr müde wird. Sein Kommentar: »Man kann doch um diese Zeit nicht ins Bett gehen.« Seit kurzem geht er nun doch zu dieser Zeit zu Bett, wacht früher auf und genießt den Morgen.)

Oder Sie variieren Ihre Einschlafroutine (zum Beispiel Gespräch, Bücherlesen, Gymnastik, Spaziergang, Tagesrückschau, Meditation, Musik hören). Spüren Sie nach, bei welchen Gelegenheiten Ihnen das Einschlafen leichter beziehungsweise schwerer fällt.

Ebenso können Sie, abhängig von Ihrem Arbeitsbeginn beziehungsweise häuslichen Verpflichtungen, die Aufstehzeiten verändern. Achten Sie darauf, ob es Ihnen gelingt, ohne Wecker zur richtigen Zeit aufzuwachen. Können Sie sich an Träume erinnern? Falls dies während der Woche nicht möglich ist, versuchen Sie es an Wochenenden.

> **Tipp**
>
> Sie können diese Übung in Verbindung mit den Übungen 16 (S. 103f.) und 18 (S. 108f.) machen. Sie können auch ergänzend Ihre typische Schlafdauer auswerten.

Natürlich kann man gleichermaßen andere Rhythmen, wie etwa den Jahresrhythmus und dessen Bedeutung für die eigenen Zeiten, über einen längeren Zeitraum bewusst erleben. Unternehmen Sie regelmäßig einen Spaziergang auf dem gleichen Weg. Beobachten Sie die großen und kleinen Veränderungen der Natur im Laufe der Jahreszeiten (Bäume, Pflanzen, Temperatur, Sonneneinstrahlung). Versuchen Sie zu erspüren, ob Sie in der dunklen Jahreszeit stimmungsanfälliger sind als im Sommer.

Beobachtungsbogen: Eigenrhythmus des Nachtschlafs

Allgemeine Angaben (vor Beobachtungen)

Einschätzung Chronotyp (Morgenmensch etc.): ....

....

Schlafrelevante Gewohnheiten: ....

....

Beobachtungsnacht

Von __.__ auf __.__ ______ Wochentage: ....

Sonnenuntergang __.__ Uhr Sonnenaufgang __.__ Uhr

Müdigkeit:
Wann wurde ich zum ersten Mal richtig müde? __.__ Uhr

Schlafenszeit:

Wann ging ich etwa ins Bett? __.__ Uhr
Wann bin ich etwa eingeschlafen? __.__ Uhr
Wann bin ich etwa aufgewacht? __.__ Uhr
Wann bin ich etwa aufgestanden? __.__ Uhr

Schlafdauer: ....

Anmerkungen zu subjektivem Wohlbefinden Nachtschlaf: ....

....

Abweichungen von sonstigen Gewohnheiten (bezogen auf Wochentage): ....

....

Sprinter und Langstreckenläufer – Eigengeschwindigkeiten

»›Du bist der Langsamste.‹ John freute sich. Seine Besonderheit war erwiesen. ›Das ist eine sehr wichtige Verschiedenheit der Menschen‹, sagte Dr. Orme. ›Diese Entdeckung wird noch viel Nutzen bringen‹«.
(Sten Nadolny: Die Entdeckung der Langsamkeit. Piper 1999, S. 127)

Temporal robuster – das Stichwort ist gefallen. Könnte es sein, dass wir zwar auf unsere Eigenzeiten achten sollten, dass aber zugleich auf gesellschaftlicher Ebene diejenigen Vorteile haben, die mit der Beschleunigung Schritt halten können? Alle anderen müssen versuchen, recht und schlecht hinterherzukommen. Auf den ersten, schnellen Blick könnte es den Anschein haben. Wir können zwar die Rhythmen überspielen, gerade wegen ihrer immanenten Flexibilität. Klüger ist es aber, die Rhythmen zu beachten. Ebenso verhält es sich mit den Eigengeschwindigkeiten.

Entgegen dem beliebten Schnell-langsam-Muster sind die Eigengeschwindigkeiten sehr differenziert. Illustrieren wir dies am Beispiel der körperlichen Schnelligkeit. Aus dem Sport und den Sportwissenschaften wissen wir: »Schnelligkeit« an sich gibt es nicht. Vielmehr hat die kurze Distanz andere Anforderungen als die langen Strecken. Dies ist mit dem Unterschied zwischen dem Sprinter Gepard und den Langläufern Elch und Bison vergleichbar. Die individuellen Streuungen sind offenkundig stark altersabhängig. Höchstleistungen für kurze Strecken werden im Sport in relativ jungen Jahren erbracht. Dagegen erreichen Sportler für Mittel- und Langstrecken ihre Höchstleistungen erst später. Diese Sportarten können außerdem länger ausgeübt werden.

Diese Differenzierung gilt allgemein für Geschwindigkeiten: Es ist zwischen Schnelligkeit für kurze Zeit und für lang anhaltende Perioden zu unterscheiden. Es gibt kaum Menschen, die beides gleichermaßen gut beherrschen. Davon zu unterscheiden sind wiederum Reaktionsgeschwindigkeiten. Es gibt bestimmte Aktivitäten, bei denen es weniger auf eine maximale Geschwindigkeit ankommt (sei es kurz- oder langzeitig) als vielmehr darauf, möglichst rasch zu reagieren. Manche Menschen können sehr schnell sein, benötigen aber eine längere Anlaufphase. Andere können fast »aus dem Stand heraus« auf Touren kommen.

Manche Menschen sind in bestimmten Tätigkeiten – etwa mechanischem Tippen – sehr schnell. Andere Menschen tun sich im Auffassen komplexer Sachverhalte leicht und sind in der Bearbeitung entsprechender Aufgaben erheblich schneller als andere. Menschen, die an vergleichbare Aufgabenstellungen mit verschiedenen Eigengeschwindigkeiten herangehen, können **auf ihre Art** zu sehr guten Ergebnissen kommen – auf ihre Art! Das Grundproblem bestand in der Anfangseuphorie allgemeiner Beschleunigungs- und Pausenlosigkeitsfantasien der 1980/90er-Jahre darin, dass eine Standardisierung als vorteilhaft und wirtschaftlich effizient dargestellt wurde. Alle sollten möglichst nonstop schneller werden. Vielleicht kennen Sie den antiken Mythos vom Prokrustes-Bett. Darin werden alle individuellen Unterschiede vereinheitlicht, indem den unterschiedlich großen Menschen die Gliedmaßen abgehackt werden. Damit passen sie dann trotz der großen Streuung alle in die vorgegebenen Maße des Bettes.

Aus der Geschichte von John Franklin, wie sie Sten Nadolny mit seinem Roman »Die Entdeckung der Langsamkeit« popularisierte, können wir lernen: Die Langsamkeit von John war genauso wichtig, wie die Schnelligkeit mancher seiner Mitschüler für die Ballspiele der Kindheit vorteilhaft war. John wurde Seemann auf großen Segelschiffen. Dabei musste er lernen, mit seiner Langsamkeit umzugehen. Er war damit so erfolgreich, dass er es schließlich zum Kapitän und Leiter berühmter Expeditionen in die Antarktis brachte. Seine langsame Eigengeschwindigkeit war im Zusammenspiel mit den höheren Eigengeschwindigkeiten der Besatzungsmitglieder erfolgreich. Nicht anders ist es heute mit neuen technischen Möglichkeiten und Anforderungen. Wichtig ist, dass die Menschen entsprechend ihren spezifischen Talenten und ihren Eigenzeiten entsprechende Aufgaben finden und handeln können. Das ist Erfolg versprechender, als alle in Richtung beschleunigter Flexibilität zu trimmen.

Dies wird zudem durch Erfahrungen gestützt, wie sie John Franklin machte: Die Unterschiedlichkeit in den Eigenzeiten ist kein Nachteil. Sie ist vielmehr für Aufgabenfelder vorteilhaft, in denen unterschiedliche zeitliche Anforderungen auftreten. Diese Vielfalt fördert oft, wie bei John Franklin und seiner Mannschaft, das erfolgreiche Zusammenspiel.

Die Folgerungen aus diesen Überlegungen zu den Eigengeschwindigkeiten für Zeitkompetenz können Sie ganz analog zu den Eigenrhythmen selbst für sich persönlich ableiten.

»Wart' mal schnell«

Karlheinz A. Geißler

Wenn Schnelligkeit Trumpf ist, dann ist auch schnelles Warten angesagt. »Wart' mal schnell« heißt der zu dieser Beschleunigungswelt passende Titel eines Buchs von Karlheinz A. Geißler (2002a). Trotz aller Beschleunigung klingt die Formulierung zunächst verblüffend. Das Warte-schnell-Wortspiel ist dennoch treffend. Es zeigt, wie, über die technische Beschleunigung hinausgehend, die Grundorientierung »Schneller ist besser als langsamer« wirksam ist. Zugleich können wir an der Zeitform Warten lernen: Eigenzeiten treten, weit über biologische Eigenrhythmen und -geschwindigkeiten hinausgehend, in allen Umgangsformen mit den Zeiten auf. Aus der weiten Welt des Wartens greifen wir nur das **unerwartete Warten in Alltagssituationen** heraus, obgleich die Welt des Wartens viel weiter ist: eingeplantes und erwartetes Warten, professionelles Warten oder Bereitschaft, erzwungenes Warten über viele Jahre, existenzielles Langzeitwarten (wie in Becketts »Warten auf Godot«), Warten – Wartenlassen und vieles mehr (umfassend vgl. Schilling 2002).

Die **Geschichte der Aufzüge** ist eng mit der Geschichte des »Hoch-hinaus-Wollens« verknüpft: Schneller, weiter, höher (Gleick 2000, S. 30ff.). Je höher die Technik und der Statuswettbewerb die »Wolkenkratzer« trug, desto mehr

wurde die Aufzugstechnik zu einem der begrenzenden Faktoren. Die Wartezeiten bei den Aufzügen und die Fahrzeiten durften nicht zu stark steigen, sonst wären die Vorteile des Hochbaus zunichte gemacht worden. Neben technisch-organisatorischer Beschleunigung befassten sich die Aufzugskonstrukteure frühzeitig mit den Nutzern. Denn in der Tat: Wolkenkratzer waren in ihrer Aufstiegszeit ein Ausdruck der beschleunigten Moderne.

Die Menschen sollten in dieser Welt modern und damit schnell sein. Ungeduld bei zu langen Wartezeiten war gleichsam mit eingebaut. Deshalb wurden Ablenkungen wie etwa Spiegel angebracht. Zusätzliche Knöpfe sollten die Zeit des Wartens psychologisch verkürzen. Damit konnten winzige Zeitgewinne von einigen Sekunden realisiert werden, die jedoch eine wichtige Veränderung der Wahrnehmung der Nutzer bewirkten: Aktion statt Warten. Die Gestaltung von Wartezeiten wurde über Aufzüge hinaus ein eigener Bereich der Technik- und Organisationsentwicklung: Empfangshallen, Wartehäuschen, -zimmer, telefonische Warteschleifen und vieles mehr.

Die Aufzugsbauer stellten fest: Selbst in der modernen Welt der Beschleunigungstechniken verhalten sich die Menschen individuell verschiedenartig. Ihre Warte-Eigenzeiten streuen stark. Manche warten ganz ruhig und gelassen auf den Aufzug. Andere dagegen sind ungeduldig. Neuere Untersuchungen unterstreichen, wie unterschiedlich Menschen mit Wartezeiten umgehen. Bisher liegt unseres Wissens noch keine Wartetypologie vor, die vergleichbar wäre mit der Typologie Morgen-, Tag- und Abendmensch. Es existieren jedoch einigermaßen klar unterscheidbare Wartetypen (s. unten).

Die Zeitform Warten entwickelte sich erst mit der Uhrenzeit und der damit verbundenen immer genaueren Zeiteinteilung, der Pünktlichkeit und den Ter-

Unterschiedlicher Umgang mit unerwartetem Warten

- **Gelassener Typ:** Unerwartetes Warten wird als Geschenk erlebt, als willkommene Pause, Möglichkeit zur Ruhe oder zur Besinnung zu kommen.
- **Gestresster Typ:** Empfindet Warten nur erträglich, wenn Wartezeiten unter Kontrolle sind. Ansonsten gilt Warten als gestohlene, tote Zeit.
- **Konkurrierender Typ:** Warten ist negativ besetzt, bietet aber »sportliche Chancen« zu überholen.
- **Zeiteffizienter Typ:** Allzeit bereit, Wartezeiten sinnvoll zu nutzen, selbst kleine Zeitlücken.
- **Gerechtigkeitsorientierter Typ:** Warten ist erträglich, wenn alle gleich behandelt werden. Bei parallelen Schlangen lässt sich das gut beobachten.
- **Kontrolltyp:** Anstrengungen werden darauf gerichtet, Wartezeiten zu reduzieren.

minen. Durch die mit der Uhrenzeit eng gekoppelte Sicht der Zeit als knappe Ressource wird die Zeiteffizienz betont (Zeit = Geld). Damit werden die Bewertung und der Umgang mit der **neuen Zeitform Warten** stark geprägt.

Selbst in der Welt, in der die Uhren-Kalender-Zeit praktisch umfassend gültig ist, finden wir heute noch folgende Grundpolarität in der Einstellung zu Warten und Umgang mit Wartezeiten (vgl. Selby 2000). Warten ist

- Teil einer nicht-perfekt planbaren Welt, Pausen, geschenkte Zeit;
- tote Zeit, die möglichst zu kontrollieren ist, knapp zu halten und, wenn unvermeidlich, bestmöglich zu nutzen.

Befunde deuten darauf hin, dass Frauen eher Wartezeiten als Teil ihres Lebens akzeptieren als Männer. Sie können Warten als Pause, Zeiten der Ruhe und Besinnung erleben (vgl. Schilling 2002, S. 15–43). Manche, insbesondere Frauen, aber auch Männer, leben bereits **aktive Gelassenheit**. Eigenzeiten beim Warten sind stark kulturell geprägt. Diese sind im Unterschied zu biologisch begründeten und kulturell adaptierten Eigenrhythmen eher veränderbar. Zeitkompetenz im Umgang mit Wartezeiten kann Zeitwohlstand positiv beeinflussen.

Übung 21

Warten will gelernt sein *(Beobachtung/Reflexion)*

Wartezeiten sind Teil der Lebenszeit. Damit umgehen zu können, gehört zur Zeitkompetenz. Vielleicht haben Sie Lust, Ihre Eigenzeiten beim Warten zu beobachten. Je nach Präferenz, können Sie diese Übung in Tagebuchform, mit selbst angefertigtem Beobachtungsbogen oder intuitiv machen.
Beginnen Sie damit, sich vor der Beobachtungsperiode in die Typologie auf S. 126 einzuordnen. Nehmen Sie sich dann vor, bei bestimmten, unerwarteten Wartesituationen (Verkehr, Einkauf, Aufzug etc.) Ihre Reaktion und Ihr eigenes Verhalten zu beobachten. Machen Sie dies über einen genügend langen Zeitraum beziehungsweise in genügend vielen derartigen Situationen. Nehmen Sie sich danach Zeit, sich mit Ihren Beobachtungen zu beschäftigen:

- Entsprechen die Erfahrungen Ihrer Eigeneinschätzung? Sind Sie damit zufrieden? Oder erleben Sie regelmäßig Stress und Probleme?
- Wo können Sie Wartezeiten beeinflussen und besser nutzen? Wo ist Gelassenheit und Geduld angesagt?

Simultanten und Sequenzialistinnen

Sind Sie schon einem **Simultanten** begegnet? Nein, Sie haben bisher noch nie davon gehört? Dann befinden Sie sich in guter Gesellschaft. Die überwiegende Zahl Ihrer Mitbürger kann damit vermutlich ebenfalls noch nichts anfangen. Obgleich wir alle heute Zeitgenossen einer sich herausbildenden Multioptionsgesellschaft sind. In dieser gilt es, mehrere Dinge gleichzeitig zu tun und multipräsent zu sein: hier und gleichzeitig online an entfernten Orten zu sein. In Echtzeit sind wir in einen sehr großen Einzugsbereich eingebunden.

Karlheinz A. Geißler war der Erste, der die vielfältigen Beobachtungen zu dieser stark medial vermittelten, durch Informations- und Kommunikationstechniken bedingten Begünstigung der Simultanität auf den Begriff brachte: Wir erleben die Herausbildung und Verbreitung moderner Simultanten (Geißler 2002b). Die von ihm angeführten Beispiele belegen den Trend des »Alles gleichzeitig und sofort«.

Beispiele für moderne Formen der Gleichzeitigkeit

- Frühstücken beim Autofahren,
- Veranlassung Kauf beziehungsweise Verkauf Aktien beim Anstehen in Kinoschlange,
- Telefongespräch bei Tempo 170 auf der Autobahn,
- Hörbuch nutzen, während man Möbel zusammenbaut,
- Zeitung lesen, E-Mail versenden, Einsatz Rasensprenger kontrollieren,
- CNN/n-tv schauen, Sprecher zuhören und gleichzeitig Infoband lesen,
- Multitasking mit Laptop oder Handy unterwegs am Flughafen oder in der *shopping mall*.

(Nach: Geißler 2002b)

Nur ein Teil der Menschen tendiert in ihren Eigenzeiten zu diesem neuartigen Typus. Die noch junge Debatte zum Simultanten ergibt: Vielfach sind es Jüngere, die gleichzeitig mehr technisch vermittelte Aktivitäten ausüben. Viele haben daran offenkundig Spaß. Es sind jedoch nicht alle Jungen gleichermaßen Simultanten. Unter den Mittelalten und unter den aktiven Senioren finden sich ebenfalls Simultanten.

Übung 22

Auf mehreren Ebenen *(Feldenkrais)*

Für unseren Umgang mit Zeit dominieren kognitiv geprägte Übungen. Für Zeitkompetenz ist es jedoch wichtig, ganzheitlich zu üben. Körperübungen sind hierfür eine gute Möglichkeit. In Übung 14 (s. S. 89) führten wir bereits in die Feldenkrais-Methode ein und stellten einige Übungen zur Sensibilisierung für Geschwindigkeiten vor. Darauf aufbauend, liegt das Schwergewicht bei dieser Übung auf der Koordination von simultanen Bewegungen (Gleichzeitigkeit). Dabei kann man seine eigenen Zeiten und Muster kennen lernen und erweitern:

- Legen Sie sich in der Ausgangsposition mit ausgestreckten Beinen auf den Rücken. Ziehen Sie die Knie an. Stellen Sie die Beine auf und schlagen Sie das rechte über das linke Knie.
- Lassen Sie beide Knie gleichzeitig langsam nach rechts sinken, sodass beide jetzt nur auf dem linken Fuß ruhen. Wenn Sie beim Sinkenlassen einen Widerstand spüren oder sich anstrengen müssen, kehren Sie wieder zurück in die Mitte. Nach einer kleinen Pause wiederholen Sie diese kleine, langsame Bewegung nach rechts und zurück zur Mitte einige Male. Ihre Arme liegen dabei bequem neben Ihrem Körper.
- Lassen Sie Ihre Beine aufgestellt, sodass jedes Knie senkrecht über seinem Fuß steht. Lenken Sie nun Ihre Aufmerksamkeit auf Ihre Arme. Strecken Sie diese in Richtung der Zimmerdecke empor und falten Sie die Hände. Ihr Schultergürtel und Ihre beiden Arme bilden so ein Dreieck, dessen Spitze die beiden aufeinander gelegten Hände sind. Heben Sie nun den Schultergürtel so vom Boden, als ob jemand Ihre rechte Schulter heben würde. Gleichzeitig senken sich beide Hände nach links Richtung Boden, ohne dass sich das Dreieck verändert. Machen Sie diese Übung etwa zehnmal und danach das Gleiche für die linke Schulter. Beachten Sie bei beiden Bewegungen, welche Rolle der Kopf spielt: Hebt er sich vom Boden? Geht er mit in die Richtung der Hände oder in die Gegenrichtung? Probieren Sie alle drei Möglichkeiten aus. Machen Sie danach wieder eine längere Pause. Spüren Sie nach, welche der Kopfbewegungen in Einklang mit den Bewegungen der Hände sind.
- Ziehen Sie die Knie wieder an. Stellen Sie die Beine auf und schlagen das rechte über das linke Knie. Lassen Sie beide Knie ganz langsam nach rechts sinken, sodass beide jetzt nur auf dem linken Fuß ruhen. Gleichzeitig heben Sie Ihre Arme und formen das bekannte Dreieck. Verbinden Sie die Bewegung der Beine nach links mit der simultanen Bewegung der Arme. Probieren Sie unterschiedliche Möglichkeiten aus (Beine und Arme nach rechts bewegen, Kopf dazu nach rechts rollen, alle nach links und unterschiedlich). Spüren Sie nach, mit welcher Kombination die Gesamtbewegung leicht, mühelos läuft und sich die Beweglichkeit der Beine erweitert. Schärfen Sie Ihr Gefühl für die feinen Unterschiede. Manchmal wird eine ungewohnte Bewegung beim längeren Ausprobieren der Spielräume (einzeln versus gleichzeitig) vertrauter.

Die Gehirnforschung belegt: Die Einschätzung zeitlicher Abfolgen ist die Voraussetzung für die Koordination von Aktivitäten (vorher/nachher; vergangen/gegenwärtig/zukünftig; Beachtung von Phasensequenzen und von Un-/Gleichzeitigkeit zu verschiedenen Zeiten). Befunde zur so genannten Hyperaktivität (Aufmerksamkeits-Defizit-Syndrom – ADS) zeigen, dass hyperaktive Kinder in ihren diesbezüglichen temporalen Kompetenzen Probleme haben. Simultanten benötigen diese **sequenzielle Kompetenz** ebenso wie alle anderen Menschen, die eher linear beziehungsweise in Rhythmen denken und handeln.

Eine eingehendere Analyse simultaner Aktivitäten zeigt, dass diese in der Feinstruktur vielfach nicht wirklich gleichzeitig sind. Vielmehr gelingt es Simultanten leichter, meist mit viel Spaß und Lebensfreude, zwischen unterschiedlichen Tätigkeiten hin- und herzuschalten. Aber auch sie können nicht beliebig unterschiedliche Aktivitäten gleichzeitig ausführen beziehungsweise beliebig leicht hin- und herspringen. Dies hängt davon ab, ob bei den Aktivitäten gleiche Gehirnfunktionen beansprucht werden oder unterschiedliche Funktionen wichtig sind. Bei gleich bleibend guter Qualität von Aktivitäten sind echter Gleichzeitigkeit enge Grenzen gesetzt.

Einmal in dieser Welt der Simultanten angekommen, merken wir schnell: Viele neigen demgegenüber in ihren Aktivitäten und Handlungsmustern zu sequenziellen Abläufen von Tätigkeiten. Sie tun sich sehr schwer damit, verschiedene Tätigkeiten gleichzeitig zu machen beziehungsweise schnell hin- und herzuspringen. Oder sie haben daran zumindest weniger Spaß. Wir können diesen **Typ als Sequenzialisten** beschreiben. Wie bei den Morgen- und Abendmenschen gibt es sowohl Sequenzialistinnen als auch Simultanten und viele Mischformen.

Folgerungen für den Umgang mit Zeiten und Zeitkompetenz

- Die Möglichkeiten zur Gleichzeitigkeit erweitern die Handlungsoptionen.
- Lernen Sie, mit der Vielzahl der Möglichkeiten umzugehen, und wählen Sie aus.
- Beachten Sie Ihre Eigenzeitlichkeit zur Gleichzeitigkeit: Zu welchem Typ neigen Sie?
- Versuchen Sie, das Anforderungsprofil Ihres Aufgabenbereichs bezüglich unterschiedlicher Formen von Gleichzeitigkeit und der Bedeutung von sequenziellen Abläufen zu verstehen.
- Ermitteln Sie, ob eine Tendenz zur Gleichzeitigkeit Ihre ungeteilte Aufmerksamkeit und Konzentration für Aufgaben/Tätigkeiten in Mitleidenschaft zieht.
- Klären Sie, wo Ihre Grenzen der Gleichzeitigkeit sind.

Übung 23

Simultant oder Sequenzialistin? *(Reflexion)*

Eine Vielzahl von Geräten und deren Vernetzung kommt heutzutage dem Simultant entgegen. Manche Sequenzialisten betrachten derartige Errungenschaften eher als Quelle des Unbehagens. Es ist hilfreich, seinen Typus und seine Gleichzeitigkeits-Kompetenzen kennen zu lernen. Nehmen Sie sich dazu Zeit. Erinnern Sie sich an Situationen, bei denen Sie mehr oder weniger gleichzeitig verschiedene Tätigkeiten ausübten, wie etwa:

- beim Fernsehen essen,
- E-Mails schreiben und sich unterhalten,
- Auto fahren, Zigaretten rauchen und Radio hören,
- in einer Sitzung andere Akten bearbeiten,
- Rad fahren und mit dem Handy telefonieren,
- telefonieren und im Internet surfen,
- essen, Zeitung lesen und im Radio Nachrichten hören,
- joggen und mit Walkman eine Hörbuch-CD hören.

Manche von Ihnen werden versichern, dass Sie die oben beschriebenen Paralleltätigkeiten ohne Mühe schaffen. Stellen Sie sich beim nächsten Mal folgende Fragen und beachten folgende Überlegungen:

- Wie organisieren Sie sich, um diese parallelen Aktivitäten auszuüben?
- Wie fühlen Sie sich dabei? Ist es angenehm, neutral oder fühlen Sie sich unter Druck?
- Welche Tätigkeiten schaffen Sie gleichzeitig ohne kurze Veränderung der Aufmerksamkeitsrichtung?
- Wählen Sie bewusst zwei Tätigkeiten, die ähnliche Aufmerksamkeitsbereiche im Gehirn beanspruchen. Beispielsweise Nachrichtensendung im Fernsehen anschauen und gleichzeitig lesen. Ist das in gleicher Qualität möglich? Wie gelingt Ihnen das Hin- und Herschalten?
- Versuchen Sie nach einer Weile, nur eine der Tätigkeiten mit voller, ungeteilter Aufmerksamkeit nachzugehen (beispielsweise nur Fernsehen, nur Laufen). Wie fühlt sich das im Unterschied zur vorherigen Gleichzeitigkeit an? (Anstrengung versus Langeweile? Tiefe versus Oberflächlichkeit?)
- Welche Tätigkeiten passen gut zusammen oder ergänzen sich sogar? Zum Beispiel Spazieren gehen und sich unterhalten, Musik hören und essen, Arbeit in der Küche und singen? Wie ist das bei Ihnen?

Meine Eigenzeiten, deine Eigenzeiten – Zeitempathie

Eigenzeiten – das klingt gut. Es klingt nach eigenen Zeiten. Selbst über seine Zeiten bestimmen können – **zeitsouverän**. Wer möchte das nicht? Gerade weil wir vielfach engen Zeitvorgaben unterworfen sind, ist uns dies ein Anliegen. Da sich neue Möglichkeiten zur Erreichbarkeit wie selbstverständlich in permanente Verfügbarkeit verwandeln, wird die Verteidigung der Eigenzeit zunehmend wichtiger.

Wir können zeitsouveräner werden, wenn wir unsere eigenen Eigenzeiten besser verstehen und damit umgehen können. Ebenso können wir zeitsouveräner werden, wenn wir Eigenzeiten in unserem Umfeld besser verstehen und diese besser berücksichtigen: Zeiten des Partners, der Kinder, Eltern, Freunde, im Beruf, der Natur. Es kann uns unter Umständen sogar noch weiter bringen, wenn wir uns mehr für die Eigenzeiten anderer interessieren.

Bei manchen Tätigkeiten ist das offenkundig, etwa dem Rudern. In einem Artikel über zwei erfolgreiche Ruderinnen wird dies anschaulich beschrieben: »Reiner Rhythmus – Wie die Leichtgewichts-Ruderinnen Blasberg und Radünzel zueinander fanden« (Süddeutsche Zeitung Nr. 218, 20.09.2002, S. 33): »Als ich das erste Mal mit Janet ins Boot gestiegen bin, habe ich gedacht, nein – also das funktioniert nie.« Es dauerte lange, bis die beiden den Gleichklang herausgefunden hatten und in ihrer Klasse Weltmeisterinnen wurden. Erfolg hängt neben der Kondition und Technik von der nahezu reibungslosen Abstimmung der Rhythmen der Ruderinnen ab.

In anderen Lebensbereichen und Berufen ist dies nicht überall vergleichbar der Fall. Dennoch handelt es sich nicht um eine Anforderung für einige isolierte Spezialfälle. Ganz im Gegenteil: Wenn wir für die Zeiten anderer offen sind, ihre zeitlichen Besonderheiten und Bedürfnisse, tun wir uns leichter. Beim Timing ebenso wie beim Zusammenspiel unterschiedlicher Eigenrhythmen und -geschwindigkeiten. Bei manchen Paaren ist die Frau beispielsweise eine ausgeprägte Lerche und der Mann eine ausgeprägte Eule (beziehungsweise umgekehrt). Viele dieser Paare kommen in ihrer Unterschiedlichkeit sehr gut miteinander zurecht. Andere plagen sich gegenseitig, ohne die tiefere Ursache ihrer Alltagskonflikte zu kennen beziehungsweise zu verstehen.

Zeitempathie – ein weit reichendes Feld. Finden Sie für sich selbst heraus: In welchem Feld ist das für Sie in nächster Zeit besonders interessant und für Ihren Umgang mit den Zeiten und Ihre Zeitkompetenz ergiebig?

Übung 24

Zeitempathie *(Erlebnis)*

Übernehmen Sie bei dieser Partnerübung probehalber, falls Sie nicht ohnehin gemeinsame Gewohnheiten haben, an einem Wochenende die Gewohnheiten Ihres Partners. Am Samstag organisiert beispielsweise die Frau den Tag, am Sonntag der Mann. Eine Woche später ist es umgekehrt. Erleben Sie den Rhythmus, die Geschwindigkeit und Eigenzeit Ihres Partners, ohne zu bewerten. Genießen Sie es, in die Welt des anderen für eine begrenzte Zeit einzutauchen.

Ein Beispiel – Naturfreundin und Museumsfreak: Ein befreundetes Ehepaar entschloss sich zu dieser Übung. Am Samstag standen beide morgens etwas nach fünf Uhr auf. Die Frau hatte eine leichte Bergtour ausgewählt, die auch für den im Wandern untrainierten Mann gut zu bewältigen war. Obwohl der Tagesablauf für den Partner sehr ungewöhnlich war, genossen sie einen schönen Tag. Da der Mann das Wandern nicht gewöhnt war, war er abends bald müde und ging früher als sonst zu Bett, wie es dem Rhythmus der Frau entsprach.

Den Sonntag organisierte der Mann. Langes Ausschlafen war seine Devise. Für seine Frau war es ungewöhnlich, so lange im Bett zu bleiben. Nach einem Brunch in seinem Stammlokal freute sie sich schon auf seine Pläne. Um 13 Uhr ging es in die Stadt. Zwei Museen und ein Besuch in den jeweiligen Cafés standen auf seinem Programm. Der Ausflug endete abends in einem schönen Restaurant.

Seit dieser Übung haben die beiden ein besseres Verständnis für den Rhythmus des anderen, und es fällt ihnen leichter, ihre Verschiedenheiten zu akzeptieren.

Tipp

Sie machen beide je für sich eine bestimmte Übung aus diesem Kapitel. Anschließend tauschen Sie sich über Ihre Erfahrungen aus, um damit ein vertieftes Verständnis für die Zeiten des Partners zu bekommen.

Verletzlichkeit und Vergänglichkeit

Lebenszeit – dies ist eine weitere, sehr persönliche Eigenzeit. Sie ist anders geartet als die bisher erwähnten Eigenzeiten. Denn bei allen Erfolgen und Behandlungsmöglichkeiten von Krankheiten gilt noch immer der alte Spruch: »Denn sie wissen weder Tag noch Stunde.« Wir werden heute, verglichen mit früheren Generationen, im Durchschnitt sehr alt. Reichlich Zeit, könnte man sagen. Doch dies ist nicht das Lebensgefühl, das typischerweise daraus erwächst. Wichtiger noch: Wir können vorher nicht wissen, wie unsere **eigene Lebenszeit** sein wird. Es ist eine fundamentale Unsicherheit damit verbunden, die diese Eigenzeit von anderen unserer Eigenzeiten unterscheidet. Zugleich können wir sie indirekt selbst beeinflussen: Durch Lebensstil und Gewohnheiten, durch Umgang mit den Zeiten.

Vielfach wird diese Dimension verdrängt, oder aber die Endlichkeit wird einem in Form der Todesfurcht bewusst. Es sind zwei Komponenten, die für den Umgang mit den Zeiten von Bedeutung sind: unsere **Verletzlichkeit** (Krankheiten) und unsere **Vergänglichkeit** (Tod). Die vielen Ratgeber zum Zeitmanagement beziehen sich nahezu durchgängig nur auf unsere gesunden, leistungsfähigen Zeiten. Ergänzt wird dies durch Ratgeber, in denen es um Vorsorge geht: Gesundheit durch Laufen, durch Meditation, durch Atemübungen. Einige dieser Themen behandeln wir in unserem Buch. Übungen, die sich mit Sterben und Tod auseinander setzen, finden Sie im Buch von Levine (1998).

Aus chronobiologischen und -medizinischen Arbeiten können wir einiges über Krankheitszeiten erfahren und was daraus für unseren Umgang mit den Zeiten folgt. So zeigen sich etwa während der Krankheit ultradiane Rhythmen stärker als dies der Fall ist, wenn wir gesund sind. Unser Wach-Ruhe-/Schlafrhythmus ist damit verändert, also die angemessene Schlafdauer, Ruhebedürfnis und Bewegungen beziehungsweise das angemessene Aktivitätsniveau. Dies ist ein weit reichender und für unseren Umgang mit den Zeiten äußerst wichtiger Bereich von Eigenzeiten (ausführlich Hildebrandt/ Moser/ Lehofer 1998).

Zur Vergänglichkeit: Was folgt aus diesem Typ Eigenzeit? Die Arten des Umgangs damit sind verschieden (Gronemeyer 1996). Vielfach anzutreffen ist eine Verdrängung der Gewissheit unseres Todes. Bei denen, die die Vergänglichkeit in ihr Leben einbeziehen, finden sich recht unterschiedliche, zum Teil geradezu konträre Reaktionen. Man kann – ganz analog zu den Grundtypen des Umgangs mit »Wartezeiten« – folgende Einstellungen unterscheiden:

- »**Das Leben ist zu kurz, um verschwendet zu werden.**« Sie erinnern sich vielleicht, dies war eine der Werbesprüche aus der Sammlung zu Beginn des Buchs. Die knappe Lebenszeit möglichst intensiv zu nutzen (»viel herauszuholen«), ist eine der verbreiteten Grundbefindlichkeiten.
- »**Das Leben ist ein Geschenk.**« Jedes unserer Jahre, jede Jahreszeit, ja jeder Tag sind etwas Besonderes. Einzelne Momente können kostbar sein. Dafür können wir dankbar sein, uns daran freuen und Spaß haben.

In beiden Haltungen ist Zeit etwas Kostbares und Wertvolles. In der zuerst genannten Perspektive wird Zeit im Hinblick auf das wertvoll, was man damit erreichen kann. In der zweiten Tendenz spielt das Moment des Werts von Zeiten in sich selbst, Freude und Erfüllung darin eine wichtige Rolle (dazu ausführlich im Kapitel »Zeitwohlstand«(s. S. 199ff.). Seine Lebenszeit genießen, damit etwas Sinnvolles anfangen, das Geschenk würdigen, auf den Tod warten: Das sind Blickwinkel, die unser Lebensglück elementar beeinflussen. Versuchen Sie für sich herauszufinden, ob Sie mit Ihrem Umgang mit Verletzlichkeit und Vergänglichkeit im Reinen sind oder ob Sie eventuell für sich neue Zugänge finden können und wollen.

Chronotypen

Eigenrhythmen, Eigengeschwindigkeiten, Eigenzeitlichkeit beim Warten, Gleichzeitigkeit und Grundhaltung zur eigenen Lebenszeit – alle diese Zugänge illustrieren, wie verschieden wir in unseren zeitlichen Charakteristika und damit unseren Möglichkeiten im Umgang mit den Zeiten sind.

Die Unterschiede bei der modernen Zeitform des Wartens und der Gleichzeitigkeit verdeutlichten: Wir sind nicht nur in unseren inneren Rhythmen unterschiedlich. Unsere **Eigenzeitlichkeiten** sind trotz aller Standardisierung durch neue, kulturell geschaffene Zeiten sehr verschieden. Dabei sind gewisse Grundorientierungen relevant. So haben die bereits angesprochenen Unterschiede bezüglich Sicherheitsorientierung/Ordnung und Bevorzugung von Risiken/Freude an Unvorhergesehenem direkte Auswirkungen darauf, wie wir planen und mit Überraschungen umgehen.

Lernen Sie nun Ihre **Chronotypen** näher kennen. Vielleicht sind für Sie einige Dimensionen besonders wichtig? Oder Sie interessieren sich neben einzelnen Einschätzungen insbesondere auch für Ihr Gesamtprofil?

Nehmen Sie zunächst die folgende Übersicht zur Hand und lesen Sie als Erstes in Ruhe die Erläuterungen zu den unterschiedlichen Chronotypen. Wir unterscheiden jeweils zwei Pole und eine mittlere Gruppe. Die Benennungen werden mal allgemein, mal männlich oder weiblich formuliert, da ja alle Typen vorkommen. Die Typen (1) bis (5) sind biologisch bestimmte kulturell überformte Eigenzeiten. Die darauf folgenden Typen beziehen sich auf kulturell geprägte Zeitformen.

Beachten Sie aber bitte: Einordnungen führen meistens zu Schubladendenken. Wir wollen daher über die Kategorisierung Ihrer temporalen Eigenschaften Ihren Blick differenzieren. Über den Vergleich mit anderen kann man darüber hinaus Ursachen für mögliche Konflikte finden. Es kann auch sein, dass gerade eine Typologie, bei der Sie mit der Einordnung Probleme haben, für Sie besonders interessant ist.

Chronotypen

1. Circadianer Rhythmus

- Morgenmensch: Ist früh morgens munter (»Lerche«). In aller Regel ohne Wecker früh wach, selbst wenn es am Abend zuvor spät wurde.
- Tagmensch: Ist weder ausgeprägter Morgen- noch Abendmensch.
- Abendmensch: Steht, wenn es die äußeren Zeitvorgaben zulassen, deutlich später am Morgen auf. Zum Teil braucht er Zeit, bis er richtig munter und aktiv wird. Kann lange in den Abend und die Nacht hinein aktiv sein (»Eule«).

2. Schlafdauer

- Kurzschläfer: Benötigt durchschnittlich weniger als 6 Stunden Nachtschlaf.
- Normalschläfer: Benötigt etwa zwischen 6 und 9 $^{1}/_{2}$ Stunden Nachtschlaf.
- Langschläfer: Schläft durchschnittlich länger als etwa 9 $^{1}/_{2}$ Stunden pro Nacht.

3. Ultradianer Rhythmus

- Siestatyp: Macht gerne richtige Mittagsruhe, wenn möglich mit kurzem Nickerchen oder Mittagsschlaf.
- Mittags-Kurzpauser: Braucht mittags eine Ruhepause, ohne jedoch zu schlafen oder ein Nickerchen zu machen. Fühlt sich danach wieder erholt.
- Ohne/kaum Mittagspause: Braucht subjektiv über eine kurze Mahlzeit oder Kaffeepause hinausgehend keine Mittagspause.

4. Jahreszeiten

- Saisonal: Stark durch die Rhythmik der Jahreszeiten geprägt.
- Mischtyp: Nicht sehr stark ausgeprägte Variation im jahreszeitlichen Ablauf.
- Äquatorial: Rhythmen sind unabhängig von Jahreszeiten und Aktivitätenmuster gleichförmig wie in Äquatornähe.

5. Körperliche Geschwindigkeit

- Sprinter: Ist nur auf kurze Entfernungen relativ schneller.
- Mittelstreckler: Ist weder nur auf kurze noch auf sehr lange Strecken besonders schnell. Zieht mittlere Distanzen vor.
- Langstreckenläuferin: Entwickelt relativ höhere Geschwindigkeit vorrangig auf längeren Strecken. Bei allen Typen ist das »relativ« wichtig. Die Grundschnelligkeit ist bei den Menschen sehr unterschiedlich und ändert sich mit dem Lebensalter.

6. Umgang mit Warten

- Ungeduldiger Typ: Tut sich mit unverhofftem Warten schwer und wird auch bei kurzen Stauungen oder kleinen Wartezeiten schnell nervös.
- Zeit nutzen und kontrollieren: Kann kurze Wartezeiten ganz gut verkraften. Tendenz, unverhoffte Wartezeiten zu nutzen und möglichst durch Planung zu kontrollieren.
- Entspannte Warterin: Kann gut und entspannt warten. Nimmt unverhoffte Wartezeiten als Gelegenheit wahr, zur Ruhe zu kommen (»kleine Auszeit«).

7. Gleichzeitigkeit

Dieser Chronotyp stellt auf moderne Formen der Gleichzeitigkeit ab (Informationstechniken aller Art).

- Simultantin: Tut sich relativ leicht, mehrere Tätigkeiten nebeneinander zu machen beziehungsweise rasch hin- und herzuschalten.
- Mischtyp: Weder besonders ausgeprägt in Richtung vieles gern gleichzeitig machen noch in Richtung »eins nach dem anderen erledigen«.
- Sequenzialist: Bevorzugt, eine Tätigkeit nach der anderen zu machen. Soll er kurzfristig mehreres gleichzeitig erledigen, fühlt er sich schnell gestresst.

8. Pünktlichkeit

- Uhrenzeittyp: Orientiert sich an äußerlichen Uhrenzeitvorgaben.
- Situativ locker: Je nach Situation pünktlich oder so etwa in der Zeit.
- Ereignisstrom eingebettet: Ist in seinen Tätigkeiten an Ereigniszeit und weniger an Uhrenzeit orientiert.

9. Zeitplanung

- Planer: Präferiert möglichst genaue Zeitplanung und gewissenhafte Erfüllung.
- Situative Planerin: Plant Aktivitäten und hält sich je nach Situation mehr oder weniger daran.
- Der Intuitive: Vermeidet Planung, soweit es geht, und reagiert auf Möglichkeiten intuitiv und spontan.

10. Zeitwert

- Zeitutilitaristin: Wert der Zeit bemisst sich ausschließlich danach, was damit an anderen Zielen und materiellen Werten erreicht werden kann.
- Mischtyp: Bei gleicher Grundhaltung können Zeiten hin und wieder auch Eigenwertigkeit bekommen.
- Zeitliebhaber: Intrinsische Eigenwertigkeit von Zeit, Spaß, Freude und Motivation an Tätigkeiten hat hohen Wert. Schließt instrumentellen Wert von Zeit als Mittel für andere Zwecke nicht aus.

11. Individual-sozial

- Auf eigene Zeit zentriert: Beachtet vorrangig eigene Zeiten.
- Umfeld-Person abhängig: Bezieht Zeiten anderer situativ je nach Umständen und den anderen Personen mehr oder weniger mit ein.
- Zeitempathikerin: Ist ebenso sensibel für Eigenzeiten anderer wie für persönliche Eigenzeiten.

12. Zeitfokus

- Vergangenheitsorientiert: Erfahrungen, Erinnerungen und generell Vergangenheit sind vorrangig.
- Gegenwartsorientiert: Konzentriert sich vorrangig auf das Hier und Jetzt.
- Zukunftsorientiert: Wird in Aktivitäten stark durch Planung und zukünftige Ziele bestimmt.

Übung 25

Entdecken Sie Ihre Chronotypen *(Reflexion/Eigeneinschätzung)*

Füllen Sie nun diese Chronotypen entsprechend Ihrer Eigeneinschätzung für sich persönlich aus. Nehmen Sie Ihre jeweilige Einordnung bei den Kategorien auf der Fünfer-Skala möglichst spontan vor.

		Weniger wichtig/kann ich nicht beurteilen
① **Circadianer Rhythmus** 1 Morgenmensch 3 Tagmensch 5 Abendmensch	1 2 3 4 5	☐
② **Schlafdauer** 1 Kurzschläfer 3 Normalschläfer 5 Langschläfer	1 2 3 4 5	☐
③ **Ultradianer Rhythmus** 1 Siestatyp 3 Mittags-Kurzpauser 5 Ohne/kaum Mittagspausen	1 2 3 4 5	☐
④ **Jahreszeiten** 1 Saisonal 3 Mischtyp 5 Äquatorial	1 2 3 4 5	☐
⑤ **Körperliche Geschwindigkeit** 1 Sprinter 3 Mittelstreckler 5 Langstreckler	1 2 3 4 5	☐
⑥ **Umgang mit Warten** 1 Ungeduldiger Typ 3 Zeit nutzen/kontrollieren 5 Entspannter Warter	1 2 3 4 5	☐
⑦ **Gleichzeitigkeit** 1 Simultant 3 Mischtyp 5 Sequenzialist	1 2 3 4 5	☐
⑧ **Pünktlichkeit** 1 Uhrenzeittyp 3 Situativ locker 5 Ereignisstrom eingebettet	1 2 3 4 5	☐
⑨ **Zeitplanung** 1 Planer 3 Situativer Planer 5 Der Intuitive	1 2 3 4 5	☐
⑩ **Zeitwert** 1 Zeitutilitarist 3 Mischtyp 5 Zeitliebhaber	1 2 3 4 5	☐
⑪ **Individual-sozial** 1 Zeitegozentriker 3 Umfeld-Person abhängig 5 Zeitempathiker	1 2 3 4 5	☐
⑫ **Zeitfokus** 1 Vergangenheitsorientiert 3 Gegenwartsorientiert 5 Zukunftsorientiert	1 2 3 4 5	☐

Wenn Sie diese Chronotypen ausgefüllt haben, nehmen Sie sich bitte etwas Zeit, um über Ihre Einschätzungen nachzudenken:

- Was ist für Sie besonders interessant? Einzelner Typ? Zusammenhänge?
- Womit sind Sie zufrieden?
- In welcher Kategorie halten Sie Änderungen für wünschenswert?
- Was wären die ersten Schritte?
- Sehen Sie noch eine weitere Kategorie, die für Sie persönlich wichtig ist? (etwa: Anlaufgeschwindigkeit, Schlafdauer etc.)

Machen Sie sich dazu Notizen:

Eigenzeiten – Was nehme ich mit für meine Zeitkompetenz?

»**Alles hat seine Zeit**
Ein jegliches hat seine Zeit,
und alles Vorhaben unter dem Himmel seine Stunde:
geboren werden hat seine Zeit, sterben hat seine Zeit;
pflanzen hat seine Zeit, ausreißen, was gepflanzt ist, hat seine Zeit;
töten hat seine Zeit, heilen hat seine Zeit;
abbrechen hat seine Zeit, bauen hat seine Zeit;
weinen hat seine Zeit, lachen hat seine Zeit;
klagen hat seine Zeit, tanzen hat seine Zeit;
Steine wegwerfen hat seine Zeit, Steine sammeln hat seine Zeit;
herzen hat seine Zeit, aufhören zu herzen hat seine Zeit;
suchen hat seine Zeit, verlieren hat seine Zeit;
behalten hat seine Zeit, wegwerfen hat seine Zeit;
zerreißen hat seine Zeit, zunähen hat seine Zeit;
schweigen hat seine Zeit, reden hat seine Zeit;
lieben hat seine Zeit, hassen hat seine Zeit;
Streit hat seine Zeit, Friede hat seine Zeit.«
(Prediger Salomo/Buch Kohelet 3,1–8, in Luther-Übersetzung)

»Schnell pausenlos möglichst viel gleichzeitig erledigen.« Viele Menschen leben nach dieser Devise und sinken am Abend todmüde ins Bett. Damit lässt sich eine Weile ganz gut leben, wenn die Betreffenden sich dabei wohl fühlen. Sie können einige unserer Anregungen verwenden, um diesen Lebensstil noch zu verbessern.

Es wäre schade, wenn es dabei bliebe. Denn Zeitkompetenz bedeutet zuallererst, Eigenzeiten zu verstehen und damit angemessen umgehen zu können. Es geht um unsere Eigenzeiten, die anderer, die unserer Umgebung und die der Natur. Es hat sich als hilfreich erwiesen, sich und andere bezüglich der verschiedenen Chronotypen einzuschätzen. Dann können Sie je nach Stimmung, Anforderung und Möglichkeiten bewusst auf der **Klaviatur der Chronotypen** spielen und Ihre Wesensvielfalt entfalten.

Vielleicht finden Sie gelegentlich Zeit und Muße für einen der schönsten Musiktitel zum Thema Zeiten. Hören Sie sich den beliebten Song der Byrds an:

»*To everything, turn, turn, turn,*
there is a season, turn, turn, turn,
and a time to every purpose under heaven.
A time to be borne and a time to die.«

Es ist die Erkenntnis, wie bedeutsam die Eigenzeiten für unser Leben sind. Dies überlieferte uns bereits der als »Prediger Salomo« beziehungsweise Kohelet bekannte Schreiber des gleichnamigen Buchs des Alten Testaments vor über 2000 Jahren.

Einige **ausgewählte Literaturempfehlungen** zu diesem Kapitel finden Sie auf Seite 236.

Zeitvielfalt

»Meditieren in drei Minuten«

David Harp

In hektischen Zeiten zur Ruhe kommen, es sich gut gehen lassen – Stressabbau liegt im Trend. Bereits während des Hype der »New Economy« und der allgemeinen Beschleunigungseuphorie der 1990er-Jahre zeichnete sich dies als untergründige Strömung ab. So entstand etwa Anfang der 1990er-Jahre in Kalifornien das Schnellmeditationsbuch »Meditieren in drei Minuten – Meditationstechniken für moderne Menschen« (David Harp mit Nina Feldman 1993).

Schnelles Essen, beschleunigt zunehmende Mobilität, sich immer schneller ablösende Modezyklen – dazu gehört das Bedürfnis nach Ruhe und Entspannung, um wieder mithalten zu können. Dafür bleibt jedoch nicht viel Zeit, man würde ansonsten zu viel verpassen.

Schnelle Entspannung ist angesagt. Immerhin: Entspannung und Pausen sind nicht länger unerwünscht, sondern gehören zum modernen Lebensstil. Rhythmen werden wieder beachtet, soweit dies die Zeiteffizienz fördert.

Übung 26

Gesichtsspaziergang *(Kurzentspannung)*

Diese Übung hilft Ihnen, Ihr Gesicht zu entspannen und innere Ruhe zu finden. Suchen Sie sich einen passenden Ort und setzen oder legen Sie sich gemütlich hin. Lesen Sie die Anleitung durch. Wenn Sie diese Übung ein paar Mal durchgeführt haben, können Sie die Reise durch das Gesicht ohne die Anleitung durchführen. Diese Art der Entspannungsübung ist sehr kurz. Sie kann auch zwischendurch immer wieder gemacht werden. Die Uhrzeitangabe soll Ihnen nur einen ungefähren Anhaltspunkt geben.

Richten Sie Ihr Bewusstsein auf Ihren Körper und auf Ihr Gefühl im Gesicht. Bleiben Sie während des Spaziergangs mindestens zehn Sekunden bei dem jeweiligen Abschnitt und gehen Sie dann weiter.

Beginnen Sie nun Ihre Aufmerksamkeit den Lippen zuzuwenden. Sie spiegeln die kleinsten Nuancen des Denkens wider und sind oft aussagekräftiger als viele Worte. Die Lippen können vom breiten Lachen über das sanfte Mona-Lisa-Lächeln bis zum Schmollen alles zeigen. Diese Sprache ist universell und wird von allen verstanden. Stellen Sie sich ein aufkommendes Lächeln vor. Beobachten Sie, ob allein schon diese Stellung ein kleines inneres Lächeln mit auslöst.

Das Kinn ist der nächste Ort auf unserem Weg. Entspannen Sie dort sämtliche Muskeln und nehmen Sie diese Stelle innerlich wahr. Widerstände und Aggression setzen sich gerne am Unterkiefer fest. Jeder kennt das Zähneknirschen als Vorbereitung auf einen Kampf, ob real oder in Gedanken. Lösen Sie Ihre Zahnreihen voneinander, so als hätte hinten zwischen den Backenzähnen eine halbe Mandel Platz.

Über die Wangen kommen wir zu den Ohren. Stellen Sie sich deren Größe und Umfang vor. Manche Menschen können die Ohren bewegen. Wandern Sie weiter symmetrisch zu den Schläfen. Spüren Sie die Fläche. Wenn Sie Ihre Aufmerksamkeit langsam Richtung Stirnmitte gleiten lassen, fühlen Sie vielleicht kleine Unebenheiten Ihrer Haut? Stellen Sie sich vor, wie angenehme Wärme über Ihre Stirn streicht und für eine glatte Fläche sorgt.

Nachdem Sie dieses Gefühl reichlich genossen haben, widmen Sie sich den Augen, die auf Entspannung warten. Die Augenlider sollten wie Schmetterlingsflügel weich und sanft geschlossen sein und sich kaum berühren. Die oberen Augenlider sind ebenso entspannt wie die unteren. Sobald Sie dies erreichen, sind die Augäpfel die nächste Station. Stellen Sie sich vor, wie ihre runde Form wohl aussehen mag. Meistens denken wir nur an die von außen sichtbaren Teilflächen. Gehen Sie in Gedanken um die Augäpfel herum. Empfinden Sie gleichzeitig ihr Volumen und Gewicht. Augen sind viel schwerer, als man meint. Auch werden sie von Muskeln umgeben, damit sie sich von links nach rechts, von oben nach unten drehen und ausrichten können.

Streichen Sie in Gedanken über die ganze Oberfläche der Augen. Entspannen Sie alle Muskeln. Richten Sie Ihren Blick leicht nach unten. Wenn Sie sich mit dieser

Vorstellung angefreundet haben, richten Sie Ihre Aufmerksamkeit langsam in Richtung Nase und Nasenflügel. Spüren Sie beide Nasenflügel. Beobachten Sie deren Bewegung beim Ein- und Ausatmen.

Unsere Wangen bedecken fast das ganze Gesicht. Vom Nasenflügel aus streichen sie über die Backenknochen. Freuen Sie sich über das Erlebnis von lockeren, weichen Wangen. Unser Rundweg hat uns nun zum Schluss in die Nähe des Mundes gebracht. Spüren Sie noch einmal die Lippen und wenden Sie sich dann dem Raum der Mundhöhle bewusst zu. Er ist durch Kiefer und Gaumen begrenzt. Lenken Sie nun Ihr Bewusstsein zur Zunge und ihrer Wurzel tief hinten im Mund. Lassen Sie Ihre gesamte Zunge ganz flach werden, so als läge sie wie eine Scholle auf dem Sand des Meeresbodens. Sie soll sich rund und geschmeidig anfühlen, überall warm und weich. Manchmal beginnt gerade in diesem Augenblick der Speichel zu fließen.

Der Rundgang ist zu Ende. Sie können die Runde natürlich nochmals drehen. Gehen Sie in Gedanken die einzelnen Stationen ab. Verweilen Sie an den Orten, die vielleicht noch nicht so entspannt sind, wie Sie es sich wünschen. Bleiben Sie danach noch eine Weile in Ihrer Position. Genießen Sie die Gesichtsentspannung, die sich mehr und mehr über den ganzen Körper ausdehnen wird.

(Nach einer bekannten Yoga-Übung)

Eine kurze Zeit für die Entspannung, ein Wochenende für das Wohlbefinden von Körper und Seele, Power-Napping – dies sind viele kleine Indizien dafür, dass nicht mehr ausschließlich auf noch mehr Beschleunigung, Zeitverdichtung und Kontrolle der Zeiten gesetzt wird. Trotz aller Standardisierung der Zeiten und weltweiten Vereinheitlichungstendenzen durch die Info-Netzwerkwelt erwächst fortlaufend neue Vielfalt im Umgang mit Zeiten. Nach wie vor finden sich zwischen Kulturen große **temporale Unterschiede**. Zeitnormen und -gewohnheiten in Gesellschaften differenzieren sich aus und ändern sich, nicht nur bezogen auf Pünktlichkeit. Begleiten Sie uns bei unserem Gang auf den Wegen der Zeitvielfalt und deren Kultivierung.

Zeitformen

Repräsentationen zu Zeiten

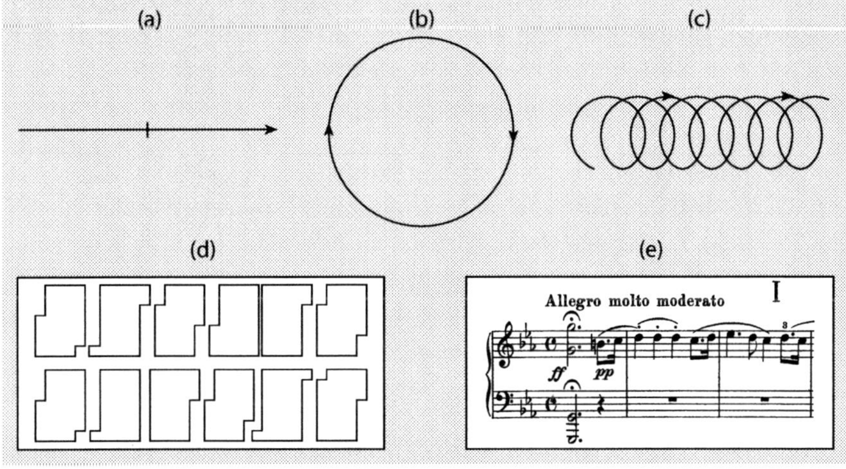

Was sehen Sie in der Abbildung? Was haben Ihre Assoziationen dazu mit Zeit und Ihren Zeitvorstellungen zu tun? Nehmen Sie sich zur Beantwortung dieser Fragen etwas Zeit, bevor Sie weiterlesen.

Bei dieser handelt es sich um Symbolisierungen und Ausdrucksformen bestimmter Zeitaspekte:

(a) **Pfeil:** Dieser repräsentiert die Vorstellung der linear voranschreitenden Zeit als Zeitpfeil beziehungsweise Zeitachse (formalisiert t).
(b) **Kreis:** Dieser repräsentiert die zyklische Zeitvorstellung (Wiederkehr).
(c) **Spirale:** Diese repräsentiert die Verbindung der linearen mit der zyklischen Zeitvorstellung; wiederkehrende Rhythmen, die in der Abfolge der historisch einmaligen Zeit sich in etwa wiederholen und sich aufsteigend entwickeln.
(d) **Kästen:** Diese repräsentieren Kalendermonate als spezifische Ausformung des Jahreszyklus, wie er im Kalender gefasst wird.
(e) **Noten:** Diese repräsentieren Takt und Tempi in der Musiknotierung.

Die lineare Zeit (Pfeil) prägt unser Zeitverständnis besonders stark. Dies hat mit dem Erfolg der Uhrenzeit (s. S. 21ff.) und der modernen Naturwissenschaften zu tun. Die Zeit wird darin, neben den drei Raumdimensionen, zur »vierten Dimension«. **Die Zeitvielfalt wird zur Einzahl.** Wir können dennoch problemlos unterschiedlichste andere Zeitdimensionen verstehen und in unserem Alltag damit umgehen. Tatsächlich haben die Naturwissenschaft und die Technik, die zur Einzahl der Zeitvorstellung drängten, die Optionen für den Umgang mit den Zeiten enorm vergrößert. Dies ist ein Prozess, der ungebrochen anhält. Nunmehr wurden zuvor unerreichbare hohe Geschwindigkeiten realisierbar, ohne dass die bisherigen, langsameren Tempi deshalb verschwunden wären. Neue Zeitformen wie das Warten und Termine entstanden. Neue Zeitnormen wie etwa Pünktlichkeit ergaben sich als Folge der zunehmenden Genauigkeit der Zeitmessung.

Wir können unsere Zeitkompetenzen verbreitern, wenn wir uns die folgenden **Zeitformen** genauer vergegenwärtigen (zur Einführung Geißler 2000a). Ein Teil dieser Zeitformen war zu allen Zeiten kulturell von großer Bedeutung. Im rhythmisch geprägten Lebensvollzug der vormodernen Zeiten waren das spezifische Ausprägungen von Anfang, Ende, Übergang und Pause. Andere Zeitformen entstanden und entwickelten sich erst im Laufe der letzten Jahrhunderte und Jahrzehnte.

Auswahl wichtiger Zeitformen

- **Anfang und Beginn:** Erster Teil einer (mehr oder weniger klar abgegrenzten) Zeiteinheit, Aktivität beziehungsweise eines Prozesses.
- **Ende und Abschluss:** Letzter Teil einer Zeiteinheit, Aktivität beziehungsweise eines Prozesses.
- **Übergang:** Zeitraum zwischen zwei Zeiteinheiten, Aktivitäten beziehungsweise eines Prozesses.
- **Pause:** Phase der Ruhe beziehungsweise Unterbrechung innerhalb einer Zeiteinheit, Aktivität beziehungsweise eines Prozesses.
- **Wiederholung:** Einigermaßen regelmäßig wiederkehrendes Ereignis, Aktivität beziehungsweise eines Prozesses.
- **Langsamkeit:** Gemessen an vorhandenen Möglichkeiten langsamer Ablauf von Aktivitäten und Prozessen.
- **Schnelligkeit:** Gemessen an den Möglichkeiten schneller Ablauf von Aktivitäten und Prozessen.
- **Warten:** Aufschub einer angestrebten Aktivität bzw. eines Ereignisses.
- **Termin:** Gezieltes Timing, zeitlich fixierte Verabredung für eine gemeinsame Aktivität, ein Treffen oder ein Gespräch mit gewissem verpflichtenden Charakter.

Die Vielfalt der Zeitformen wird in Gesellschaften zu **charakteristischen Zeitmustern** geprägt (Geißler 1999a). Im Takt werden etwa die früher rhythmisch geprägten Abfolgen von Beginn, Ende, Pause und Wiederholung in der Moderne gleichförmig (s. S. 106f.). Übergänge werden zum Teil gänzlich gestrichen beziehungsweise wie in Filmen in *short-cut*-Manier auf ein Minimum geschnitten. In unseren spätmodernen Zeiten wird der Gleichtakt in Richtung Gleichzeitigkeit und beschleunigter Flexibilität aufgelockert.

Die Zeitformen sind für das Verständnis der Entwicklung der kulturellen Zeitordnung ebenso hilfreich wie für den individuellen Umgang mit den Zeiten. So gibt es in Familien, Gruppen, Projektteams, Abteilungen und Betrieben typische Ausprägungen bestimmter Zeitformen. Es ist vorteilhaft, sie zu beachten (vgl. auch das Mindmap zu Zeitformen auf S. 196).

Eine »Zeitform« haben wir in dieser Übersicht bewusst nicht mit aufgenommen, da sie quer dazu auf einer anderen Ebene liegt: Es ist die Ewigkeit, die Zeitlosigkeit. Diese Art »Zeitlosigkeit in der Zeit« ist zum Verständnis des Umgangs mit Zeiten nicht nur in vormodernen, transzendental ausgerichteten Kulturen wichtig. Vielmehr pflegen wir auch in modernen Gesellschaften unterschiedlichste Formen der »kleinen Ewigkeit«, Transzendenz in spiritueller Meditation oder dem Aufgehen im Hier und Jetzt.

Anfänge

Zeitformen – beginnen wir mit dem Anfang (Geißler 2002c). Anfänge brauchen ihre Zeit und ihre Aufmerksamkeit. Oft wird das weitere Geschehen durch die Gestaltung des Beginns geprägt. Das gilt für Beziehungen ebenso wie für die Zusammenarbeit in Bildung und Beruf. Wer den Start gut beherrscht, hat bei Kurzstreckendisziplinen ein Plus. In der Formel 1 wird für die Startposition sogar ein eigenes Qualifikationsrennen gefahren.

Ob Anfangssituationen eine besondere Bedeutung haben, wird nicht durch die in Uhrenzeit-Einheiten gemessene Dauer bestimmt. Je nach Anlass und Alltäglichkeit kann diese recht verschieden sein: Ein kurzer freundlicher Gruß, eine kleine Nachfrage oder aber die dem besonderen Anlass gemäße, bewusst feierliche Hervorhebung eines Beginns, etwa am ersten Schultag oder beim Antritt einer Arbeitsstelle. Wer Zeit für Begrüßung und den Auftakt »spart«, spart manchmal am falschen Fleck.

Dazu eine **kleine Geschichte**: Nicht selten gehen beim ersten Zusammentreffen von Geschäftsleuten deutscher und französischer Firmen »die Uhren unterschiedlich«. Viele Deutsche wollen in Frankreich den Auftakt mit dem gemeinsamen Mittagessen knapp halten, um anschließend möglichst effizient für das aus ihrer Sicht »eigentliche Geschäft« Zeit zu haben. Die Franzosen empfinden das nicht nur als unhöflich und unkultiviert. Sie bedauern, dass sich die Deutschen am Anfang keine Zeit lassen, ihre Partner wirklich kennen zu lernen. *(Süddeutsche Zeitung 18./19.01.2003, S. 28)*

Dies ist verständlich, denn wie viel besser könnten Gespräche über Vertragskonditionen, Liefertermine und technische Spezifikationen geführt werden, wenn sich die Partner kennen und füreinander Sympathie empfinden würden. Dies braucht Zeit, die sich langfristig auszahlen kann. Es ist nicht effizient, immer möglichst schnell sein zu wollen und dabei keine Zeit in einen gelungenen Anfang zu investieren. Hieraus lassen sich Verallgemeinerungen ableiten:

- **Unterschiedliche Skalen:** Was als Anfang gilt, wird kulturell beeinflusst. Es können »kleine Anfänge« sein, alltäglich und dennoch einflussreich. Es können »große Anfänge« sein, die sich auf große Einheiten beziehen, den Jahresanfang, eine neue Stelle oder ein neuer Lebensabschnitt.
- **Erst-/einmalig:** Es gibt erstmalige beziehungsweise einmalige Anfänge. Dem stehen regelmäßig wiederkehrende Anfänge gegenüber.
- **Vorhersehbarkeit:** Es gibt große ebenso wie kleine Anfänge, die vorhersehbar sind. Daneben gibt es auch große überraschende Anfänge etwa nach einem Unfall oder einem glücklichen Ereignis. Und schließlich kennen wir kleine überraschende Anfänge.

Was lässt sich daraus für die Entwicklung von Zeitkompetenz lernen? **Achtsamkeit und angemessene Zeit für Anfänge** lohnen sich.

Folgerungen für den Umgang mit Zeiten und Zeitkompetenz

- Anfänge sind qualitativ von anderen Zeiten eines Prozesses verschieden.
- Versuchen Sie, insbesondere zu verstehen, welche regelmäßigen Anfangssituationen in Ihrer Arbeit und in der Familie relevant sind?
- Prüfen Sie, ob Sie dafür angemessene Rituale haben.
- Seien Sie aufmerksam für besondere Anfänge. Gestalten Sie diese gemäß ihrer Bedeutung und nehmen Sie sich dafür die Zeit.
- Vergewissern Sie sich, ob Sie Anfänge bereits genügend beachten.

Abschlüsse

Manches hört einfach auf. **Der Schalter wird umgelegt**, das Licht geht aus. Etwas geht zu Ende, ohne dass es einen Abschluss gefunden hätte. Dies kann noch lange nachwirken. Vieles von dem, was sich vorher ereignet hat, wird dann noch im Nachhinein entwertet (zu gelingenden Abschlüssen vgl. Geißler ^{3}2000b).

Nehmen Sie Filme als Beispiel: Kaum beginnt der Abspann, strömen viele Besucherinnen und Besucher bereits mit aller Macht aus dem Kino. Der Abspann geht dann in der Geräuschkulisse und Hektik des Aufbruchs unter. Manche Filme wirken dagegen emotional so intensiv, dass man sich ihrem Bann kaum entziehen kann. Viele Besucher des Films bleiben sitzen und erleben den Abspann als Bestandteil des Films bis zum Ende.

Oder stellen Sie sich einen Konzertabschluss vor: Nach dem letzten Ton setzt ohne zeitlichen Übergang der Applaus ein. Viele rennen los, um als Erste an der Garderobe zu sein. Wie anders kann es im Vergleich dazu wirken, wenn die Musiker den letzten Ton bewusst als Spannungsbogen setzen. Hörbare Stille folgt, und dann setzt der Applaus ein, für den sich die Beteiligten ebenso Zeit nehmen wie für die vorangehende Musik. Dies ist für alle Beteiligten, die Aufführenden wie die Zuhörenden, ein wichtiger Bestandteil der gesamten Vorstellung. Die Musik kann noch lange in uns nachklingen.

Prüfen Sie ähnlich wie bei den Anfängen, in welchen Situationen Abschlüsse Gewicht haben und wie diese gestaltet werden: Art der Verabschiedung, Zeit zum Rückerinnern, Rituale des Ausklingens und besondere, einmalige Abschlüsse. Werden Aufträge zu einem guten Ende gebracht? Oder gehen sie eher sang- und klanglos, etwa mit einer hektischen Fahrt zum Flughafen, unter?

Übung 27

Happy end *(Film)*

Happy end, aufklären des Falls in letzter Minute, langsames Verklingen der Stimmung, offene Zukunft – Filme haben unterschiedlichste Abschlüsse. Filme entwickeln sich in und durch die Zeit. Sie konstituieren das ganze Universum der Zeiten, zeigen Tempi ebenso wie Stillstand, Ruhe und Rhythmen. Filme verwenden moderne Technik *par excellence* und setzen damit Mythen und Träume in fließenden Übergängen von Realität zu märchenhaften Zügen ins Bild. Filme sind ein Zeitmedium. Wenn wir uns auf die Filmzeiten einlassen und sehen, welche Emotionen und Bilder diese in uns auslösen, erleben wir die Vielfalt der Zeitformen. Wir können die Inszenierung von Anfängen, Übergängen und Abschlüssen nachempfinden. Diese Übung zu Abschlüssen ist für Gruppen unter der Anleitung eines Trainers beziehungsweise Filmemachers geschrieben. Natürlich können Sie sich von der Übung auch alleine oder zusammen mit Freunden inspirieren lassen.

In der **ersten Phase** wird an Filmbeispielen das Handwerkszeug zur Gestaltung von Filmabschlüssen in der Gesamtgruppe geübt: geschlossene und offene Form, Auflösung und Abspann (zur Vertiefung Christen 2002).

In der **zweiten Phase** teilen sich die Teilnehmerinnen und Teilnehmer in Gruppen auf, die jeweils einen ihnen zuvor nicht bekannten Film anschauen. In den Gruppen wird zunächst der vom Übungsleiter bestimmte Abschluss des Films einschließlich des ganzen Abspanns gezeigt. Die Gruppenteilnehmer diskutieren anschließend die Eindrücke: Welche Stimmung wird erzeugt? Welche Art von Zeiträumen (z.B. Tag, Jahr oder Lebenszeit) stellen Sie sich gemäß diesem Abschluss vor? Regen Sie Abschluss und Abspann dazu an, den Film in Gedanken fortzuspinnen?

Nach einer Pause sehen sich die einzelnen Gruppen in der **dritten Phase** ihren ganzen Film an. Anschließend werden diese Eindrücke der Abschlüsse der einzelnen Gruppen im Plenum verglichen: Entspricht der Film den Raum-Zeit-Vorstellungen, wie er durch den Abschluss erzeugt wurde? Passt der Abschluss zum Film? Welche Bedeutung hat der Abschluss für das Verständnis des Films? Was vermuten Sie: Sehen sich viele Filmbesucher üblicherweise den Abspann ganz an? Oder ist er eher ein Rausschmeißer?

In der abschließenden **vierten Phase** stellen die einzelnen Gruppen ihren Abschluss mit ihrem Film einschließlich wichtiger Beobachtungen und Ergebnisse der Gruppendiskussion im Plenum vor. Diese werden vergleichend diskutiert. Bei Bedarf sollte die Möglichkeit bestehen, bei dieser Diskussion Ausschnitte aus den Abschlüssen vergleichend einspielen zu können.

Übertragbarkeit

Nach der Übung können Sie diskutieren, wie man die Erfahrungen der Filmzeiten auf andere Lebenssituationen übertragen kann: Wie könnten Sie den Abschluss eines erfolgreichen Projekts angemessen inszenieren?

»Bürgerliche Dämmerung« und andere Übergänge

Die »bürgerliche Dämmerung«. *»Die bürgerliche Dämmerung geht bis 6° Sonnentiefe (das heißt, Sonne 6° unter dem Horizont), die astronomische Dämmerung bis 18° Sonnentiefe. Das Ende der Bürgerlichen Dämmerung, auch Ende des Büchsenlichts genannt, wurde ursprünglich nicht astronomisch durch die Sonnentiefe, sondern physiologisch (oder eben ›bürgerlich‹) festgelegt als diejenige Helligkeit im Freien, bei der man gerade noch normale Druckschrift, etwa in der Zeitung, lesen kann. Die Lichttechniker haben dann herausgefunden, dass die Beleuchtungsstärke des (unbewölkten) Himmels dann auf 2 lux gefallen ist, wenn die Sonne auf 6° unter den Horizont abgetaucht ist.«* (Aus: Briefwechsel mit Experten zum »Umherschweifhörspiel« von Walter Siegfried, Tutzing 6.–8.2.1998, siehe Schneider/Geißler 1999, S. 166ff.)

Dämmerung – dies ist ein Übergang, der uns Menschen im Laufe der Generationen stark prägte. Und zwar je nach Breitengrad sehr unterschiedlich. In Äquatornähe kommt das Ende des lichten Tags nahezu plötzlich. Die Dunkelheit fällt gleichsam ein. Die Dämmerung ist nur eine äußerst kurze Übergangsphase. In unseren Breitengraden ist sie dagegen eine eigene, wichtige Zwischenphase, nicht mehr heller Tag und noch nicht stockdunkle Nacht. Besonders in klaren Sommernächten dauert diese Phase in Norddeutschland sehr lang.

Selbst in dicht besiedelten Gebieten, in denen der natürliche Hell-Dunkel-Rhythmus extrem überblendet ist, ist die Dämmerung als Übergangszeit vor Beginn der Nacht beziehungsweise des lichten Tages für die allermeisten Menschen noch erlebbar. Wir können dies persönlich täglich als Übergang erleben und uns damit zugleich für andere Übergänge im Alltag sensibilisieren.

»Astronomische« und »bürgerliche Dämmerung« sind kulturelle Erfindungen. Es ist einerseits eine naturwissenschaftliche Kategorie, andererseits handelt es sich um eine aus dem Alltagsverständnis kommende Kennzeichnung. Diese hat nichts mit »bürgerlich« im üblichen Verständnis zu tun, sondern mit *civil twilight* (zivil, gesetzlich). Es ist ein Beispiel dafür, wie ein in den natürlichen Rhythmen wichtiger Übergang kulturell spezifiziert wurde. In der deutschen Formulierung »Zwielicht« schwingt dabei auch noch ein abwertender Unterton mit, der aus den unsicheren Zeiten vor der Gas- und Elektrobeleuchtung stammt.

Je nach Bedingungen sind Übergänge unterschiedlich ausgeprägt und ausdifferenziert. **Übergangszonen** haben eine ganz besondere Bedeutung für die Zeitvielfalt und deren Produktivität. Nehmen Sie das Beispiel der Gezeitenzone: Dies ist eine Übergangszone zwischen Land und See, in der sich die Gezeiten tagtäglich zum Sonnentag-Nacht-Rhythmus um ungefähr eine halbe Stunde verschieben. Diese Übergangszone ist biologisch besonders vielfältig, selbst in kühleren Klimazonen wie etwa im Wattenmeer der friesischen Inseln (Endres/Schad 1997).

Wattenmeer, St. Peter-Ording, © Jochen Knobloch, Hamburg

Dies gilt ebenso für die Produktivität der Zeitvielfalt. Die für die kurze Scheinblüte der New Economy propagierte, monotone Hatz verkannte diese **Produktivität der temporalen Diversität**. Da wurden eigene Zeiten für kleine oder größere Übergänge als ineffizient bewertet. Das Gegenteil ist richtig. Denken Sie vergleichbar an Bergpässe als klassische Übergänge, über die Waren, Menschen und kulturelle Ideen ausgetauscht wurden.

Übergangszeiten können für Zeitinseln des Zeitwohlstands eine **verbindende Brückenfunktion** haben (s. S. 212ff.). So berichten Teilnehmer von Zeit-Trainingsseminaren wiederholt, wie wichtig für sie die Phase zwischen Arbeit und Wohnung ist, insbesondere nach der Arbeit.

Ein Teilnehmer berichtete: Nach einem Umzug hatte er nur noch 20 Minuten Fahrzeit zur Arbeit und vermisste die vorige, viel längere Übergangszeit von gut 40 Minuten. Vordergründig hatte er zwar »Zeit gespart«, aber er hatte jetzt weniger Zeit, um über die Arbeit nachzusinnen, auf andere Gedanken zu kommen und für die Privatsphäre innerlich frei zu sein.

Wenn Sie, wie viele Zeitgenossen, versuchen, an Übergängen zu sparen, die Zeiten für Anfänge, Abschlüsse und Pausen zu minimieren, verlieren Sie mehr, als Sie gewinnen. **Wir sind keine Automaten**, mit mechanisch zu bedienendem Zeitschalter (s. S. 183ff.). Nehmen Sie sich Zeit für die alltäglichen Übergänge und für die besonderen, »großen« Übergänge.

Ruhestand. »Hans (Name geändert) ist ein viel beschäftigter Mitfünfziger. In sein Betriebsratsbüro kamen wiederholt Kolleginnen und Kollegen, die nach einer sehr stressig-arbeitsreichen Phase in Altersteilzeit gegangen und in das berühmt-berüchtigte »Loch« gefallen waren. Sie hatten zuvor gedacht, dass sie dann ja sehr viel Zeit hätten, um sich in ihrem neuen Lebensabschnitt einzurichten. Aber sie waren innerlich nicht vorbereitet. Hans sagte sich: Ich will nicht nur im Nachhinein bei Problemfällen beraten. Ich will mich selbst persönlich auf diese Zeit vorbereiten; denn dies wird einer der wichtigen Übergänge in meinem Leben werden. Darauf will ich mich heute bereits vorbereiten und einlassen.« *(Martin Held, nach einem Erfahrungsbericht eines Seminarteilnehmers, 2003)*

Vielfalt der Chronotypen

Sich mit der Vielfalt der Zeitformen der kulturell geprägten Zeitordnung auseinander zu setzen ist ein Weg, um sich mit Zeitdiversität vertraut zu machen. Einen anderen Zugang haben wir bereits bei der Vorstellung der Chronotypen kennen gelernt (s. S. 136ff.). Sich dieser bewusst zu werden und sie besser zu beachten ist aus einem einfachen Grund wichtig: Aufgaben haben unterschiedliche zeitliche Anforderungen. Manche Tätigkeiten erfordern langsame Genauigkeit, andere wie in der Karikatur hohe Schnelligkeit. Berufe, bei denen es auf die Fähigkeit ankommt, rasch und mit Freude zwischen Aufgaben hin- und herspringen zu können, sind für Sequenzialisten nicht geeignet. Tätigkeiten in Leitwarten und Bereitschaftsdiensten sind für entspannte Warter gut geeignet, weniger dagegen für ungeduldige Menschen.

Zugleich gilt ein weiteres Vielfaltspostulat: In vielen Bereichen ist eine gewisse Verteilung und **Mischung unterschiedlicher Chronotypen** notwendig. Auch wenn die zeitlichen Anforderungsprofile von Aufgaben zu spezifischen Chronotypen besser passen (beispielsweise der Normalarbeitstag zu Morgen- und Tagmenschen, Abendschichten zu Abendmenschen), gibt es in den tatsächlichen Prozessen und Abläufen wiederholt unterschiedliche Situationen. Dafür ist wiederum eine gewisse Streuung der Chronotypen und des Alters in der betreffenden Einheit (zum Beispiel Abteilung, Gruppe, Projektteam) vorteilhaft.

Aneinander vorbeireden, gegenseitiges Unverständnis oder auch Konflikte kommen in jeder noch so guten Firma vor. Das Zusammentreffen unterschiedlicher Chronotypen spielt dabei häufig eine Rolle, ohne dass sich die Beteiligten dessen bewusst sind. Die folgende Übung kann Ihnen helfen, über die Grenzen von Gruppen, Abteilungen und Unternehmenseinheiten hinweg mehr Verständnis füreinander zu entwickeln.

In jeder Firma haben die Mitarbeiterinnen und Mitarbeiter oft untereinander »Feindbilder« beziehungsweise sie amüsieren sich über berufsspezifische Eigenheiten »der anderen«: *die* IT'ler, *die* Produktion, *der* Vertrieb und *die* Verwaltung. Aufgrund komplexer werdender Fragestellungen sind Abteilungen immer mehr darauf angewiesen, sich gegenseitig zu unterstützen und die individuellen Kompetenzen der jeweiligen Fachvertreterinnen und Fachvertreter zu nutzen. Noch ausgeprägter können Verständigungsprobleme in ständig neu zusammengesetzten Projektteams mit sehr unterschiedlichen Herkünften und Disziplinen auftreten.

Erklärt man in einem Seminar den Beteiligten aus unterschiedlichen Bereichen die Chronotypen, so werden diese sofort verstanden und spontan bestimmten Berufsbildern, Gruppen, Abteilungen und Unternehmenseinheiten zugeordnet (s. S. 136ff.).

Um Ihr Verständnis für diese Vielfalt der Chronotypen und deren Bedeutung zum wechselseitigen besseren Umgang zu vertiefen, bietet sich ein Rollenspiel an. Dabei lernen Sie die verschiedenen Sichtweisen und Unterschiede praktisch kennen. Mit dieser Erfahrung unterschiedlicher Rollen und Chronotypen fällt es leichter, sich abteilungsübergreifend zu vernetzen und harmonischer, das heißt auch zielführender, zusammenzuarbeiten. Diese Übung benötigt einen Trainer beziehungsweise eine Moderatorin.

Übung 28

Chronohüte wechseln *(Rollenspiel)*

Vorbereitung

Die Teilnehmerinnen und Teilnehmer machen zunächst für sich allein die Übung 25 »Entdecken Sie Ihre Chronotypen«. Falls Fragen auftreten, werden diese durch die Seminarleiterin beziehungsweise den Seminarleiter in der Gruppe geklärt. Anschließend wird ein Thema ausgewählt, das die Teilnehmenden real betrifft: etwa eine neue Softwareeinführung oder ein Projekt, das zeitlich aus dem Ruder läuft. Diese Themen- oder Problemstellung wird gut sichtbar auf ein Flipchart geschrieben. Je nach Gruppengröße (es empfiehlt sich die Mindestzahl von vier Personen) werden dazu aus der folgenden Liste von Bereichen oder Abteilungen beziehungsweise entsprechend den Gegebenheiten Ihrer Firma beziehungsweise Institution Rollen ausgewählt:

- Entwicklung/Konstruktion
- Einkauf/Beschaffung
- Produktion
- Kundendienst/Service
- Vertrieb
- Marketing
- IT-Fachleute
- Personalabteilung
- Buchhaltung
- Controlling
- Strategische Planung

Bei vier Personen können beispielsweise ein Entwickler, eine Einkäuferin, ein Produktionsfachmann und eine Vertriebsfrau mitspielen.

Erste Runde

Jeder Teilnehmende wählt in der ersten Runde des Spiels eine Rolle, die sie/er in der Firma selbst hat beziehungsweise relativ gut kennt. Es empfiehlt sich, für das Rollenspiel einen erfundenen Namen zu wählen und jeweils ein entsprechendes Namensschild aufzustellen beziehungsweise persönlich anzustecken. Nehmen Sie sich für diese Runde angemessen Zeit (in Abhängigkeit von verfügbarem Zeitrahmen und gewähltem Thema), mindestens jedoch eine gute Viertelstunde. Sie können entweder vor der Diskussion einen Moderator für die Diskussionsleitung wählen, oder Sie spielen einfach los.

Zu Beginn der Runde hat jeder Mitspielende Zeit, um seine Sichtweise und Lösungsvorschläge zu unterbreiten. Danach beginnt die Diskussion, in der idealerweise gemeinsame Lösungsstrategien entwickelt werden. Manchmal endet die Übung auch ohne Lösung.

Zweite Runde

Machen Sie danach eine kleine Pause. Anschließend beginnt die zweite Runde mit wechselnden Rollen. Beispielsweise wird der Entwickler zur Vertriebsfrau, die Einkäuferin zum Produktionsfachmann. Losen Sie die Zuordnung der anderen Rollen aus oder verabreden Sie diese (beispielsweise jemand übernimmt gerne eine Rolle, mit der er immer mal wieder Schwierigkeiten hat). Je weiter die Rolle von Ihrem Bereich entfernt ist, desto mehr Lernmöglichkeiten haben Sie. Es werden wieder neue Namen verabredet und kenntlich gemacht. Es hat sich als hilfreich erwiesen, wenn in der Anfangsphase dieser zweiten Runde die tatsächlichen Inhaber der Position »ihrer Spielerin« Tipps hinsichtlich Wortwahl, Gestik und inhaltlicher Darstellung geben.

Dann beginnt die zweite Spielrunde vergleichbar der ersten. Ihre Aufgabe ist es nun, sich in diese fremdartige Rolle mit den jeweiligen Persönlichkeitszügen möglichst treffend einzufühlen und dies auch darzustellen. Sie können in dieser Runde weiter diskutieren oder nochmals mit der Eingangsvorstellung beginnen. Die Dauer sollte vergleichbar der ersten Spielrunde sein.

Nach einer Pause werden die Erfahrungen aus den beiden Spielrunden in der Gruppe diskutiert. Dabei können Sie unter anderem folgende Fragen heranziehen:

- Welche Chronotypen konnten Sie bei den Rollen identifizieren?
- War dies bei den Spielrunden ähnlich oder machte es einen Unterschied, ob die Rolle geläufig war?
- Entspricht die Zuordnung der Chronotypen zu den Rollen Ihren üblichen Erwartungen bezogen auf die Aufgaben, Gruppen und Abteilungen?
- Wie war die Umstellung auf die neue, zuvor nicht gewohnte Rolle?
- Welche Bedeutung haben die Chronotypen für die notwendige Vielfalt von Lösungsansätzen?
- Wie haben Sie sich als Beobachterin beziehungsweise Beobachter erlebt, wenn andere Ihre Rolle einnahmen?
- Was können Sie aus diesem Wechsel der Perspektive für Ihre künftige Zusammenarbeit mit anderen Abteilungen, Gruppen, Disziplinen in Projektteams lernen?

Anmerkung

Nach unserer Erfahrung ziehen bestimmte Unternehmensbereiche spezifische Chronotypen an. Zugleich werden die Beteiligten durch die Aufgaben sowie durch die Erwartungen von außen entsprechend geprägt.

Siesta – zur Vielfalt von Zeitkulturen

»Zeit ist Geld.« Bereits 1748 formulierte Benjamin Franklin diese berühmt gewordene Formel. Er war Nachtkurzschläfer und Siesta-Freund (Zulley/Knab 2000, S. 133). Würde es ihm heute in der Uhren-Kalender-Welt unvermeidlicherweise schlecht ergehen, da Pausen der Nonstop-Tendenz geopfert werden? Nein, auch heute erleben wir trotz aller vereinheitlichenden Tendenzen zwischen den Gesellschaften große kulturelle Unterschiede im Umgang mit den Zeiten (Levine 1998; Landeshauptstadt München 2001). Zum Teil prallen innerhalb einer Gesellschaft unterschiedliche Zeitkulturen aufeinander.

Ein Beispiel: Die Banken halten sich in Norditalien an die mitteleuropäischen Zeiten ohne oder mit nur sehr kurzer Mittagspause sowie Schließungszeit in der Regel bereits im Laufe des Nachmittags. Andere Teile der Wirtschaft und Gesellschaft orientieren sich dagegen an der mediterranen Siesta-Kultur. Dies bedeutet eine aktive Phase am Vormittag, eine sehr lange Mittagsruhe und die Öffnung wieder am späten Nachmittag bis in den Abend hinein.

Für Touristen mag das ärgerlich sein, obgleich sie dank Kreditkarten und Bankautomaten nur noch selten in problematische Situationen kommen. Für viele Italiener ist es dagegen ein Problem, dass zwei so unterschiedliche Grundtypen die Tageseinteilung ihres Alltags prägen. Reibungsverluste und ein erhöhter Abstimmungsbedarf sind die Folge, insbesondere in den Familien, in denen unterschiedliche Zeitstrukturen aufeinander treffen. Die daraus entstehenden Zeitkonflikte führten seit Mitte der 1980er-Jahren in einer Reihe von italienischen Städten zur Entwicklung einer kommunalen Zeitpolitik. Zeitbüros versuchen durch eine bessere Koordination von Zeiten, etwa der öffentlichen Verkehrsmittel, Schul- und Öffnungszeiten von Läden sowie öffentlichen Einrichtungen, Konfliktpotenziale bereits im Vorfeld zu reduzieren. Ähnliche Projekte finden sich inzwischen ebenso in Deutschland (Heitkötter 2003).

Verallgemeinern wir das Beispiel: Der Umgang mit den Zeiten variiert nicht beliebig individuell. Gesellschaften, Branchen, Firmen, Berufe, Projektteams bis hin zu Familien haben bestimmte **kulturell verfestigte Zeitgewohn-**

heiten. Diese bestimmen wesentlich mit, was als akzeptables, weniger oder nicht akzeptables Verhalten gilt. Den Wandel in der Pünktlichkeitskultur haben wir dafür als Beispiel bereits kennen gelernt (s. S. 59f.). Wir sind gut beraten, neben unseren eigenen Eigenzeiten und den temporalen Besonderheiten unseres Umfelds auch diese Unterschiede der Zeitkulturen zu verstehen und zu beachten. Dies gilt für die Siesta und darüber hinaus.

> **Zeitkultur oder Brotzeit ist eine heilige Zeit.** In einer schwäbischen Automobilzulieferer-Firma hängen an einigen Türen große Schilder: 9.00–9.15 Vesper. Das ist, high-tech hin, high-tech her, eine heilige Zeit – Zeit für das mitgebrachte Wurstbrot, die Lokalzeitung und ein klein wenig Tratsch. In dieser Zeit lässt man die Kollegen in Ruhe. Telefonate werden nicht angenommen. 15 Minuten ruht die Firma in sich selbst. Eine Viertelstunde Einkehr und Sammlung – im Tarifvertrag verankert. Eine Tradition, die aus alten Handwerkszeiten stammt. Einige Mitarbeiter respektieren diese Pause nicht mehr und beantworten stattdessen E-Mails. Ein Stück Zeitkultur im Wandel. *(Elmar Hatzelmann, Erfahrungsbericht aus einem Trainingsseminar 2003)*

Nehmen wir den Straßenverkehr. Die Beschleunigungs- und Geschwindigkeitspotenziale sind in den Industrieländern vergleichbar. Dennoch herrscht in Deutschland im Vergleich zu den ansonsten gar nicht so langsamen USA Schnellfahren vor. Nicht nur zwischen den Ländern, sondern auch in Ländern gibt es große Unterschiede in der Zeitkultur. Nehmen wir etwa die Schweiz: Bei einem Vergleich von 31 Ländern wurde die Schweiz als besonders »zeitbewusst und schnell« eingestuft (*pace of life*; Levine 1998, 6. Kapitel). Innerschweizerisch können wir dagegen große Unterschiede zwischen geschäftigen städtischen Regionen und nahe gelegenen Berggegenden erleben.

> »**Unterwegs im Postauto.** Besteigt man gegen Mittag im luzernischen Wiggen das Postauto, scheint die Uhr verzögert die Zeit zu diktieren, und bald einmal glaubt man, diese stehe überhaupt still. ... Eine Frau kündigt beim Chauffeur an, dass sie bei der übernächsten Haltestelle aussteigen wolle. Er möge auf sie warten, sie müsse in der Bäckerei Meringues (›Meränggе‹ sagt sie in behäbigem Tonfall) für ihre Enkel besorgen und wolle danach mit ihm weiterfahren. ›Kein Problem‹, meldet der Chauffeur, hält an und lässt die Frau aussteigen. ... Eine Stunde später entrinnen sie mit dem Chauffeur wieder dem Schattenreich: pünktlich, aber ohne Hast.« *(Aus: Neue Zürcher Zeitung, 12.12.2002, Internationale Ausgabe S. 57)*

Zusammenfassend: Im Prinzip können alle Zeitdimensionen und -formen bis hin zu deren spezifischen Ausformungen kulturell unterschiedlich sein. Dies betrifft die Pünktlichkeit, besondere Festtage, den Rhythmus von Feiertagen und Mahlzeiten, ein lineares oder eher zyklisches Zeitverständnis. Unsere Gesellschaft ist auf Flexibilität ausgerichtet. In den Jahrzehnten davor war dagegen eine auf fest fixierte, vertaktete Zeiten ausgerichtete Zeitordnung prägend. Kulturelle Unterschiede zeigen sich insbesondere auch bei Frauen- und Männerzeiten (beispielsweise Zuständigkeit für Kinder, Ernährung, Geld).

In der folgenden Abbildung finden Sie eine Darstellung zur Zeitkultur, in der allgemeine Aspekte mit beispielhaften Ausprägungen konkretisiert werden. Das tatsächliche Verhalten in einer Gesellschaft muss dabei nicht vollständig der genannten Doktrin entsprechen. So gibt es beispielsweise weltweit keine vollständig ausgeprägte »Nonstop-Gesellschaft«, in der 24 Stunden, 7 Tage/Woche und 365 Tage/Jahr pausenlos Betrieb herrscht. Es zeigt sich jedoch in vielen Ländern eine positiv besetzte Tendenz in Richtung pausenlos.

Mindmap Zeitkultur

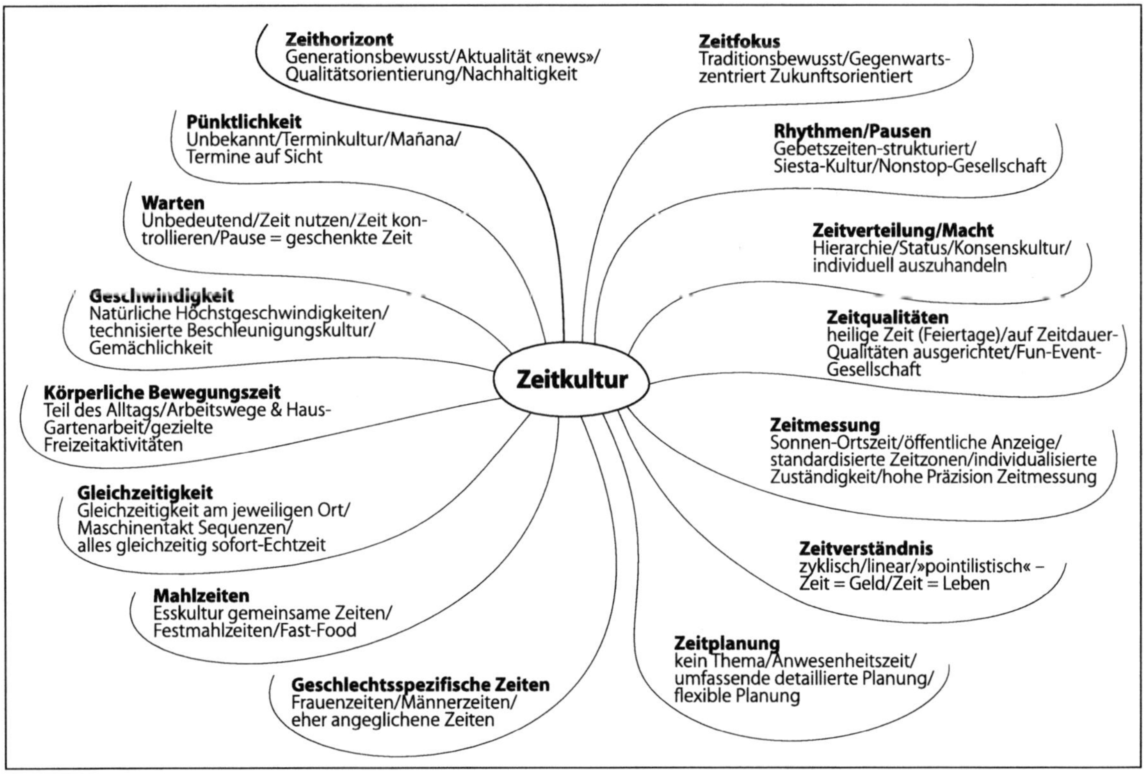

Übung 29

Von Katzen lernen *(Tierbeobachtung)*

Haiku

»Die Katze hat geschlafen:
Sie streckt sich, gähnt und geht
auf Liebe aus.«

(Issa, aus Krusche 1994)

Siesta, Ruhe, ruhen können, Aktivität – Katzen eignen sich ideal dazu, entsprechende Zeitkompetenzen zu üben und zu pflegen. Sie können sich entspannen, äußerst konzentrieren, völlig in Ruhe verharren, um im nächsten Moment loszuspringen. Nehmen Sie sich Zeit, das Verhalten einer Katze genau wahrzunehmen und sich aufmerksam darauf einzulassen.

Nachfolgend finden Sie beispielhaft einige typische Verhaltensweisen von Katzen. Achten Sie darauf, wie unterschiedlich die Katzen sein können, wie entspannt, konzentriert und schnell: Reiben des Kopfes an Gegenständen, Nase an anderen reiben, völlig entspannt auf dem Rücken oder der Seite liegen, völlige Ruhe noch wach, tiefer/entspannter Schlaf, dösen, ausstrecken, ganz ruhig wachsam sitzen, äußerste Konzentration, plötzliches Losspringen, unruhig umherlaufen, langsames geducktes Gehen, Mäusen und anderen Tieren hinterherjagen, an der Tür hochspringen, Spielen mit Wolle und Bällen, Hin- und Herbewegen der Schwanzspitze, Kopf hoch strecken und dann zurückziehen, neugieriges Begutachten von ungewohnten Dingen, Wohlgefühl und Zufriedenheit.

Interessant sind dabei auch die Laute: knurren (Futter/Spielzeug verteidigen), fauchen (Drohgebärde), jaulen (Schmerz), gurren (Freude), schnurren (Zufriedenheit), gähnen (Beschwichtigung), leichter Atem (beim Schlafen).

Nehmen Sie sich Zeit, über Ihre Beobachtungen nachzudenken:

- Was mutet Sie bei der Beobachtung von Katzen besonders an?
- Was davon betrifft welche Zeitaspekte?
- Welche Anregungen können Sie für Ihren Umgang mit Zeit aufnehmen (beispielsweise zur Ruhe kommen, Konzentration, Präsenz, Übergänge zwischen verschiedenen Zeitmodi)?
- Was lernen Sie insbesondere für unterschiedliche zeitliche Anforderungen und Aufgabenstellungen?

Zeitvielfalt kultivieren

»Good Monsieur Charles: what's the new news at the new Court?« (William Shakespeare As you like it, 1994, 1. Akt, 1. Szene; Original 1599/1600)

Dieses hohe Lied der Aktualität, das vom Übergang des 16. zum 17. Jahrhundert stammt, klingt heute aktueller denn je. Durch die technischen Möglichkeiten verstärkt sich weltweit ein vereinheitlichender Aktualitätsdruck. Medien und deren Vernetzung tragen zu einem sich immer mehr beschleunigenden Austausch unterschiedlicher Zeitkulturen bei. Die Globalisierung begünstigt die weltweite Ausbreitung einer **einheitlichen Vielfalt unterschiedlicher Zeitkulturen.** Überall gibt es die gleichförmigen Fast-Food-Anbieter und eine ähnlicher werdende Mischung ethnischen Essens in allen Metropolen. Was einerseits eine Zunahme an zeitlicher Vielfalt mit sich bringt, läuft andererseits auf eine Angleichung der überall ähnlicher werdenden Mischungen hinaus.

Farbenvielfalt. Stellen Sie sich eine Farbscheibe mit den Grundfarben und vielen Zwischentönen vor. Wenn Sie diese ganz langsam zu drehen beginnen, gibt dies einen bunten Eindruck. Bei zunehmender Beschleunigung der Drehgeschwindigkeit kippt dies irgendwann um. Die Farben beginnen ineinander zu verschwimmen. Der Eindruck wird ein grau-braunes Gemisch. Vergleichbar ist der Effekt, wenn Sie ein Bild mit Wasserfarben zunächst farblich nuanciert abwechslungsreich gestalten. Dies kann die Farben gut zur Geltung bringen. Wenn Sie immer noch mehr Farben übereinander auftragen, beginnt das irgendwann sich so zu vermischen und zu überdecken, dass ein graues Farbgemisch das Ergebnis ist. *(Dieses Beispiel verdanken wir Margarita Holzbauer, München.)*

Übertragen wir diese Erkenntnis auf die Mischung und Vielfalt von Zeitkulturen: Wenn wir die unterschiedlichen Bedingungen beachten, wird sich kulturelle Zeitvielfalt weiterentwickeln. Wichtige Gesichtspunkte sind etwa Klima, Jahreszeiten, Topografie, Essenskulturen und unterschiedliche religiöse Gewohnheiten. Ohne Beachtung der lokalen und regionalen Kontexte besteht dagegen eine Tendenz zu einer vereinheitlichten Mischung der Zeitkultur.

Ein Beispiel: Unterschiede der Feiertage verschiedener Religionen werden nur dann weiterhin von Bedeutung sein, wenn Christen den Sonntag, Juden den Sabbat und Muslime den Freitag tatsächlich als ihren Feiertag leben. Wenn jeder Tag gleich ist wie der andere, verblasst die rhythmische Ordnung der Woche. Dann überleben Feiertage nur noch als folkloristische Dekoration.

Zeitkompetenz heißt zum einen, entsprechende Unterschiede der Zeitkulturen sowie deren Differenzierungen zu verstehen und zu beachten (s. S. 161ff.). Dies ist in unserer multikulturell geprägten Gesellschaft etwa im Zusammenleben mit muslimischen Mitbürgern wichtig. Diese werden in ihrem Alltag und ihren Festzeiten durch den Mondkalender geprägt. Wenn man dies bei uns und als Besucher der betreffenden Ländern respektiert, kann man beispielsweise leichter mit den besonderen Gegebenheiten des Ramadan umgehen.

Zeitkompetenz heißt zum anderen, eine **angemessene Zeitvielfalt zu kultivieren**. Bestehende Unterschiede in den Zeitkulturen, etwa in Betrieben, sollten nicht nivelliert werden. Die Unterschiedlichkeit etwa der Chronotypen ist im Zusammenleben zu fördern, und deren Produktivität ist zu nutzen. Das Motto »Alle sollen möglichst beschleunigt flexibel sein« widerspricht dem. Der Versuch, dieses Motto umzusetzen, beispielsweise »**Termin auf Zuruf**«, führt zu einem ständig zunehmenden, hohen Zeitaufwand für permanente Umorganisation. Bei der Kultivierung von Zeitvielfalt geht es also nicht darum, möglichst große temporale Vielfalt zu fördern. Dies würde irgendwann in Beliebigkeit umschlagen. Vielmehr geht es um ein angemessenes Maß an Vielfalt, das die jeweiligen Situationen und Aufgaben berücksichtigt. Die flexible Ordnung der Rhythmen und deren Vielfalt kann dabei als guter Kompass dienen (vertiefend Baeriswyl 2000; Geißler 1999a, 2000a).

Im Zeitmanagement waren lange Zeit rein auf Kognition setzende Checklisten und Methoden dominant. Damit werden Körper und Seele vernachlässigt. Für Gesundheit, Wohlbefinden und Leistungsfähigkeit ist diese Ausgrenzung von Nachteil. Lernen Sie nachfolgend eine grundlegende Methode kennen, in der der Zusammenhang von Körper und seelischem Empfinden gepflegt werden kann. Beginnen Sie in der Übung langsam und vermeiden Sie hastige Bewegungen.

Viele Übungen zur Verbesserung des Körperbewusstseins und der Entspannung bauen auf der **Eutonie** auf. Diese Methode stammt von Gerda Alexander, die als Rhythmiklehrerin arbeitete. Sie entdeckte, dass es weniger auf die Entspannung als vielmehr auf eine angemessene Spannung im Körper ankommt. Sie beobachtete, dass jede menschliche Bewegung aufbauend/regenerierend oder abbauend/degenerierend wirken kann: eutonisch oder dystonisch. Der Tonus (das Spannungsgefüge der Gesamtmuskulatur) wird sowohl von der physischen Motorik als auch der Psyche beeinflusst. Rein mechanisch ausgeführte Bewegungen (zum Beispiel Maschinenschreiben) rufen auf die Dauer meist Blockaden und Verspannungen hervor. Bewegungsabläufe, die man bewusst ausführt, können dagegen nicht mechanisch werden. Daher wirkt sich ihre Körperschule auf das vegetative (Atmung, Blutzirkulation, Stoffwechsel) und motorische Nervensystem (willkürliche Bewegungen) und damit auf grundlegende Körperrhythmen aus.

Eutonische Übungen beginnen meist mit der Wahrnehmung der Hautsensibilität und gehen dann allmählich tiefer in den Körperraum (Muskulatur und Skelett). Manchmal werden Gegenstände (Tennisball, Bambusstäbe, kleine Holzkugeln) eingesetzt, um Form und Lage des Körpers zu entdecken. Aufgrund des durch Eutonie verbesserten Ich-Bildes (räumliche Lage, Spannungszustand im Halteapparat) entsteht körperliche Flexibilität und damit mehr geistige Beweglichkeit. Bei der nachfolgenden Übung kommt es nicht auf die Quantität, sondern auf die Qualität der Bewegungen an (zur Einführung Kjellrup 2000; www.eutonie.de). Sie können die Übung auf verschiedenen festen Unterlagen (Bett, Boden) ausführen und beliebig variieren. Vermeiden Sie dabei aber mechanische Bewegungsabläufe.

Übung 30

Den Körper spüren *(Eutonie)*

Legen Sie sich bequem mit ausgestreckten Beinen auf den Rücken. Lassen Sie das rechte Knie, wie von einem unsichtbaren Faden gezogen, langsam hochziehen, bis die Fußsohle fest auf dem Boden steht. Wichtig ist, das Bein nicht aktiv aufzustellen oder hochzuheben, sondern passiv wie bei einer Marionette von der Kniescheibe heben zu lassen. Der Fuß bleibt dabei immer in Berührung mit dem Boden. Genauso lassen Sie Ihr linkes Bein hochziehen.

Bewegen Sie sich langsam und spüren Sie die Veränderung im Rücken. Nun ziehen Sie Ihr Knie langsam zur Schulter hin. Achten Sie genau auf jede Nuance der Gewichtsverlagerung. Lassen Sie die Knie einige Zentimeter nach rechts, dann nach links sinken.

Nehmen Sie die Bewegungen in allen Einzelheiten im zeitlichen Ablauf und in ihrer zeitlichen Ausdehnung wahr.

Tipp

Wenn Ihnen dieser Zugang zusagt, bietet es sich an, einen Kurs in Eutonie zu besuchen.

Zeitvielfalt – Was nehme ich mit für meine Zeitkompetenz?

Der erste Schritt ist ganz einfach und doch für viele von uns schwierig: Es gilt, sich von der Vorstellung der Einzahl der Zeit innerlich zu verabschieden und sich die Zeiten im Plural **zu Eigen** zu machen. Alles Weitere ist dann davon abhängig, welche Schwerpunkte Sie persönlich für sich setzen wollen und welche zeitlichen Anforderungen für Sie bestimmend sind.

Machen Sie für sich das weite Spektrum der verschiedenen Zeitformen nutzbar. Seien Sie dafür offen, dass in verschiedenen Lebensphasen bestimmte Zeitformen Bedeutung gewinnen können, etwa im Übergang von einer Arbeitsstelle zu einer anderen.

Achten Sie besonders auf die **Unterschiedlichkeit** verschiedener Situationen und zeitlicher Anforderungen in Beruf, Familie und Freizeit. Wo sind welche Zeitformen gefordert, und wie können Sie diese geeignet umsetzen? Finden Sie für sich die Balance zwischen äußeren Zeitanforderungen und eigenen Zeitbedürfnissen.

Einige **ausgewählte Literaturempfehlungen** zu diesem Kapitel finden Sie auf Seite 237.

Zeitkompetenz

Zeitsouveränität gewinnen

»›Ich dachte, ich führe Buch über meinen Tagesablauf. Ich will versuchen, bewusster zu leben, überlegter. Ich dachte, ein Journal zu führen hilft mir vielleicht dabei.‹ ›Wenn Sie Ihre Zeit nur damit verbringen, über Ihr Leben Buch zu führen, bleibt Ihnen keine Zeit mehr zu leben.‹, meinte sie.«

Aus: Cameron: Damals ist ein fernes Land 2000, S. 17

»Wirf die Ketten der Tyrannei von Raum und Zeit ab.« – »Und wieder werden sich Menschen von Raum und Zeit befreien.« – »Möchten Sie helfen, Zeit und Raum zu überwinden?« – Dies sind Beispiele aus der Werbung vergangener Jahre. Wir sollen **Herren der Zeit** werden, sie kontrollieren und ihre Fesseln, Begrenzungen, Behinderungen abwerfen. Kann uns dies als Leitbild auf dem Weg zu mehr Zeitkompetenz dienen?

Wohl kaum. Wir werden hierdurch nicht zeitsouverän. Wir machen die Zeit zum Gegner und bekämpfen unsere Lebensgrundlagen. Diesen ungleichen Kampf können wir nur verlieren. Die traditionelle Vorstellung von »Meisterschaft« kommt unserem Begriff der »Souveränität« näher. Es gilt, **Meister der Zeiten** zu werden – nicht gegen die Zeiten anzukämpfen, sondern souverän mit den Zeiten umgehen zu können. Nehmen Sie sich Zeit für Zeitkompetenz, um so Zeitsouveränität zu gewinnen und nicht wie der Bär in der nachfolgenden kleinen Geschichte in der Macht der alten Verhaltensmuster verhaftet zu bleiben.

Die Geschichte vom Eisbären. Da war einmal ein Eisbär, den haben sie im Zirkus mitgefahren. Die haben ihn aber nicht für die Vorstellung gebraucht, sondern nur für die Ausstellung. Er war also immer in dem Wohnwagen drin. Der war aber so eng, dass er sich nur zwei Schritte vorwärts und zwei Schritte rückwärts bewegen konnte. Dann haben sie Mitleid gehabt mit dem Eisbären und haben sich gesagt: »Den verkaufen wir jetzt in einen Zoo.« Dort hatte er nun ein großes freies Areal. Doch auch da ging er immer nur zwei Schritte vor und zwei Schritte zurück. Da fragte ihn ein anderer Eisbär: »Ja, warum machst du das?« Da sagte er: »Das kommt daher, weil ich so lange in dem Wohnwagen war.« *(Hellinger, in: Weber 1993, S. 41)*

Übung 31

Wecker-Los *(Beobachtung/Reflexion)*

Geht Ihnen Ihr Wecker auf den Wecker? Oder sind Sie dankbar dafür, dass er Ihnen Sicherheit für Ihre Zeitplanung gibt? Welche Bedeutung haben Wecker für Sie? Wie gehen Sie damit um? So selbstverständlich und unspektakulär Wecker sind, so wichtig sind sie zur Einhaltung von Zeitanforderungen der Mitwelt. Wecker aller Art greifen zeitlich in unsere natürlichen Körperrhythmen und damit in unser Wohlbefinden ein.

Sie können Ihren Umgang mit dem Wecker auf unterschiedliche Weise kennen lernen. Reservieren Sie sich dafür in jedem Fall eine Woche. Wenn Sie mindestens zwei Wochen protokollieren, werden gewisse Zufälligkeiten einzelner Beobachtungstage ausgeglichen.

Möglicherweise ziehen Sie es vor, einfach zu beobachten, sich Ihre Gedanken zu machen und sich mit anderen darüber auszutauschen. Oder Sie bevorzugen eine systematischere Zugangsweise etwa in Form eines Tagebuchs. Dafür können Sie den nachfolgenden differenzierten Frage- und Beobachtungsbogen verwenden.

Nach dieser Zeit können Sie den Beobachtungsbogen auswerten und diese Auswertung auf Ihre Angaben im Fragebogen beziehen. Eventuell ergeben sich daraus Hinweise, was Sie in Zukunft ändern wollen. Wie das Zitat von Cameron auf S. 170 unterstreicht, gilt es auch bei der Zeitbuchführung das angemessene Maß zu beachten.

Fragebogen: Weckernutzung

Weckertyp

Sind Sie ein Weckertyp? (Mehrfachnennungen sind möglich)

☐ Ja, ich brauche Wecker: sie ermöglichen mir die präzise Planung des Tages
☐ Ja, ich mag Wecker
☐ Ja, ...
☐ Weniger, ich brauche ihn nur gelegentlich
☐ Weniger, ...
☐ Nein, unvermeidliches Hilfsmittel, aber im Prinzip ärgert er mich am Morgen
☐ Nein, brauche ihn nicht
☐ Nein, ...

Ausstattung

Welche Art von Wecker haben Sie im Schlafzimmer?

☐ keinen ☐ Radio ☐ Handy ☐ zum Aufziehen ☐ elektronisch

Welche Art von Wecker haben Sie auf Reisen?

☐ keinen ☐ Reiseradio ☐ Handy ☐ zum Aufziehen ☐ elektronisch

Zeitvorgaben zum Aufstehen

Welche Art von Zeitvorgaben haben Sie beim Aufstehen wochentags?

Arbeitstage selbst: ....

Arbeitstage Partnerin/Partner: ....

Kinder (Kindergarten, Schule, Arbeit): ....

Sonstiges Umfeld (falls ja, beschreiben): ....

....

Welche Art von Zeitvorgaben haben Sie beim Aufstehen am Wochenende?

Samstage: ....

Sonntage/Feiertage: ....

Gewohnheiten beim Aufwachen

Welche Rolle spielt der Wecker bei Ihren Aufwachgewohnheiten/-routinen?

Kurze Beschreibung: ....

....

....

Gewohnheiten zu Hause
(Mehrfachnennungen sind möglich)

- ☐ Wache immer mit Wecker auf
- ☐ Wache während Arbeitstagen/Tagen mit Verpflichtungen mit Wecker auf
- ☐ Stelle Wecker regelmäßig, aber mehr zur Sicherheit; wache oft ohne auf
- ☐ Bin kein Weckertyp; verwende Wecker nur, wenn ich mal wieder verschlafen habe
- ☐ Wache von selbst zur gewohnten Zeit auf, brauche Wecker nur, wenn ungewöhnlich frühe Zeit
- ☐ Brauche nie Wecker, es gibt genügend natürliche Wecker um mich herum
- ☐ Brauche nie Wecker
- ☐ ....

Spezifizierung Jahreszeiten (falls Unterschiede)

....

....

....

Beobachtungsbogen Weckernutzung

.... **Beobachtungstag** **Wochentag** .... **Datum** ....

Wecker am Vorabend gestellt auf: __.__ Uhr

Etwa aufgewacht am Morgen um: __.__ Uhr

☐ Arbeitstag mit fest vorgegebener Anfangszeit
☐ Arbeitstag mit flexibler Anfangszeit
☐ Tag mit anderen festen Verpflichtungen
☐ Tag mit festen Zeitvorgaben (Partner, Partnerin, Kinder)
☐ Tag ohne feste Zeitvorgaben

Wodurch sind sie aufgewacht?

☐ Wecker
☐ Morgenlicht von außen
☐ Geräusche
☐ von selbst
☐ von anderen
☐ allgemeiner Tagesanbruch
☐ Sonstiges ....

Vom Jungbrunnen zum Anti-Aging

»Der Jungbrunnen«
Lucas Cranach d. Ältere
1546

Altern – wie gehen wir damit um? Nicht erst heute ist dies ein Thema. Schon immer versuchen Menschen, Krankheiten zu heilen und länger zu leben. Bilder vom Jungbrunnen, wie das klassische Gemälde von Lucas Cranach dem Älteren (1546), verbildlichen die tiefer liegenden Sehnsüchte: Wie schön wäre es, wenn Alterungsprozesse hinausgezögert oder angehalten werden könnten. Wie viel mehr würde es bedeuten, wenn man diese sogar umkehren und sich wieder verjüngen könnte.

Auch wenn wir den Zeitpfeil nicht grundsätzlich umkehren können, ist doch die Entwicklung der Medizin eine Erfolgsgeschichte. »Die Kunst das menschliche Leben zu verlängern« war der Titel eines 1797 erschienenen Medizinbuches von Christoph Wilhelm Hufeland (nach Lemmer 2002). Darin wurde weit vor ihrer Entstehung der Weg zur Chronobiologie gewiesen: »... die 24stündige Periode ... ist gleichsam die Einheit der Natur-Chronologie«. Zunächst aber spielten Hufelands Erkenntnisse zur Bedeutung der Körperrhythmen noch keine Rolle. Die Verbesserung der Hygiene und eine Medizin, die

Körperzeiten kaum beachtete, führten zu einem enormen Erfolg beim Anstieg der Lebenserwartung sowie sehr viel besseren Heilungschancen bei vielen Krankheiten.

In der vorherrschenden westlichen Schulmedizin wurden Seele und Körper getrennt. Krankheiten wurden mit einer Art Maschine-Reparaturvorstellung den dafür professionell Zuständigen übertragen. Andere Ansätze sehen dagegen eine enge Verbindung von Gesundheit mit Verhalten, Lebensstil und Umgang mit den Zeiten. Als Reaktion auf zunehmenden Zeitdruck und Hetze entwickelten sich seit den 1990er-Jahren die Wellness- und Fitnesswellen. Anti-Aging-Bücher und Beratungsprogramme wurden populär. Versprochen wird darin der Jungbrunnen in neuem Gewand: »Für immer jung« (vgl. aus dem großen Angebot etwa Strunz 2003).

Ignoriert man die Übertreibungen, dann zeigt sich dabei ein positiver Kern. Die Verantwortung für Gesundheit und Wohlbefinden wird nicht mehr nur an Reparaturprofis abgetreten. Körper und Seele werden neue Beachtung geschenkt. Wir sind dafür selbst verantwortlich. Erkenntnisse der Chronobiologie über Rhythmen werden ebenso aufgegriffen wie Empfehlungen zu sinnvoller Bewegung und gesunder Ernährung. Beispielsweise wird das Laufen empfohlen, und zwar nicht möglichst schnell, sondern in einem angemessenen eigenen Tempo. Zeitdruck und Hetze werden nicht länger als Erfolgsbeleg verbucht. Die negativen Folgen von übermäßigem Stress und Burn-out-Syndrom werden erkannt und nicht mehr als Statussymbol akzeptiert.

Die Ausrichtung dieser Empfehlungen bleibt jedoch vielfach weiterhin einer Machbarkeits- beziehungsweise Kontrollvorstellung verhaftet. Noch bis in die Formulierungen von Ratschlagen zu mehr Muße und Entspannung findet man dies: Da ist von »Abschalten« die Rede, wie wenn man einen Lichtschalter betätigen würde. **Mechanisch aus, mechanisch an.** Trotzdem sind in diesen »Wellen« gute Anregungen enthalten. Dies gilt besonders für die Empfehlungen zu Meditation, zum Laufen, zu Yoga und zu speziellen Atemtechniken (zum Beispiel Time-Life Wellness-Programm 1997). Dann geht es nicht länger um einen Kampf gegen die Zeiten und das Älterwerden, sondern um den rechten Umgang damit. Wir sind schließlich kein Denkmal, das es faltenfrei ohne Kratzer, aber auch ohne jedes Potenzial zur Weiterentwicklung zu konservieren gilt.

Dann gewinnt so etwas wie Patina einen anderen Klang. Altern ist Teil eines Rhythmus des Entstehens, des Reifens, des Heranwachsens, des Alterns und des Vergehens im großen Zusammenhang der Rhythmen der Generationen.

In Bewegung bleiben

»Wer sich tagsüber bewegt, schläft nachts besser als Personen, die das nicht tun.«

Aus: Zulley/Knab: Die kleine Schlafschule. 2003, S. 110

Nehmen Sie sich Zeit für körperliche Aktivität – so könnte man die Erkenntnisse zum Schlaf, Sport, zur Medizin und Chronobiologie zusammenfassen. Warum heben wir das so hervor? Weil der in den Industriestaaten vorherrschende und sich weltweit ausbreitende Lebensstil arm an Bewegung ist. In der englischen Sprache wird der Hintergrund der Entwicklung, wie es zu dieser Lebensweise kam, sehr schön deutlich: Nomaden wurden vor Jahrtausenden sesshaft. Seit wenigen Generationen werden wir Menschen wieder zunehmend mobil, nunmehr mit sitzendem Lebensstil (*sedentary* bedeutet im Englischen sowohl sesshaft als auch sitzend). Bequemlichkeit, dafür passende Verkehrsmittel und ein entsprechender Ernährungsstil (*convenience food*) sorgen dafür, dass Bewegungsarmut zu einem großen gesellschaftlichen Problem wurde.

Eine amerikanische Expertengruppe wertete Mitte der 1990er-Jahre die vorliegenden Studien zum **Zusammenhang von körperlicher Aktivität** und **chronischen Krankheiten** aus (Herz-, Kreislaufkrankheiten, bestimmte Diabetesformen). Sie empfahl zur Vorbeugung nahezu täglich mindestens 30 Minuten angemessen intensive körperliche Aktivität. Dies entspricht beispielsweise einer Gehgeschwindigkeit von etwa fünf bis sechs Kilometer pro Stunde. Diese Empfehlung machte Furore, richtete sie sich doch gegen die vorherrschende, überwiegend sitzende Lebensweise, die als »modern« galt.

Nur wenig später legte eine weitere, offizielle US-amerikanische Expertengruppe nach. Sie kam zum Schluss, dass mindestens 60 Minuten körperliche Aktivität nahezu täglich zu empfehlen sind (Food and Nutrition Board/Institute of Medicine 2002; Haskell 2000). Zwischendurch körperlich aktiv sein bringt den Kreislauf in Schwung und uns auf neue Gedanken. Es hilft nicht nur zur Vorbeugung gegen chronische Krankheiten, sondern ist zugleich förderlich für einen erholsamen Schlaf, das allgemeine Wohlbefinden und die Leistungsfähigkeit. Diese Empfehlungen sind mit den chronobiologischen Ergebnissen zur Bedeutung des hellen Tageslichts zu kombinieren (s. S. 101ff.).

Wenn wir also »Zeit sparen« wollen und deshalb wenig zu Fuß gehen oder nicht mit dem Fahrrad zur Arbeit fahren, dann sparen wir insgesamt keine Zeit. Denn wir brauchen dann die Zeit dafür, um später kompensatorisch beispielsweise im Fitness-Center die mangelnde Bewegung nachzuholen.

Die Bedeutung körperlicher Aktivität

- Die körperliche Aktivität der sitzenden Lebensweise ist zu wenig.
- Zur Vorbeugung gegen chronische Krankheiten und Steigerung des Wohlbefindens soll nahezu täglich mindestens eine Stunde körperliche Aktivität dazukommen.
- Es handelt sich damit um einen beachtlichen Zeitanteil unserer wachen Zeit.
- Bei der körperlichen Aktivität ist die körperliche Fortbewegung der wichtigste Faktor.
- Wichtig ist regelmäßige körperliche Aktivität. Es muss zwar nicht täglich, aber es soll nahezu täglich sein (flexible Ordnung von Rhythmen).
- Viele kleine und große Bewegungen/körperliche Aktivität addieren sich (Treppensteigen statt Aufzug oder Rolltreppe; persönlicher Austausch und Gang zur Kollegin statt nur per E-Mail).
- Das heißt, zusätzliche größere Blöcke körperlicher Aktivität (lange Spaziergänge, Sport und vieles mehr) sind vorteilhaft. Ebenso wichtig ist es, sich alltäglich zu bewegen und körperlich vielseitig aktiv zu sein.
- Es geht nicht darum, rezeptartig »nach der Uhr« am Stück aktiv zu sein, sondern um einen körperlich aktiven Lebensstil.

»Ich gehe, also bin ich« – so pointiert die Neue Zürcher Zeitung die Erfahrungen mit der Entwicklung von Robotern (10.07.2003, Nr. 157, Internationale Ausgabe S. 45). Die Süddeutsche Zeitung formuliert: »Intelligenz steckt in den Beinen«, Nr. 154, S. V2/9). Die Entwickler von Robotern hatten zunächst die kognitiven Fähigkeiten zur Bewegungssteuerung (»Gehirn«) und die motorischen Fähigkeiten zu deren Ausführung (»Körper«) getrennt. Im Laufe der Jahre lernten sie, dass dies eine künstliche Trennung ist. **Intelligenz** ist im wahren Wortsinn **verkörpert**. Höhere kognitive Fähigkeiten entwickeln sich zusammen mit dem Körper, »der sich durch die Welt bewegt und auf verschiedenste Arten mit seiner Umwelt interagiert.« (NZZ, S. 45) Wissen gehört mit Handlungen, Motorik, Wahrnehmungen, Emotionen und Motivation zusammen.

Die Körperzeiten sind für die Zeitkompetenz ebenso Bestandteil wie das kognitive Wissen. Handlungswissen, persönliche Erfahrungen, Emotionen, Sinn und Freude an und mit den Zeiten gehören zusammen. Körperliche Beweglichkeit und geistige Beweglichkeit ebenso. Es geht um Bewegungsfreude. Damit Sie umso erholsamer schlafen, gut ruhen und Ihre Gesundheit, Ihr Wohlbefinden und Ihre Leistungsfähigkeit fördern.

Das Automobil fasziniert viele Menschen und macht sie mobil. **Auto** bedeutet »selbst«, automobil also »selbst mobil zu sein«. Dabei haben sich zwei kleine Denkfehler eingebürgert: Einerseits »geht« es nicht von selbst, das heißt, das Automobil braucht hochwertigen Kraftstoff. Andererseits bewegen wir uns dabei gar nicht selbst. Ein leichter Druck auf ein Pedal verschafft uns die Erfahrung von Geschwindigkeit und Leichtigkeit.

Wenn man die Wahl hat, selbst zu gehen beziehungsweise aus eigener Kraft mit dem Fahrrad zu fahren oder das Automobil beziehungsweise andere Transportmittel zu verwenden, entscheiden sich viele Menschen schon bei relativ kurzen Strecken für die technisierte Möglichkeit.

Die folgende Übung hilft Ihnen, aus der Bandbreite der Möglichkeiten die für Sie persönlich passende auszusuchen. Dabei sollten Freude und Spaß im Vordergrund stehen.

Übung 32

Auto-mobil *(Bewegung)*

Ein-Blick in die Bewegungsvielfalt: Es gibt eine Menge von »versteckten« Bewegungsangeboten in unserem alltäglichen Leben: Haushalt, Gartenarbeit, kleine Erledigungen (Post), Einkaufen, Wege in der Firma und vieles mehr. Nutzen Sie beispielsweise die Chance, Treppen zu steigen. Das ist keine »Zeitverschwendung«, sondern für den Organismus eine wichtige Abwechslung bei ansonsten überwiegend sitzenden Tätigkeiten. Nehmen Sie – von Hochhäusern abgesehen – die Treppe. Schon ist der Anfang gemacht. Gehen Sie mindestens einmal pro Tag an die frische Luft. Sauerstoff und Sonnenlicht sind bewährte Fitmacher. Falls Sie mit öffentlichen Verkehrsmitteln im Nahbereich fahren, steigen Sie eine Station früher aus. So haben Sie mehr Bewegung und machen außerdem eine deutlichere Zäsur zwischen Beruf und Freizeit. Vielleicht können Sie manche Wege mit dem Fahrrad zurücklegen, bei denen Sie bisher öffentliche Verkehrsmittel nahmen oder mit dem »Automobil« fuhren. Dann sind Sie wirklich selbst, mit eigener Kraft mobil.

Nehmen Sie sich Zeit. Denken Sie darüber nach, wo und wann Sie in Ihrem eigenen Alltag Bewegungsmöglichkeiten nutzen können.

Eine weitere Möglichkeit besteht in Bewegungen, für die wir uns bewusst entscheiden und extra Zeit nehmen: Spazieren gehen (mit oder ohne Hund), kleine Ausflüge, Wandern. Ein Waldspaziergang hilft, Energie zu tanken und über die Verbindung mit der Stimmung im Wald die innere Ruhe wieder zu entdecken.

Wenn Sie die Geschwindigkeit erhöhen wollen, bieten sich Power- oder Nordic-Walking an. Schließlich landen wir beim Jogging. Achten Sie auch hier vor allem auf Schuhe, die zu Ihren Füßen und Ihrem Laufstil passen. Ihre Wirbelsäule und Gelenke werden es Ihnen danken. Laufen Sie möglichst auf natürlichem Untergrund, am besten ist Waldboden, da dieser nachfedert. Wenn Sie nicht geübt sind, beginnen Sie mit kurzen Strecken (etwa Größenordnung von einem Kilometer) und Intervallläufen. Laufen Sie nur so schnell, dass Sie sich noch unterhalten können. Dann bleibt die Sauerstoffversorgung für Ihren Körper optimal.

Zum Laufen gibt es eine Menge guter Bücher (zu empfehlen sind unter anderem Heggie 1992; Cantieni 2001; Wessinghage 2001). Dort finden Sie alle wichtigen Regeln zur Pulsmessung, Trainingspläne, Ernährung und Ausrüstung. Oder Sie schließen sich einer Laufgruppe mit Trainer an. Das motiviert und hilft, grundlegende Fehler zu vermeiden. So stärken Sie das Herz-Kreislauf-System, regen den Stoffwechsel an und verbessern die körpereigenen Abwehrkräfte. Dies wirkt sich positiv auf das seelische Gleichgewicht aus. Wenn Sie tagsüber im Freien laufen, können Sie gleichzeitig Licht tanken.

Abschließend noch zwei Tipps: Bei allen intensiveren, ungewohnten körperlichen Belastungen empfehlen wir Ihnen die Rücksprache mit Ihrem Arzt. Wie bei allen Übungen, die wir Ihnen anbieten, gilt: »Eile mit Weile«. Achten Sie sensibel auf Rückmeldungen Ihres Körpers und hören Sie auf seine (Erschöpfungs-)Signale. Bewegen Sie sich nicht nach allgemeinen Trends, sondern wählen Sie Ihren persönlichen Stil.

Neben Laufen bieten sich Schwimmen, Fahrradfahren, Inlineskaten und Rollschuhfahren an. Unter dem Motto: *selbst mobil*.

Mahlzeit

Tiefkühlkost, Mikrowelle, Fastfood – was die Beschleunigungsdebatten beherrscht, wirkt angesichts eines Angebots für ein komplettes Frühstück in fünf Sekunden (s. S. 181)schon wieder überholt. Dieses ist, legt man Schnelligkeit als Maßstab an, ganz folgerichtig. Können wir doch schneller trinken als essen. Haben wir damit endlich eine Fährte gefunden, bei der sich Zeit für andere Aktivitäten »sparen« lässt? Die Werbung legt dies nahe. Denn zugleich wird eine Alternative für die Zeitverwendung ins Bild gesetzt.

Uns sind keine Untersuchungen bekannt, in der vergleichbar zu den körperlichen Aktivitäten klare Empfehlungen bezüglich der Mindestzeit abgeleitet werden, die wir regelmäßig für Mahlzeiten verwenden sollten. Dennoch ist offensichtlich, dass die in der Werbung propagierte Schnelligkeit nicht die zu empfehlende Ernährungsart ist. Wir können, rein physiologisch betrachtet, für einige Zeit mit verschiedenen Arten der Ernährung überleben, doch sind diese unterschiedlich bekömmlich.

Mahlzeiten sind zusammen mit Tageslicht und anderen Faktoren wichtige **Zeitgeber**, die unsere circadianen Rhythmen mit dem 24-Stunden-Tag synchronisieren. Mahlzeiten dienen nicht nur der Aufnahme von Energie und Nährstoffen. Sie sind zugleich Bestandteil der körpereigenen Rhythmik. Sie tragen wesentlich mit zur rhythmischen Strukturierung des Tages in Phasen der Aktivität und der Ruhe bei. Wenn wir Zeit am Essen einsparen, ist nichts »gespart«. Denn wir brauchen weiterhin den Rhythmus von Aktivität und Ruhe, insbesondere im physiologischen Mittagstief. Deshalb sollten die Mahlzeiten nicht als beliebig verfügbare Pufferzeit angesehen werden, die nach Bedarf mehr oder weniger komplett regelmäßig entfallen kann.

Wir sollten für die Mahlzeiten genügend lange Zeit haben, damit wir das Wechselspiel von Hungergefühl und Sättigung erleben können. Wenn wir nahezu ausschließlich nach der Uhrzeit schnell und »zeitsparend« essen, ignorieren wir unsere **Körpersignale**. Untrennbar damit verbunden ist die tief verwurzelte Funktion von Mahlzeiten für sozialen Austausch, Geselligkeit und Feiern. Was ist gewonnen, wenn wir dafür nur noch halb so lang brauchen?

»Nach dem Essen sollst du ruh'n oder tausend Schritte tun.« Dieser bekannte Spruch wurde durch chronobiologische und ernährungswissenschaft-

liche Ergebnisse bestätigt. Eine Ruhephase nach dem Mittagessen ist für die Verdauungsprozesse vorteilhaft. Und wie wir bereits festgestellt haben, sollten wir regelmäßig täglich draußen bei hellem Tageslicht eine Stunde und mehr körperlich aktiv sein. Gerade in der dunkleren Jahreszeit ist es für viele Berufstätige an Werktagen wohl nur in Ausnahmefällen möglich, beide Empfehlungen gleichermaßen zu realisieren. Zumindest ein Teil der Betroffenen muss bereits in der Dunkelheit beziehungsweise in der frühen Morgendämmerung zur Arbeit aufbrechen, und viele können erst bei einbrechender Dämmerung am späten Nachmittag von der Arbeit zurückkehren. Deshalb bietet es sich an, mittags spazieren zu gehen, statt nach dem Essen eine Mittagsruhe zu machen.

Dies ist ein weiteres Beispiel dafür, dass wir je nach Bedingungen unterschiedlich mit Zeit umgehen sollten. Ganz im Unterschied zu beliebten, rezeptartigen Empfehlungen, die unser Wissen über Rhythmen schematisch auf Uhrzeiten übertragen. Bei den Mahlzeiten ist besonders die Rhythmik der Jahreszeiten zu beachten. Dies gilt für die Unterschiede zwischen komplett vorgefertigten Nahrungsmitteln und frischen Lebensmitteln entsprechend der Jahreszeiten. Und dies bedeutet auch, dass es vorteilhaft ist, die Essenszeiten im jahreszeitlichen Rhythmus mit den kürzer und länger werdenden lichten Tagen mit schwingen zu lassen.

Ein interessantes Beispiel ist die **Nachtschicht**. Wir Menschen sind physiologisch für eine regelmäßige größere Nahrungsaufnahme in dieser Zeit nicht eingerichtet. Deshalb kommt bei Nachtschichten nicht nur der Schlaf-Aktivitäts-Rhythmus in Unordnung, sondern die Essenszeiten machen ebenso Probleme (zur Vertiefung der Zeiten der Ernährung Schneider/Geißler/Held 2000).

Folgerungen für den Umgang mit Zeiten und Zeitkompetenz

- Achten Sie auf Ihre Körperzeiten und deren Signale. Machen Sie sich dies als Grundeinstellung zu Eigen.
- Gehen Sie täglich bei hellem Tageslicht nach draußen, insbesondere in der dunklen Jahreszeit, und verbinden Sie das mit körperlicher Aktivität.
- Ignorieren Sie nicht Ihre Tagesrhythmik bei Ihren Mahlzeiten. Versuchen Sie, langsam zu essen.
- Achten Sie insbesondere nach dem Mittagessen auf eine Ruhezeit, sofern nicht in dunkler Jahreszeit Bewegung draußen wichtiger ist.
- Essen Sie nicht nur nach der Uhrzeit, sondern beachten Sie Ihre Hungersignale.
- Achten Sie sowohl bei den Zeiten der Mahlzeiten als auch bei dem, was Sie essen, auf die Rhythmen der Jahreszeiten.

Allzeit bereit – oder: Die Kunst des Abschaltens

Viele Menschen verbringen zusätzlich zu ihrem hohen sonstigen Medienkonsum regelmäßig viel Zeit vor dem Computer. Ihre körperliche Aktivität nimmt deshalb weiter ab (Haskell 2000): Sie halten sich noch weniger im Freien auf. Man kann Internet, E-Mails und Chatrooms auch ohne derartige Nachteile nutzen, wenn man stattdessen beispielsweise den Fernsehkonsum einschränkt (zur Medienzeitkompetenz vgl. Schneider/Geißler 1999).

Es kommt darauf an, die modernen Medien und Kommunikationstechniken klug zu nutzen und in unser Gesamtzeitbudget einzufügen. Zwischen den wachsenden **Optionen** sollten Sie **auswählen können**. Das ist bei den modernen Gleichzeitigkeitsgeräten wie PC, Laptop und Handy alles andere als leicht. Ist doch die ständige Erreichbarkeit gerade ein Vorzug dieser Geräte, wie eine bundesweite Umfrage der Gesellschaft für Konsumforschung (GfK) in Nürnberg zu Beginn 2002 bestätigte.

Der **ständigen Erreichbarkeit** folgt vielfach nur geringfügig verzögert die Anforderung einer **allzeitigen Verfügbarkeit**. Wir können »im Prinzip« ständig erreichbar sein. Deshalb fordert unser Umfeld, dass wir tatsächlich ständig verfügbar sein sollen. Es gilt, die Balance zu finden: Die neuen Möglichkeiten soweit nutzen, wie sie für uns persönlich, unsere Familie und beruflichen Aufgaben erforderlich sind und unsere Verfügbarkeit auf die unbedingt notwendigen Zeiten einzugrenzen. Dazu gibt es die »Aus-Taste«.

Das »Abschalten-Können« gilt nicht nur für Geräte. Diese lassen sich technisch einfach abstellen. Wir selbst müssen lernen, nicht ständig, nonstop innerlich in Bereitschaft zu sein: ständig *on-line* oder zumindest *stand-by*. Es geht darum, frei sein zu können von Verpflichtungen, damit wir gemäß den Rhythmen nach der Aktivität zur Ruhe kommen. »Abschalten« ist eine gängige Formulierung, wenn es um Entspannung geht. Abschalten? Sind wir so etwas wie eine Art Maschine? Ist »abschalten«, ein Begriff, den wir so völlig selbstverständlich und problemlos verwenden, tatsächlich angemessen?

Wie wiederholt angesprochen, herrschten die Tendenzen zur Beschleunigung, zur Pausenlosigkeit und zur Gleichzeitigkeit lange Zeit vor. Zwischenzeitlich werden andere Töne lauter. Rhythmen, Übungen zum Wohlbefinden und Körperzeiten finden zunehmend Beachtung. Die Kontrollorientierung

Haiku
»Den ganzen langen Tag gesungen – aber der Lerche war es nicht lange genug.«
Basho, in: Krusche 1994

der Zeiten wird dennoch vielfach weiter mit transportiert: »perfektes Entspannen«, rezeptartige Ratschläge für Aktivitäten zur »richtigen Uhrzeit«. Damit sind diese Empfehlungen immer noch der mechanischen Zeitvorstellung verhaftet, nach der alles deterministisch berechenbar und beherrschbar ist.

Gehen Sie von Rhythmen und Zeitvielfalt aus. **Lassen Sie damit diese allzu vereinfachte Zeitmechanik hinter sich.** Dann geht es nicht länger darum, den Schalter einfach umzulegen: anschalten – abschalten. Zeit kann dann zur erfüllten Zeit werden. Wir können Handy & Co nutzen, ohne deshalb ständig auf Empfang oder zumindest in Bereitschaft sein zu müssen. Wir sind frei für Entspannung, neue Eindrücke und überraschende neue Möglichkeiten. In dieser nicht länger vorab determinierten Welt sind die Tage nicht alle gleichgültig. Feiertage haben ihre eigene Qualität ebenso wie der Wochenanfang oder ein Jahrestag. Mit dieser Perspektive sehen wir, dass selbst in den ideologisch in Richtung Pausenlosigkeit agierenden Gesellschaften weiterhin ein sehr großes Potenzial für einen modernen rhythmischen Lebensstil vorhanden ist. Ein Potenzial, das ausgebaut werden kann.

Die Bilder sind beliebt: Am Strand zu sein und zugleich mit dem Handy weltweit erreichbar; im schattigen Biergarten sitzen und zugleich mit Laptop und WLAN (steht für *Wireless Local Area Networks*) mit Kollegen aus dem Arbeitsteam verbunden sein. Für diejenigen unter Ihnen, für die derartige Bilder attraktiv und verführerisch sind, ist die folgende Übung gedacht. Nehmen Sie sich Zeit, Ihren On-line-Lebensstil näher kennen zu lernen.

Übung 33

Off-Line *(Experimentell/Reflexion)*

Grundübung – off-line

Reservieren Sie für diese Übung eine Woche, in der es Ihnen beruflich und familiär möglich ist, dieses kleine Experiment zu machen. Es empfiehlt sich, dass Sie vorab in Ihrem Umfeld darüber Bescheid geben. Passen Sie diese Übung an Ihre persönlichen Rahmenbedingungen an.

- Am **ersten Tag** (Montag) verhalten Sie sich gemäß Ihren üblichen Routinen. Mit einem Unterschied. Versuchen Sie darauf zu achten: Wie stark leben Sie *on-line*? Welche Geräte sind für Sie persönlich für Ihre Kommunikationsreichweite und Ihre Verfügbarkeit für andere besonders wichtig?
- Am **zweiten Tag** achten Sie darauf, dass Sie das Gerät, das für Ihren *On-line*-Lebensstil am wichtigsten ist, an diesem Tag nicht nutzen. Sie lassen etwa das Handy den ganzen Tag ausgeschaltet und hören es erst am Abend einmal ab und reagieren eventuell, falls es unbedingt sogleich erforderlich sein sollte.
- Am **dritten Tag** machen Sie das Vergleichbare für das Gerät, das für Ihren »Draht« zur Welt der ständigen Erreichbarkeit und Verfügbarkeit am zweitwichtigsten ist. Das könnten beispielsweise E-Mails sein. Behandeln Sie diesen Tag wie eine Art »Urlaub« von Mails und lesen Sie diese erst am Abend.
- Am folgenden **vierten Tag** nehmen diejenigen unter den Leserinnen und Lesern, für die mehr als zwei Geräte wichtig sind, einen Tag frei von allen diesen Geräten (z.B. Anrufbeantworter, Internet, Fernsehen, Radio). Nehmen Sie sich, falls erforderlich, erst für den späten Nachmittag bzw. am Abend etwas Zeit, um die wichtigsten Meldungen zu sichten und gegebenenfalls zu reagieren. Vorteilhaft ist es, sich möglichst den ganzen Tag komplett frei zu nehmen.
- Am **fünften und letzten Tag** (Freitag) leben Sie wieder entsprechend Ihren üblichen Routinen. Achten Sie dabei auf Ihre momentanen Gefühle und Erfahrungen und vergleichen Sie diese mit dem ersten Tag.

On-line und off-line

Nehmen Sie sich am Tag darauf Zeit (Samstag), um sich über Ihre Erfahrungen klar zu werden:

- Spürten Sie »Entzugserscheinungen«? Oder war es eher angenehm, *off-line* zu sein, da Sie erstmals seit langem das Gefühl hatten, »richtig frei« zu haben?
- Konnten Sie sich an *Off-line*-Tagen besser auf Ihre Aufgaben konzentrieren?
- Gab es eventuell Komplikationen und Probleme, da Sie nicht wie gewohnt permanent sofort erreichbar waren?
- Waren die Erfahrungen am Freitag/letzten Tag anders als die Erfahrungen zum Einstieg? Wie würden Sie die Unterschiede beschreiben?
- Was sind die konkreten Änderungen, die Sie sich vornehmen? Mit wem müssen Sie sich dabei abstimmen?

Aufmerksamkeit, Konzentration und Präsenz

Wired to an addiction

Multitaskers get – and need – the rush »It's hard to concentrate on one thing.« he said, adding: »I think I have a condition.«

International Herald Tribune

Aufmerksamkeitsdefizit-Syndrom (ADS) – noch vor zehn Jahren hätten vermutlich nur wenige etwas mit diesem Begriff anfangen können. Inzwischen finden wir das Thema prominent auf den ersten Seiten der internationalen Presse (International Herald Tribune 7.07.2003, S. 1 und 4). Dabei geht es nicht mehr länger um Kinder und Ritalin. Im Mittelpunkt steht vielmehr der Umgang mit dem ständigen Informationsfluss und dessen Folgen. Was angesichts der neuen Möglichkeiten der Vernetzung positiv besetzt war, kommt nunmehr in bedrohlichem Unterton daher: »Informationsflut«, »bei der Arbeit gelähmt« und »Abhängigkeit«, so lauten nun die Schlagworte.

Im Mittelpunkt steht dabei die **Aufmerksamkeit**. Die moderne Gehirnforschung belegt, dass echtes Multitasking nur für Aufgaben möglich ist, die verschiedene Gehirnfunktionen beanspruchen.

Ein Beispiel: Es gibt Hinweise, dass sich Musikhören in normaler Lautstärke beim Autofahren nicht störend auswirkt. Es kann sogar vorteilhaft sein, um der Langeweile entgegenzuwirken und die Aufmerksamkeit zu erhöhen. Dagegen steigert der Gebrauch eines Handys trotz Freisprechanlage beim Autofahren die Gefährdung. Dabei lenkt weniger das Hantieren mit dem Gerät selbst ab als vielmehr ein eventuell überraschender Kommunikationsinhalt – eine freudige, problematische oder traurig stimmende Nachricht (vgl. Rötzer 2002).

Aufmerksamkeit ist angesichts der heutigen Informationsmöglichkeiten ein zentraler Punkt in der Nutzung der Gleichzeitigkeitsgeräte. Es handelt sich bei Aufmerksamkeitsstörungen oft nicht um eine tatsächliche »Krankheit«, wie es der Syndrombegriff nahe legt. Fachleute nennen es deshalb »Pseudo-ADS«, mit nicht weniger schwerwiegenden Folgen. Die Zeitspanne, in der Betroffene für eine Sache Aufmerksamkeit aufbringen können, verkürzt sich. Konzentrationsfähigkeit und Kreativität nehmen ab.

Die Folgerungen liegen auf der Hand: Lernen Sie daher, sich zu begrenzen und nur ausgewählte Informationen an sich herankommen zu lassen. Das klingt plausibel. Doch stellt sich die Frage: **Achtsam** worauf und für welche Informationen? Bei einer unveränderten, weiterhin auf Zeitkontrolle gerichteten Grundeinstellung bleibt es schwierig, darauf eine Antwort zu finden. Diese Haltung können wir mit der bekannten Gleichung aus der Physik umschreiben: »Arbeit ist Leistung pro Zeit« – wenn wir schneller pausenlos gleichzeitig mehr machen, leisten wir mehr. Bei dieser Grundhaltung wird eine lineare Beziehung unterstellt, dass mehr vom Gleichen zu tun besser sei als weniger. Mehr E-Mails sind jedoch nicht notwendigerweise besser als weniger, um ein für viele aktuell relevantes Beispiel zu wählen.

Kennen Sie das: Ihr Gesprächspartner vermittelt Ihnen das Gefühl, dass er zwar physisch anwesend, aber in Gedanken schon längst wieder bei seinen nächsten Terminen ist. Oder eine andere, gegenteilige Erfahrung: Ein kniffliges Thema wird im Team besprochen. Zeitdruck und Terminvorgaben wirken wie draußen vor der Tür gelassen. Es entwickelt sich eine Intensität der Debatte, die für eine Weile eine starke Eigendynamik entfaltet.

In diesem Moment können wir uns ganz auf eine Sache einlassen. Das kann man nicht erzwingen. Förderlich ist jedoch eine entsprechende **Grundeinstellung**, die dazu führt, dass man sich ganz auf die Situation und die aktuelle Aufgabe einlässt und gleichsam davon mitgenommen wird.

Präsenz: Ein Dirigent großer Orchester, zugleich Musikproduzent, referiert mit Hörbeispielen vor vollem Saal über die Kunst, sehr viele Musikerinnen und Musiker zu einem Klangkörper zusammenzubringen. Präzise Einsätze spielen ebenso eine große Rolle wie das Zusammenspiel der vielen Einzelpersönlichkeiten. Es geht um Tempi, Beschleunigung, Verlangsamung und Rhythmen. Es geht um das Gefühl, über die handwerkliche Beherrschung hinausgehend, jeweils neu die Stimmung für genau diesen Moment zu treffen. Nicht mechanisch das Geübte zu reproduzieren, sondern ganz im konkreten Augenblick hier und jetzt präsent zu sein und in seinem Vortrag aufzugehen. Konzentriert, inspiriert und inspirierend. Das Faszinierende: Die Präsenz und Konzentration des Vortragenden strahlt auf das Publikum aus zu einem dichten Moment. Es vermittelt die Atmosphäre eines Augenblicks, der in Wahrheit etwa eine Stunde währt.
(Martin Held, Erfahrung aus einer Tutzinger Tagung)

In Zukunft werden die stationären und mobilen Kommunikationstechniken weiter zusammenwachsen. Noch mehr Daten werden noch schneller in verschiedensten Formen verfügbar sein. Stellen wir uns darauf ein, um unsere **Konzentrationsfähigkeit und Präsenz** für wichtige Vorgänge, Gespräche und Menschen in dieser Welt zu bewahren.

Übung 34

Da-sein *(Naturbeobachtung)*

Bücher zum Thema Aufmerksamkeit liegen im Trend. Sie helfen, einen Einstieg zu finden und bieten Übungen an. Achtsamkeit zu finden und zu pflegen ist jedoch keine schnelle Angelegenheit, keine Sache einer einmaligen Übung und »dann hat man es«. Denn Achtsamkeit hängt eng mit der eigenen Lebenseinstellung und den gewohnten Verhaltensmustern zusammen. Sie will kultiviert werden. Es geht nicht darum »besser zu werden«, sondern mit Freude sich selbst und seine Umwelt aufmerksam zu erleben. Hierzu bietet sich die Natur als ein Übungsfeld an.

Grundübung

Für diese Übung brauchen Sie nichts außer Zeit. Gehen Sie an einen Ort draußen in der Natur, den Sie für eine derartige Schärfung der Aufmerksamkeit und der Sinne für geeignet halten: Suchen Sie einen bestimmten Baum, eine Stelle an einem Bach, Blumen, Steine. Orte können geeignet sein, weil Sie dazu eine besondere Beziehung haben oder deren Ausstrahlung spüren. Finden Sie an Ort und Stelle in Ruhe heraus, ob diese – zuvor gedanklich imaginierte – Stelle passt. Wählen Sie einen geeigneten Ausschnitt: Ist es ein kleines Stück Wiese oder sind es »nur« einige Blumen? Ist es ein ganz bestimmter Baum oder ist es dieser Baum mit seinem Standort und der Umgebung?

Suchen Sie nun eine bequeme Haltung, in der Sie den ausgewählten Ausschnitt gut im Blick haben. Lassen Sie sich Zeit und begeben Sie sich auf Entdeckungsreise. Beobachten Sie für eine kurze oder lange Weile nur diese eine Stelle. Wenn Störungen auftreten, kommen Sie danach wieder zurück zu dieser Wahrnehmung. Bemühen Sie sich, ganz bei der Sache zu sein.

Wenn Sie dies lange genug gemacht haben, lösen Sie sich ganz langsam aus Ihrer Haltung und nehmen Sie sich Zeit für einen Übergang, der Sie wieder zum größeren Ganzen zurückkommen lässt.

Wiederholen Sie diese Übung an der gleichen Stelle. Wählen Sie dazu verschiedene Wochentage und Tageszeiten, bei unterschiedlichen Windverhältnissen und Temperaturen, bei Tageslicht ebenso wie in der beginnenden Dämmerung. Versuchen Sie, auf die Nuancen zu achten, wenn sich beispielsweise das Licht im Laufe der Wochen jahreszeitlich unmerklich ändert.

Variation der Übung

Suchen Sie bei Gelegenheit, einen Nationalpark oder ein Wildnisgebiet nahe von Städten auf (Beispiele: Evangelische Akademie Tutzing/Nationalparkverwaltung Bayerischer Wald 2002). Gehen Sie auf einem der Wege spontan los und lassen sich von der ursprünglichen Natur anmuten. Wenn eine Stelle Sie ganz besonders anspricht, Ihnen »etwas zu sagen hat«, verweilen Sie dort. Nehmen Sie sich Zeit, um herauszufinden, ob diese Stelle tatsächlich geeignet ist. Wählen Sie wieder einen Ausschnitt und verweilen Sie dort aufmerksam an dieser Stelle.

Tipp

Die Naturbeobachtung kann zur Übung unterschiedlichster zeitlicher Problemstellungen verwendet werden.

Zeitfenster, Kairos, Just-in-time

Kairos und **Chronos** – diese griechischen Gottheiten sind bis heute für unser Zeitbewusstwein von Bedeutung. *Chronos* (griechisch: χρόνος) steht für den chronologischen Ablauf der linear gedachten Zeit. Diese nunmehr säkularisierte Zeitvorstellung wird von vielen mit »der Zeit« gleichgesetzt. In den letzten Jahren findet auch der *Kairos* (griechisch: καιρός) wieder Beachtung. Dieser steht für den geeigneten Moment. Für viele ist diese Zeitvorstellung jedoch noch immer so etwas wie der »kleine Bruder« der »eigentlichen«, sprich der chronologischen Zeit. Doch mit dieser Sicht verfehlen wir das Verständnis der Zeiten und damit die Grundlagen unseres Umgangs mit ihnen.

Mythras-Kairos
∞ Augenblick-Chance

In Werken frühgriechischer Schriftsteller können wir nachvollziehen, wie sich die Zeitvorstellungen herausbildeten, die deren weitere Entwicklung bis heute so nachhaltig prägen. Wir können gleichsam ihren Geburts- und frühen Entwicklungsprozess nachempfinden (philosophisch Interessierten empfehlen wir Theunissen 2000). Zu Beginn der überlieferten Übermittlung war bei den Vorklassikern im alten Griechenland die Vorstellung des »Chronos« noch nicht ausgebildet. Vorherrschend für die Zeitvorstellungen war damals der »Tag«. Das meinte nicht einfach unsere heutige Vorstellung von Tag und Nacht, sondern umfasste gleichermaßen ein schicksalhaftes »Dem-Tag-Ausgesetztsein der menschlichen Existenz« (Theunissen 2000, S. 14). Vergleichbares findet sich noch heute in Horoskopen und Wertungen bestimmter Tage. Der sich in der Antike herausbildende Chronos hatte noch lange Zeit unterschiedliche Bedeutungsanteile. So umfasste er beispielsweise zunächst noch einen Gehalt des rechten Moments. Diese Vorstellung spaltete sich im Laufe der Vorklassik ab und wurde nunmehr ausschließlich dem Kairos zugeordnet. Chronos löste in dieser Phase der Vorklassiker den Tag als dominante Zeitform ab.

Warum könnte uns das heute noch interessieren? Unter »chronologischer Zeit« wurde nicht ausschließlich die reine Zeitdauer eines Vorgangs verstanden. Chronos umfasste vielmehr – wie alle Zeitformen – einen spezifischen **Bedeutungsgehalt**. Die geschichtliche Zeit eines Zeitablaufs und einer bestimmten Zeitdauer gehörten für die Griechen wesensgemäß zum Chronos. Dies ist für unser heutiges Zeitverständnis nach wie vor grundlegend. Eine bestimmte Zeitdauer kann völlig unterschiedliche Wirkungen haben, je nachdem, in welcher Abfolge etwas abläuft und wann genau etwas in welchem Kontext stattfindet.

Wenn wir den Kairos vernachlässigen beziehungsweise als etwas Nachrangiges behandeln, vernachlässigen wir eine dem Chronos vergleichbar grundlegende Dimension der Zeit. Stellen Sie sich **Zeitfenster** vor – **Fenster der Gelegenheiten.**

Ein Beispiel: In der Raumfahrt gibt es bestimmte Konstellationen, in denen für kurze Zeit weit entfernte Kometen aufgrund einer günstigen Konstellation erreichbar sind. Verpasst man eine derartige Gelegenheit, kann es viele Jahre oder gar Jahrzehnte dauern, bis sich wieder eine vergleichbare Chance ergibt. Ähnliches gilt in Unternehmen. In der Phase des Erarbeitens von Budgets und Zeitplänen bis hin zur Beschlussfassung kann man mit vergleichsweise geringem Aufwand Mittel absichern. Verfehlt man diese Zeit, so kann es sein, dass mit noch so großem Aufwand kaum etwas zu bewegen ist. Eine erneute Gelegenheit eröffnet sich erst wieder bei der nächsten Budgetrunde. Vergleichbares gilt bei Stellenbesetzungen.

Auch in der Politik ergeben sich regelmäßig in bestimmten Rhythmen und Zeitplänen wiederkehrende Gelegenheiten (Wahlperioden, Rechnungsjahr, Quartalstermine, Projektzyklen und etliches mehr). Daneben gibt es einmalige beziehungsweise unregelmäßige Gelegenheiten, auf die man sich vorab einstellen kann. Davon verschieden ist der Kairos.

Den Kairos können wir nicht planen. Wir können jedoch dafür offen sein und sich ergebende Chancen aktiv ergreifen. Oder wir verfehlen derartige Momente, wie der Junge in der Karikatur, und merken es aufgrund unserer Un-

Kairos – der geglückte Moment

- Ursprünglich bedeutet es: griechische Gottheit, Gegenstück zu Chronos.
- Bedeutungsgehalt: der rechte Augenblick oder der geglückte Moment.
- Mehrere Umstände müssen zusammenkommen.
- Einerseits günstige Umstände (Chance, Geschenk, Glück);
- andererseits muss man die Gunst des Augenblicks erkennen und entschlossen nutzen.
- Das Zusammentreffen dieser beiden Aspekte ist von besonderer Qualität: ein unverfügbares Geschenk, nicht selbst herbeiführbar, kein aktives Ergreifen und Handeln.
- Es ist etwas eher Seltenes, Besonderes.
- Zudem dauert es nicht lange Zeit an, ist nichts Permanentes.

achtsamkeit und Abgewandtheit gar nicht. Der Gehalt des Kairos kann recht unterschiedlich sein: Eine besondere Erkenntnis (»Heureka«), das lange ersehnte, fehlende Glied in der Kette; ein Durchbruch beim Erwerb einer bestimmten Fertigkeit; eine genau passende Stellenausschreibung; der Partner fürs Leben.

Wie der Kairos bezieht sich auch **Just-in-time** auf einen spezifischen Zeitpunkt. Der besondere Gehalt des rechten Augenblicks wird noch augenfälliger, wenn wir die beiden einander gegenüberstellen.

Merkmale von Kairos und Just-in-time

- Beides bezieht sich auf bestimmte Zeitpunkte (»Augenblicke«).
- Just-in-time: Bewusst geplante Zeitpunkte, das heißt, man versucht Zeiten zu kontrollieren.
- Kairos ist nicht selbst verfügbar oder planbar.
- Just-in-time nutzt verfügbare Planungstechniken.
- Zu Kairos gibt es keine einfachen Erkennungsmerkmale und Techniken.
- Es kann jedoch Offenheit und Aufmerksamkeit für entsprechende Situationen geübt werden.
- Für Kairos ist Spontaneität und Flexibilität wichtig, das Gegenstück zu starrer Planung wie bei Just-in-time.

Zeitenjongleur

Wechselnde Situationen verlangen recht unterschiedliche zeitliche Anforderungen. Im einen Moment kann aufmerksames Beobachten gefordert sein, im nächsten Moment kommt es dagegen darauf an, schnell auf aktuelle Herausforderungen zu reagieren. Viele Aufgaben sind planungsgemäß zu erledigen. Dann kann wieder äußerste Flexibilität und Offenheit für eine neue Situation Priorität haben.

© SV-Bilderdienst, Sportbildagentur Rolf Kasecker

Biathlon ist ein augenfälliges Beispiel dafür, da hier gegenläufige Anforderungen zu meistern sind. Beim Langlaufen und Skaten geht es um Schnelligkeit auf langen Strecken ebenso wie um Sprintqualitäten. Beim Schießen muss man dagegen in kürzester Zeit zur Ruhe kommen und äußerst konzentriert schießen. Zügig ohne Hast. Mangelnde Konzentration führt bei Fehlschüssen zu Strafrunden und wird damit in Zeiteinheiten umgewandelt.

Die in den 1990er-Jahren stark propagierte permanente Beschleunigung aller Lebensbereiche überdeckte diese grundsätzliche Herausforderung: Man hat mit ziemlich unterschiedlichen zeitlichen Anforderungen zurechtzukommen. Charakteristisch ist dafür folgende Erfahrung.

Am Vormittag sind bei der Arbeit häufig zeitverdichtet Aufgaben zu erledigen. Wegen dringender Telefonate oder noch zu erledigenden E-Mails kommt man gehetzt im Kindergarten an. Das Kind, das man dort abholen will, lebt dort jedoch in einer völlig »anderen Zeit«. Gelassenheit ist angesagt, Lob für irgendein Kunststück oder das Eingehen auf irgendwelche Spiele. Nicht ganz unähnlich den Regeln des Biathlons wird Ungeduld mit Zeitverzögerung geahndet. Wenn man das Kind zu stark drängelt, aus welchen Gründen auch immer, dauert es meistens noch länger.

Verschiedene zeitliche Anforderungen erleben wir zum Teil positiv, da sie Abwechselung bieten oder, wie im Beispiel, Freude bereiten können. Es kann jedoch eben so gut sein, dass wir damit nur schwer zurechtkommen. Es gilt, die **Balance** zu finden zwischen diesen **Welten mit ihren unterschiedlichen zeitlichen Aufgaben und Anforderungen**. Für das Ausbalancieren kann uns das Bild des Zeitenjongleurs dienen. Sich einlassen können auf die verschiedenen Anforderungen und mit diesen zu jonglieren. Und da, wo es zu viel wird, Übergänge schaffen, mit denen wir von der einen Welt in die andere kommen können, von der Schnelligkeit zur Ruhe, vom konzentrierten Aufgehen im Augenblick zum Beschleunigen.

Übung 35

Zum rechten und linken Umgang mit den Zeiten *(Jonglieren)*

Jonglieren ist eine gute Grundübung für Zeitkompetenz. Ohne Erfahrung ist dies nicht so leicht. Mit Jongliertüchern oder auch anderen Tüchern (beispielsweise Schals oder Geschirrtüchern) können Sie das Jonglieren jedoch auch ohne Vorerfahrungen erlernen. Da Tücher längere Zeit zum Fallen brauchen, haben Sie von Anfang an ein größeres Erfolgserlebnis als mit Bällen. Wenn Ihnen das Jonglieren mit Tüchern Spaß macht, können Sie die Erfahrungen und die grundlegende Technik später auf das Jonglieren mit Bällen übertragen. Zunächst zu den Tüchern. Sie brauchen drei – wenn möglich – verschiedenfarbige Tücher (vgl. vertiefend Treiber 1992).

Erster Schritt

Nehmen Sie ein Tuch und werfen Sie es mit der rechten oder linken Hand nach oben in die Gegenrichtung etwas über Ihre Kopfhöhe. Wenn es heruntergesunken ist, können Sie es etwa auf Brusthöhe wieder mit der anderen Hand auffangen.

Bitte machen Sie diese einfache Übung so lange, bis Sie den Rhythmus spüren: Hochwerfen und mit der anderen Hand auffangen. Dabei zeigen die Handinnenflächen immer nach unten und die Beine stehen etwa schulterbreit auseinander. Die Ellenbogen sind in einer bequemen, natürlichen Haltung.

Zweiter Schritt

Nun kommt das zweite Tuch dazu. Bestimmen Sie in Gedanken zwei Punkte. Es sind imaginäre Punkte, die Ihnen beim Hochwerfen der Tücher helfen können. Um sie zu finden, strecken Sie die Arme leicht gebeugt nach oben – als würde jemand wie in einem Westernfilm »Hände hoch« schreien. Wenn Sie die Hände dann noch ungefähr 25 cm von Ihrem Körper wegstrecken, haben Sie die beiden Punkte gefunden. Sie nehmen nun ein Tuch in die linke und ein Tuch in die rechte Hand. Werfen Sie mit der rechten Hand das Tuch zum linken Punkt diagonal hinüber. Wenn das Tuch dort anfängt zu sinken, werfen Sie mit der linken Hand das andere Tuch zum rechten Punkt. Schließlich sinken beide Tücher nach unten und Sie können sie gut auffangen. Sie haben jetzt das Tuch der linken Hand in der rechten und umgekehrt. Üben Sie bitte auch diesen Schritt so lange, bis er Ihnen geläufig ist. Entwickeln Sie einen Rhythmus und zählen Sie auf 1 und 2.

Dritter Schritt

Bitte fahren Sie erst fort, wenn die bisherigen Abläufe in Fleisch und Blut übergegangen sind. Erst dann wird der dritte Schritt leicht und elegant. Sie nehmen in jede Hand ein Tuch. Das dritte Tuch nehmen Sie mit Ihrer vertrauteren Hand (links oder rechts) zwischen Daumen und Zeigefinger.

Nehmen wir an, dass die beiden Tücher in der rechten Hand sind. Sie werfen eines der beiden Tücher als Erstes in die Gegenrichtung nach links zum imaginären Punkt. Wenn das Tuch zu sinken beginnt, werfen Sie das zweite Tuch der anderen Hand zum gegenüberliegenden Punkt nach rechts oben. Nun kommt zum Schluss noch das dritte Tuch der rechten Hand. Wie immer werfen Sie es in die Gegenrichtung nach links oben. Sie können wieder zählen und damit Ihren Rhythmus entwickeln. Am Anfang empfiehlt es sich, die Tücher nur so lange zu werfen, wie Sie die Bewegung kontrollieren können. Am Anfang ist dies vielleicht fünf- bis sechsmal. Machen Sie eine kleine Pause und freuen sich über Ihren Erfolg. Üben Sie mit kurzen Sequenzen weiter, atmen Sie dabei regelmäßig. Hören Sie nach fünf bis zehn Minuten auf und machen Sie eine längere Pause. Achten Sie darauf, was Ihnen leicht beziehungsweise schwer fällt:

- das Beobachten der Tücher;
- das Synchronisieren von visuellen Eindrücken mit Körperbewegungen (Hand-Auge-Koordination);
- die Gleichzeitigkeit mehrerer Bewegungsabläufe;
- der Umgang mit anfänglichen Erfolgen oder Misserfolgen;
- der Sprung von zwei auf drei Tücher;
- das Verbleiben an einem Platz (am Anfang empfiehlt es sich, die Übungen vor einer Wand zu machen; dies verhindert das »Umherwandern«).

Zeitkompetenz pflegen

Sehnsucht. »*Wenn du ein Schiff bauen willst, dann rufe nicht die Menschen zusammen um Holz zu schlagen, Werkzeuge zu holen, Pläne zu machen und Arbeit zu verteilen, sondern lehre sie die Sehnsucht nach dem großen endlosen Meer.*« (Antoine de Saint-Exupéry)

Wichtige Handwerkszeuge zur Zeitkompetenz sind die Fähigkeiten und Fertigkeiten, Zeitanforderungen zu beachten und zugleich zeitliche Gestaltungsspielräume zu erkennen und zu nutzen. Wissen über Zeiten kann dazu hilfreich sein. Es geht um Wissen, das nicht isoliert für sich steht, sondern einerseits handlungsbezogen und erfahrungsverankert ist sowie andererseits emotional und motivational in der Person verankert ist. Wir sollten uns die Zeiten zu Eigen machen, sie mit unserer Persönlichkeit verbinden und sie leben. Zeitkompetenzen werden nicht durch einmalige Aktionen erworben. Sie müssen **geübt** und **gepflegt** werden. Wir haben Ihnen dazu bereits vielfältige Übungen angeboten. Es gibt aber nicht die eine optimale »Mastermethode«. Vielmehr geht es darum, dass Sie für sich selbst herausfinden, was Ihre Zeiten sind und wo Sie Ihre Potenziale bezüglich welcher zeitlichen Anforderungen noch weiter entwickeln wollen. Dieser Zugang zur Zeitkompetenz entspricht dem finnischen Schulmodell, in dem diese Vorstellung von Kompetenz als Ausgangspunkt zugrunde liegt (vgl. Zentralamt für Unterrichtswesen 2004).

Wenn Sie möchten, können Sie von der Übersicht zur Zeitkompetenz auf Seite 16 ausgehen, die wir als Mindmap dargestellt haben. Möglicherweise ist ein bestimmter Aspekt für Sie besonders wichtig. Diesen können Sie vertiefen.

Es hat sich gezeigt, dass für viele Menschen der Zugang über die Zeitformen hilfreich ist. Auf der nächsten Seite haben wir deshalb beispielhaft ein Mindmap für Zeitformen gestaltet, das Ihnen Anregungen zum Entwerfen Ihres persönlichen Mindmaps zur Zeitkompetenz geben kann. Vielleicht sind Sie ein eher visuell orientierter Mensch und kombinieren deshalb die Methode des Mindmaps mit Bildern und Symbolen.

Wissen, Fähigkeiten und Fertigkeiten, Erfahrungen und soziale Kompetenz sind Voraussetzungen dafür, gut mit den Zeiten umgehen zu können. Der Antrieb, die Zeitkompetenz zu verbessern, wird in vielen Fällen durch Zeitnot

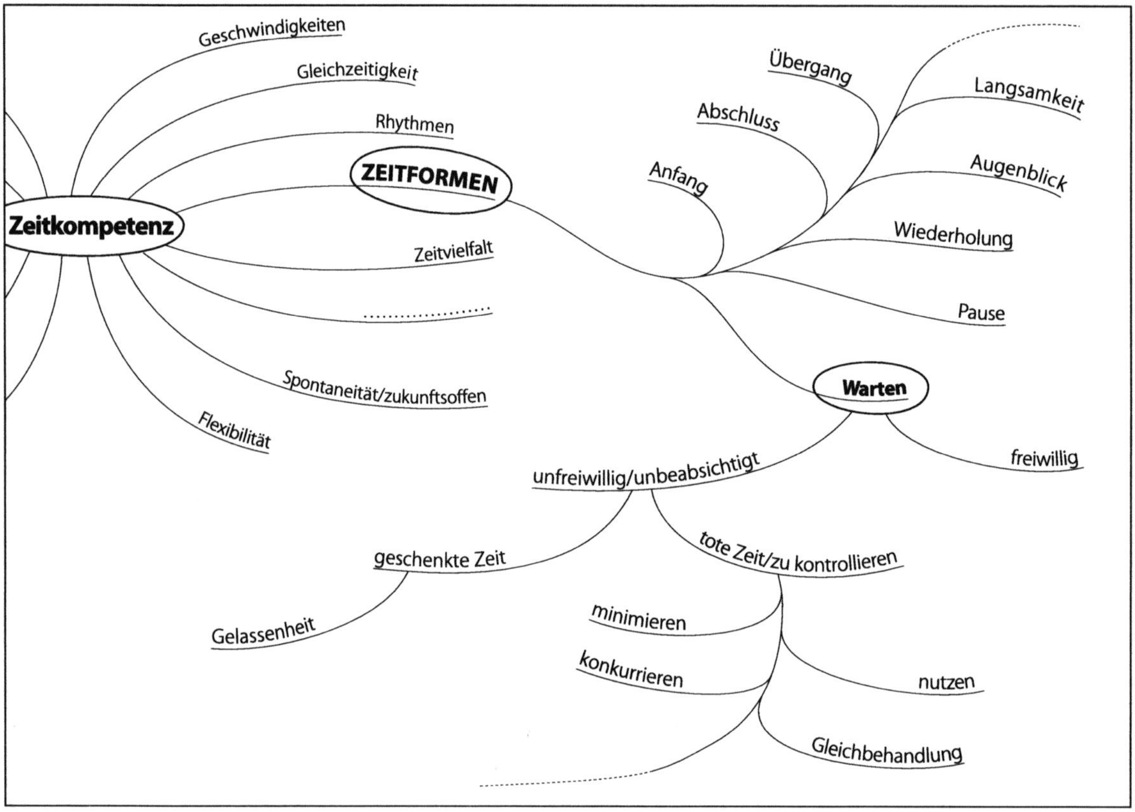

Mindmap Zeitformen

und Zeitprobleme ausgelöst. Vieles werden Sie zwar verbessern können, die Motivation ist jedoch negativ getönt.

Es kann noch etwas anderes, Entscheidendes hinzukommen, wie bei der Liebe zum Meer. **Freude an den Zeiten** kann erwachsen, wenn wir Sehnsucht nach Zeitwohlstand verspüren und die Zeiten wertschätzen. Kämpfen Sie daher nicht gegen die Zeiten an und vermeiden Sie, diese ständig immer perfekter kontrollieren zu wollen. Fassen Sie zu bestimmten Zeitformen, zu bestimmten Rhythmen, Geschwindigkeiten und Ritualen Zuneigung. Möglicherweise werden Sie sogar im Laufe der Zeit zur Liebhaberin beziehungsweise zum Liebhaber bestimmter Zeiten. Damit kommen Sie zu einer **anderen Grundeinstellung zu den Zeiten und ihrer Vielfalt.**

Einige **ausgewählte Literaturempfehlungen** zu diesem Kapitel finden Sie auf Seite 237f.

Übung 36

Souverän mit Zeiten umgehen *(Regeln)*

Im Beruf, in der Familie und Freizeit werden unterschiedliche zeitliche Anforderungen an uns gestellt. Wir sind temporal sehr verschieden und lösen diese Anforderungen deshalb auch auf unterschiedliche Weise. Fragen Sie sich daher:

- Passen Ihre Begabungen und Zeitkompetenzen zu den für Sie wichtigen Anforderungen?
- Welche Ihrer Zeitkompetenzen können Sie noch weiterentwickeln?
- Wie sieht Ihr individueller Weg aus?

Die folgenden Zeitkompetenz-Regeln unterstützen Sie auf der Suche nach persönlichen Antworten. Lesen Sie in einem **ersten Durchgang** die Regeln einschließlich der Erläuterungen durch.

Nehmen Sie sich dann in einem **zweiten Durchgang** genügend Zeit für jede Regel oder bilden Sie Schwerpunkte. Beantworten Sie die oben gestellten Fragen. Leiten Sie klar umsetzbare, praktische Folgerungen für Ihren Umgang mit den Zeiten und die Steigerung Ihres Zeitwohlstands ab. Sie können die Umsetzungswahrscheinlichkeit erhöhen, wenn Sie diese Ideen schriftlich ausformulieren. Möglicherweise stoßen Sie dabei auf eine veränderte Formulierung der Regel und entdecken für sich ein neues Zeitmotto.

Wenn Sie eine Regel als besonders hilfreich erleben, können Sie diese gerne vertiefen. Vielleicht haben Sie die Gewohnheit, derartigen Fragen bei Spaziergängen gehend nachzusinnen. Oder Sie bevorzugen es, dazu ein eigenes, ausdifferenziertes Mindmap – angereichert mit Bildern und Symbolen – zu entwerfen.

Zeitkompetenz-Grundregeln

1) Übergreifend*:* Üben Sie den **souveränen Umgang** mit den Zeiten.
2) Nutzen Sie die flexible Ordnung der **Rhythmen**.
3) Leben Sie Ihre **Eigenzeiten** und stimmen Sie diese mit den Eigenzeiten anderer ab.
4) Gleichen Sie die bei Ihren Aufgaben geforderte **Geschwindigkeit beziehungsweise Langsamkeit** mit Ihren Fähigkeiten ab.
5) Stimmen Sie die modernen Möglichkeiten der **Gleichzeitigkeit** mit Ihren Potenzialen ab.
6) Achten Sie auf das **Timing** von Prozessen und nutzen Sie dies klug für Ihre Planung.
7) Seien Sie offen für den **rechten Augenblick** und üben Sie die Konzentration auf das Hier und Jetzt.
8) Lassen Sie sich auf die unterschiedlichen **Qualitäten von Zeiten** und die für Sie relevanten Zeitformen ein.
9) Beachten Sie die **kulturelle Vielfalt** im Umgang mit den Zeiten.
10) Übergreifend: Nutzen Sie Ihre Zeitkompetenz zur Steigerung Ihres **Zeitwohlstands**.

Erläuterungen zu den Grundregeln

Zu 1): Souveräner Umgang mit den Zeiten heißt, eine Balance zu finden zwischen von außen kommenden Zeitvorgaben und den eigenen zeitlichen Gestaltungsspielräumen. Dahinter steht die grundlegende Kompetenz, nicht die Zeiten möglichst umfassend und »perfekt« kontrollieren zu wollen oder dagegen anzukämpfen, sondern sich die Zeiten *zu Eigen zu machen*.

Zu 2): Rhythmen liegen voll in den heute angesagten Grundtrends: Ordnung und Planbarkeit mit Flexibilität und Offenheit für Neues zu kombinieren. Es gilt, sich dies auf allen Ebenen nutzbar zu machen.

Zu 3): Eigenzeiten umfassen die ganze Vielfalt der unterschiedlichen Zeitdimensionen (beispielsweise Eigengeschwindigkeiten, Chronotypen). Die Beachtung der Eigenzeiten darf nicht zu Eigenzeit-Egozentrismus führen, sondern es beinhaltet auch die Beachtung und Abstimmung mit den Zeiten der anderen (Zeitempathie).

Zu 4): Je nach Aufgabe und Situation sind unterschiedliche Geschwindigkeiten gefordert. Das kann in einem Fall Beschleunigung und im anderen Fall gekonntes Abbremsen bedeuten. Es geht darum, die Anforderungen mit den eigenen zeitlichen Möglichkeiten und Interessen abzugleichen.

Zu 5): Moderne Techniken eröffnen weit reichende Möglichkeiten der ständigen Erreichbarkeit. Daher müssen wir lernen, klare Prioritäten zu setzen. Insbesondere geht es darum, welche Techniken wir auswählen und wo unsere persönlichen Belastungsgrenzen der Gleichzeitigkeit liegen.

Zu 6): Planungskonzepte, die von beliebiger Kontrollierbarkeit und Steuerbarkeit von Zeiten ausgehen, erfordern oft einen übermäßigen, ineffizienten Zeitaufwand aufgrund permanenter Zeitabstimmung. Klüger ist es, sich die Regelmäßigkeit von Abläufen für die Planung nutzbar zu machen.

Zu 7): Schnelligkeit, Pausenlosigkeit und Gleichzeitigkeit erschweren die Wahrnehmung günstiger Gelegenheiten. In vielen Situationen kommt es darauf an, ganz bei einer Sache sein zu können. Konzentriert und präsent zu sein ist besonders in der beschleunigten Gleichzeitigkeitswelt elementar.

Zu 8): Gerade in der Uhrenzeit-Kalender-Welt ist das Verständnis für die unterschiedliche Qualität von Zeiten grundlegend. Denn diese begünstigt das Missverständnis, dass alle Zeiteinheiten gleich wären, und zwar unabhängig vom Timing, von der spezifischen Zeitdauer und deren Abfolge.

Zu 9): Bei aller Standardisierung von Zeiten differenziert sich der Umgang mit Zeiten und deren Bewertung kulturell fortlaufend neu aus. Dies ist etwa an einer veränderten Sichtweise der Pünktlichkeit und geforderten Flexibilität gut sichtbar.

Zu 10): Zeitkompetenz dient dazu, Zeitdruck und Stress zu reduzieren. Zugleich ebnet sie den Weg zu mehr Zeitwohlstand. Es kommt darauf an, sein persönliches Konzept von Zeitwohlstand zu entwickeln. Das Potenzial der Zeitkompetenz sollte in diesem Sinne ausgerichtet und gepflegt werden.

Zeitwohlstand

»Eight days a week«

Beatles

8-Tage-Woche. *Es war einmal ein Wunschmann. Der wünschte sich einen zusätzlichen, achten Tag in der Woche. »Du, hör mal her«, sagte er zur Frau Realistin, als er diese in der Stadt traf. »Ich komme mit meiner Zeit nicht mehr klar. Es wäre sehr schön, wenn die Woche einen Tag länger wäre. Dann käme ich mit all dem hin, was ich zu erledigen habe.« »Wenn ich so etwas schon höre«, antwortete Frau Realistin. »Wie soll denn so etwas gehen. Die Woche ist seit alters sieben Tage lang. Das kann man nicht ändern.« »Das weiß ich auch«, erwiderte der Wunschmann, »aber dann hätte ich meine Zeitprobleme los.« »Na, und wie soll dann der achte Tag heißen? Da gibt es ja gar keinen Namen dafür.« »Ach, wenn's nur das wäre«, antwortete der Wunschmann. »Das ist ganz einfach: Monday, Tuesday, Wednesday, Thursday, Friday, Saturday, Sunday, Funday. Kommt echt gut an, da bin ich mir ganz sicher.«* (Martin Held, Dezember 2002)

Was würde passieren, wenn die Woche um einen Tag länger würde? Vermutlich würden viele Menschen zunächst mit der gewonnenen Zeit alles das erledigen, wozu sie bisher nicht beziehungsweise nur unter starkem Zeitdruck kamen. Würde dieser neue Zustand lange anhalten? Die Antwort fällt nicht schwer, denn tatsächlich erleben wir ja heute etwas Vergleichbares: Wir leben im Schnitt länger, und wir haben viele »Zeitspargeräte«. Dennoch erleben wir in aller Regel nicht weniger Hetze und weniger Zeitdruck. Im Gegenteil – für viele Menschen gilt heute: **Je mehr Zeit wir durch »Zeitsparen« haben, umso mehr haben wir zu wenig.**

Das muss nicht sein. Mehr und mehr ist eine Sehnsucht zu spüren, dieser Falle des gehetzten Zeitsparers zu entgehen. Wege dazu schildern wir in diesem Kapitel. Zeitwohlstand ist kein temporales Schlaraffenland, in dem uns gleichsam wie von selbst alles in den Mund fliegt. Wir sind nicht zu lebenslanger Hetze verdammte Gefangene einer angeblich unerbittlichen Zeitkompressions-Logik. Wir können dafür etwas tun, zeitwohlhabend zu werden.

Woher kommt die Sehnsucht nach Zeitwohlstand?

Übung 37

Meine Assoziationen zu Zeitwohlstand *(Einstiegsreflexion)*

Beantworten Sie – bevor Sie weiterlesen – bitte folgende Fragen:

- Hatten Sie bereits vom Begriff »Zeitwohlstand« gehört, bevor Sie dieses Buch zur Hand nahmen?
- Was verstehen Sie persönlich unter Zeitwohlstand?
- Ist Ihnen diese Art Zeitwohlstand wichtig? Aus welchen Gründen?
- Was tun Sie aktiv dafür?
- Wie wichtig ist Ihnen Güterwohlstand? In welchem Verhältnis steht dies zu Ihrer Wertschätzung von Zeitwohlstand?

Zeitwohlstand – dieser Begriff ist erstaunlich. Die meisten von uns haben bisher noch kaum etwas davon gehört. Doch wenn die Rede auf den Zeitwohlstand kommt, können nahezu alle etwas damit anfangen. Fast durchgängig schwingt dabei eine positive Grundstimmung mit. Wie schön wäre es, wenn man davon viel hätte. Wie kommt das?

Auch in den Medien wird der Begriff inzwischen häufiger verwendet. So wird etwa in einem Buch zur Nutzung von Zeiten im europäischen Vergleich (Garhammer 1999) Zeitwohlstand nur am Rande erwähnt. In einer Besprechung der Süddeutschen Zeitung (19.10.1999) wird jedoch gerade dieser Begriff als besonders wichtig hervorgehoben.

Oder nehmen wir die Ausgabe der Zeitschrift Politische Ökologie (1999) zum Umgang mit Zeiten. Nur ein Beitrag befasst sich mit Zeitwohlstand. Dennoch betitelten die Redakteure das Heft »Von der Zeitnot zum Zeitwohlstand«. Näher kommen wir der Sache, wenn wir die Überschrift dieses Einzelbeitrags ansehen: »Ich wär so gern ein Zeitmillionär – Güterwohlstand und Zeitwohlstand« (Scherhorn/Reisch 1999). Mehr Zeit und weniger Zeitdruck zu haben wird intuitiv mit Zeitwohlstand verbunden. Eine **Sehnsucht** schwingt mit nach etwas, für das die Meisten zuvor noch gar keinen Begriff hatten.

Wir können diesen Umstand verstehen, wenn wir, wie im genannten Beitrag von Scherhorn und Reisch, Zeitwohlstand im Zusammenhang mit Güterwohlstand sehen. Viele Menschen arbeiten heute für **Güterwohlstand** als ihrem einzigen, übergeordneten Ziel: Sie strengen sich an, um möglichst viel zu verdienen und damit möglichst viele Konsummöglichkeiten zu gewinnen. Dieser Weg der Konsumgesellschaft ist attraktiv. Zumindest in den Industrieländern können sich heute viele Menschen Dinge leisten, die noch vor ein oder zwei Generationen ganz wenigen vorbehalten waren. Diese Konsumgesellschaft mit ihren materiellen Symbolen, Reisemöglichkeiten und vielem mehr ist weltweit attraktiv – trotz aller negativer Begleitumstände wie etwa den Klimafolgen und der Luftverschmutzung.

Lange Zeit war mit unserem Wirtschaftssystem die Verheißung verbunden, dass wir durch technischen Fortschritt eine ungeahnte, anhaltende Produktivitätssteigerung erleben würden, die beides ermöglichen würde:

- eine anhaltende Steigerung des Güterwohlstands und
- gleichzeitig eine stetige Zunahme der verfügbaren Zeit zum Konsumieren und zum Genießen dieses Güterwohlstands.

Wenn sich diese Verheißung erfüllt hätte, wäre Zeitwohlstand nicht weiter gefragt. Es würde bei der Konzentration auf einen anhaltend zunehmenden Güterwohlstand wie »von selbst« nebenbei mit anfallen. Zunehmender Güterwohlstand gerät jedoch tatsächlich vielfach in einen Gegensatz zum Zeitwohlstand. Unser Streben nach Güterwohlstand führt **nicht automatisch** zu mehr

Geboren in der Zeit © Renate Kirchhof-Stahlmann
Aus: Zeiten. Zeitmaschine – Maschinenzeit, Zeitenwende – Wendezeit. 1993

Zeitwohlstand. Vielmehr verbreitet sich stattdessen der Eindruck von Zeitdruck und Hetze.

Wenn wir die noch recht junge Geschichte des Konzepts »Zeitwohlstand« verfolgen (vgl. dazu Rinderspacher 2002) wird klar: Der Begriff Zeitwohlstand verbreitet sich, weil sich das Versprechen der gleichzeitigen Realisierung von Güterwohlstand und mehr Zeit zu dessen Konsum und Genuss in aller Regel nicht erfüllt. So lässt sich in einer materiell begüterten Gesellschaft leicht die Sehnsucht nach Zeitwohlstand abrufen: »Ich wär so gern ein Zeitmillionär« trifft diese Stimmung ganz gut.

Zeitwohlstand muss nicht unbedingt in Widerspruch zum Güterwohlstand treten. Vielmehr kommt es darauf an, ob Zeitwohlstand für uns persönlich wertvoll ist. Dann sind uns die Zeiten selbst wichtig und dienen nicht nur als Mittel zum Zweck für mehr materielle Güter. Wenn man sich für Zeitwohlstand entschieden hat, sollte man sein Leben danach ausrichten und manche fehlenden Kompetenzen erwerben und pflegen. Dazu soll unser Buch beitragen. Selbstverständlich findet dies nicht im luftleeren Raum statt. Die gesellschaftlichen und politischen Rahmenbedingungen können hierfür mehr oder weniger förderlich sein (zum zeitpolitischen Zugang vgl. Deutsche Gesellschaft für Zeitpolitik 2003).

»Lange Weile – kurzer Punkt«

Oskar Pastior

Für Liebhaberinnen und Liebhaber konkreter Poesie sind Gedichte und Texte zu Zeiten von Oskar Pastior nahezu ein Muss und obendrein ein Genuss (Pastior 1995). Auch für diejenigen, die dieser Art Sprachwitz und diesen Ausdrucksformen nicht so nahe stehen, legt Pastior mit diesem Wortspiel eine interessante Fährte: **Langeweile.**

Langeweile – das wirkt altmodisch in einer Zeit des sich beschleunigenden Zeitdrucks, fremd in einer Welt der zunehmenden Möglichkeiten. Wenn Sie den Klassiker zur Langeweile lesen, »Oblomow« von Iwan Gontscharow, russischer Schriftsteller des 19. Jahrhunderts, dann ist die sprichwörtlich gewordene »Oblomowerei« der gehobenen Langeweile Sinnbild einer untergegangenen Epoche. Auf Kosten anderer lebend, war der Erbe von Gutsbesitzern nicht in der Lage, die geschenkte Zeit dauerhaft genießen und nutzen zu können. Nach kurzer Zeit der Aktivität herrschten bald wieder Langeweile vor, ein lustloser Alltagstrott, im wahren Wortsinn Zeitvertreib und Zeittotschlagen.

Wir erkennen anhand der Langeweile, dass die vereinfachte Regel – je mehr freie Zeit verfügbar ist, desto mehr Zeitwohlstand – nicht immer gilt. Wäre es so, müssten Arbeitslose über mehr Zeitwohlstand verfügen als Berufstätige. Leider zeigen aber viele Arbeitslose Stresssymptome und eine höhere Krankheitswahrscheinlichkeit als Beschäftigte. Wer unfreiwillig (zu) viel freie Zeit verfügbar hat, der kann nicht ohne weiteres mehr Zeitwohlstand genießen.

Erste Annäherung an den Zeitwohlstand

Zeitwohlstand bedeutet,

- für Aktivitäten angemessen Zeit zu haben, weder permanent extrem unter Zeitdruck zu stehen noch dauernd zu viel Zeit zu haben – zeitwohlhabend;
- selbst über Zeit bestimmen zu können – zeitsouverän.

Was »angemessen Zeit haben« bedeutet, hängt von den Menschen, ihren Lebenssituationen, Aufgabenstellungen und ihrem Alter ab. Dies wird von vielen Faktoren beeinflusst (z.B. ihren jeweiligen Chronotypen). Häufig sind die zeitlichen Vorgaben und Anforderungen nicht so eindeutig, es bestehen **Gestal-**

tungsspielräume. Dies hat mit einem Merkmal von Souveränität zu tun: selbst bestimmt und kompetent mit den Zeiten umgehen zu können ist

- von den äußeren Umständen und
- von den eigenen Zeitkompetenzen

abhängig. Beide sind zumindest in einem bestimmten Umfang beeinflussbar. Die Zeitkompetenzen können aktiviert und im Laufe der Zeit verbessert werden.

Eine angemessene Zeitdauer und damit die Vermeidung eines permanenten Zeitdrucks ist ein grundlegender Aspekt von Zeitkompetenz. Sie beinhaltet darüber hinaus, mit der Vielfalt der Zeiten umgehen zu können. Zeitwohlstand ist, wie Güterwohlstand, in gewissem Umfang beeinflussbar.

Wenn die äußeren Zeitvorgaben und Rahmenbedingungen dauerhaft zu rigide sind und nicht den eigenen Bedürfnissen und Interessen entsprechen, sollte man versuchen, die Bedingungen zu ändern.

Übung 38

Keine Angst vor Langeweile *(Erfahrungen)*

Kennen Sie diese Erfahrung von sich selbst oder aus Ihrem Umfeld? Jemand nimmt sich erstmals vor, in den Wochen der Fastenzeit vor Ostern auf etwas zu verzichten, zum Beispiel keinerlei Fleisch und Wurst zu essen. Unabhängig von möglichen religiösen Motiven, kann dies zu einer Erfahrung über eigene Abhängigkeiten führen, die nicht bewusst war. Öfters wird auch über die folgende Erfahrung berichtet. Zum ersten Mal seit vielen Jahren erlebt man beim Fasten Hungergefühle. Zuvor hatte man nach der Uhr und den Gewohnheiten gegessen. Aus diesem Gefühl, Hunger zu spüren und damit Essen als etwas Existenzielles und Besonderes zu erleben, kann die Erfahrung erwachsen, dass man das Essen mehr als zuvor genießen kann.
Übertragen wir das auf unser Thema: Lassen Sie bewusst einmal Raum für Langeweile. Wählen sie eine geeignete Möglichkeit aus, etwa eine Bahnfahrt am Wochenende in einer ansonsten verdichteten Zeit. Nehmen Sie sich nichts vor, nehmen Sie nichts zum Lesen oder Hören mit, und seien Sie einfach offen dafür, was sich dann ereignet. Überlegen Sie sich anschließend:

- Welche Erfahrungen haben Sie gemacht? War Ihnen unangenehm langweilig? Oder empfanden Sie es eher als eine angenehme lange Weile? Eine schöne Erfahrung, erfüllte Zeit?
- Erlebten Sie Unvorhergesehenes und Ungeplantes?
- War es eine eher turbulente Zeit, mit Aktivitäten und Erlebnissen, die durch andere angestoßen wurden oder sich so ergaben?
- Können Sie sich vorstellen, dass Ihnen das gelegentlich gut tun würde?
- Man muss Zeit nicht vertreiben. Vielmehr kann sich etwas in der Zeit ereignen.

Entspannung, Ruhe, Muße

»Perfekt entspannen. – Ferien für Körper und Seele. Individuelle Erholungsstrategien. Anleitung zum Müßiggang«
(Titel einer Sommerausgabe des *Focus*, Nr. 31, 30. Juli 2001)

Dieser Focustitel trifft eine Grundstimmung, die mit Zeitwohlstand assoziiert wird: Entspannung – Auszeit – Erholung – Muße. Unterstützt werden die Texte durch Bilder im Liegestuhl am See und ähnlich gelagerte Motive. Wären Entspannung und Ruhe noch selbstverständlich, würde man darüber kaum eine Titelgeschichte schreiben. Schon gar nicht bräuchte man dazu eine Anleitung, Strategien und dergleichen.

Was aber ist Entspannung? Werfen wir zunächst einen Blick auf die gängige Verknüpfung: **Zeitwohlstand = Entspannung und Ruhe.** Entspannung kann direktes Ausruhen und Schlaf bedeuten. Es kann körperliche Aktivität sein, die nach einer sitzenden Tätigkeit zur Entspannung beiträgt (z.B. Gartenarbeit, nach langen Sitzungen Rad fahren, Joggen). Entspannung kann »Nicht-Aktivität« und es kann die notwendige Ergänzung, Abwechslung zu vorangehenden Tätigkeiten bedeuten: zur Ruhe, in ein anderes Fahrwasser kommen.

Im **Rhythmus** von Aktivsein und Entspannen können Ruhe, Schlaf, Nichtstun gut tun. Ebenso kann aktives Entspannen schön sein. Dabei geht es nicht um »perfekte Entspannung«. Vielmehr besteht die Kunst darin, loslassen zu können und eine **angemessene Spannung** für sich zu finden. Das alles zu seiner Zeit. Dazu gehört es, zu erkennen, wann was »seine« Zeit hat. Dies geht weit über die gängigen Anleitungen von Zeitplanung und Synchronisation hinaus (s. S. 43ff.). Zukunftsoffenheit, Unsicherheit und Überraschungen werden nicht länger als störend angesehen, sondern Rhythmen sind mit ihren Variationen ein akzeptierter Teil des Lebens. Wir leben mit und in ihnen.

Für Erwachsene, die das in der Welt der Uhren-Kalender-Zeit verlernt haben, gibt es einen einfachen Weg, sich dieser Art Zeit wieder anzunähern. Sie können etwas mit Kindern zusammen unternehmen und für sie Zeit haben, ohne nach der Uhrzeit zu planen (s. Übung 3, S. 32). Angesichts der Zeitenkonditionierung unserer Kultur ist dies eine große Herausforderung: **Etwas tun und lassen können – daraus kann Gelassenheit entstehen.**

In Untersuchungen zu subjektivem Wohlbefinden und Zeitwohlstand zeigt sich: Aktive Zeiten, in denen man selbst bestimmt tätig ist, führen gegenüber rein passiv-rezeptiven Tätigkeiten – etwa wahllos irgendetwas im Fernsehen anschauen – zu höherem Wohlbefinden. Sinnerfüllte, selbst bestimmte Aktivität kann für das Gefühl des Zeitwohlstands so wichtig sein wie Entspannung, Muße und Ruhe.

Zweite Annäherung an den Zeitwohlstand

Wichtige Elemente von Zeitwohlstand sind
- Ruhe, Muße, sich entspannen können;
- aktive Entspannung und angemessene Spannung;
- sinnerfüllte und selbst bestimmte Aktivitäten;
- Aktivitäten mit anderen und in der Natur.

Muße ist ein besonderes Moment von Ruhe. Muße kann Kontemplation bedeuten: in der Natur sein, lesen von Gedichten, meditieren. Die Formen, die die Einzelnen für sich finden, sind vielfältig. Manche sind dabei spezifisch für eine bestimmte Lebensform wie in der folgenden Geschichte.

»**Zeitwohlstand.** In einem gut besuchten Münchner Biergarten, an einem langen, lichten Juniabend, setzt sich ein älterer Einheimischer, der an seiner stoisch-immobilen Gelassenheit sowie an seiner Kleidung als Bayer zu erkennen ist, mit einer Maß Bier an einen der halb leeren Tische. Andere, junge, sportliche Menschen setzen sich ihm gegenuber, packen einen Wurstsalat aus und trinken dazu koffeinhaltige Limonade. Diese ungewöhnliche Komposition von Speis und Trank vermag den schnauzbärtigen Bayern nur für einen kurzen Moment in seiner kontemplativen Ruhe zu stören. Ein zweiter Liter Bier muss her, damit die Ruhe des Gemütes wieder die richtige Balance findet, und dann, eine halbe Stunde später, eine dritte Maß. Einen der umtriebigen jüngeren Colatrinker am gleichen Tisch irritiert dieser Sachverhalt sichtbar und hörbar: ›Wissen Sie eigentlich‹, so seine suggestive Frage an den Tischnachbarn, ›wissen Sie eigentlich, dass man langsam blöde wird, wenn man so viel Bier trinkt?‹ ›Wieso‹, die unaufgeregte Antwort des Bayern, ›wieso, ich hab doch Zeit.‹« *(Karlheinz A. Geißler: Wart' mal schnell. Minima Temporalia 2002a, S. 231)*

Verbreiteter sind andere Arten der Kontemplation und Meditation, von klassischen europäischen Formen bis zu Yoga und anderen östlichen Traditionen.

Übung 39

Meine Mitte finden *(Bildmeditation)*

Die Meditation hat einen festen Platz in nahezu allen Kulturen. »Die Mitte finden«, innere Ruhe und Kontakt zu sich selbst sind Grundlage jeder Meditation. Sie hilft vielen Menschen, zum Beispiel nach einem hektischen Arbeitstag wieder innere Ruhe und Kraft zu finden. Neben dieser Funktion bietet Meditation eine darüber hinausgehende eigene Qualität an, die mit spirituell umschrieben werden kann. Den Zugang zu seinen wahren Interessen und übergeordneten Prinzipien, zu Gott, dem Göttlichen finden.

Formen christlicher Kontemplation erleben eine Renaissance. Etwa das »liebende Erkennen (Kontemplation)« des Meister Eckhart (1260–1328) oder des Johannes vom Kreuz (1542–1591). Atemübungen, meditieren mit Hilfe eines Wortes, Weg der Hingabe und Liebe, wahrnehmen des eigenen Seins und andere Zugängen haben bei allen Unterschieden große Ähnlichkeiten mit östlichen Meditationspraktiken. Besonders stark rezipiert wurden bei uns verschiedene Formen der Zen-Meditation. Das Wort »Zen« kommt vom indischen Sanskritwort »Dhyana« und bedeutet »Sammlung«. Die Übungsform heißt genau genommen »Za-Zen«: »gesammelt sitzen, um den Geist zu sammeln«. Es ist eine Methode, die von Indien über China nach Japan kam, dem heutigen Zentrum des Zen-Buddhismus. Die richtige Körperhaltung (aufrechtes Sitzen) und Methoden zur Erlangung der inneren Ruhe sind dabei grundlegende Elemente. Deshalb sollte man am Anfang einen Meditationskurs besuchen. Zur Einführung in die westlich-amerikanische Variante der Zen-Meditation ist Glassman und Fields (1997) zu empfehlen (zur übergreifenden Einführung zu Meditationen Kabat-Zinn 2001).

Bildmeditation

Nehmen Sie sich für eine bestimmte Tageszeit eine Auszeit. Suchen Sie sich dafür einen Ort, an dem Sie ungestört sind. Wählen Sie vorab ein inspirierendes Bild aus, das Sie entweder direkt anschauen können oder von dem Sie eine klare Erinnerung haben. Es empfiehlt sich, ein möglichst einfaches Motiv zu wählen, damit Sie sich gut darauf konzentrieren können. Betrachten Sie das Bild und lassen Sie sich überraschen, welche Wirkung sich zeigt. Nehmen Sie es als Ganzheit wahr, atmen Sie ruhig und lassen Sie auftauchende Gedanken einfach vorbeiziehen.

Variation

Für viele Meditationsmeister ist das ganze Leben eine Meditation. So kann buchstäblich alles eine Anregung für einen tiefen Moment der Sammlung geben. Am Morgen die ersten Minuten des Aufwachens, die Beobachtung des Sonnenaufgangs, das Wahrnehmen von spielenden Kindern oder ein Schneetreiben im Winter sind Beispiele für vielfältigste Möglichkeiten, um innezuhalten. Ganz normale Alltagssituationen, denen man oft wenig Beachtung schenkt, bieten sich besonders an.

Zeitvergessen – im Jetzt aufgehen

Zeitlos auf einer Bank am Meer sitzend den Tag erleben. »*Eine Uferpromenade in Italien. Ein Paar geht im Morgenlicht spazieren. Der Blick aufs Meer ist überwältigend. Sie bleiben stehen und setzen sich auf eine Bank. Das Licht, die Wolken, die Wellen. Sie können sich nichts Schöneres vorstellen. Sie vergessen die Zeit. Das Schicksal schickt kleine Essensstände mit dampfenden Würstchen, kalter Limonade und Wägelchen mit Waffeln und Eis zu ihnen auf die Promenade. Sie riechen die Würstchen und kaufen ein. Aus dem Morgenlicht ist längst Nachmittagslicht geworden, und die Uhrzeit ist noch immer vergessen. Kein Ausflug, kein Programm, nur Wolken, Wellen und heiße Würstchen.*« (Elmar Hatzelmann, nach dem Erlebnis einer Seminarteilnehmerin)

Zeitlos – ein großes Wort gelassen hingeschrieben. So lange wir leben, sind wir in der Zeit. In diesem Sinne können wir nicht »zeitlos« sein. Dennoch können Sie wohl nachvollziehen, was gemeint ist: Wenn wir etwas sehr intensiv erleben, ob in der Arbeit, in der Natur, im Sport, mit Kindern, in der Liebe, kann es vorkommen, dass wir »die Zeit vergessen«. Auch Geschichten und Märchen können uns »aus der Zeit entführen« (siehe dazu Kurzgeschichten von Blenk 2003). Von manchen Personen wird das damit umschrieben, dass sie die übliche Essenszeit vergessen und erst später, am Ende eines Spannungsbogens merken, wie sehr sie Hunger haben.

Die Zeitkompetenz, sich auf das Gegenwärtige einlassen zu können, ganz im Augenblick aufgehen und bei der Sache sein zu können, lässt sich am Unterschied zum Timing illustrieren. Auch dabei geht es um richtige Zeitpunkte, das Abstimmen unterschiedlicher Tätigkeiten und die Koordination von Personen und Abläufen. Dazu gibt es Uhren, Wecker, Kalender, Timer, computergestützte Methoden der Zeitbudgetierung und anderes mehr.

Das **Leben ganz im Hier und Jetzt** hat jedoch eine andere Qualität. Dabei steht die Gegenwart im Vordergrund, die Zukunft und die Vergangenheit bleiben im Hintergrund. Die Gegenwart gewinnt eine eigene Qualität und Wertigkeit und ist nicht nur das Vorspiel für eine spätere Zukunft. Sie ist nicht nur instrumentell für andere Zeiten und für materielle Ziele wichtig.

Bei Goethe findet sich eine Passage im Gespräch mit Eckermann, die das für die räumliche Dimension illustriert: Auf die Frage, warum er beim Spaziergang durch das Fernrohr in die Ferne sieht, kommt die klassisch gewordene Antwort: »Warum, hier bin ich sowieso.« Bezogen auf das Jetzt: Die Kunst besteht darin, Erfahrungen der Vergangenheit für das Jetzt zu verwenden und für die Zukunft planen zu können, ohne dass dadurch unser **Sinn für die Gegenwart** eingeschränkt wird.

Dies ist in einer an Zeitplanung orientierten Arbeitswelt nicht einfach. Viele können sich angesichts der dichten Vorgaben und des Zeitdrucks nicht mehr richtig konzentrieren. Auch in der Familie und Freizeit erleben das viele. Sie haben das Problem, dass sie immer auf dem Sprung sind, ihre momentane Tätigkeit zu verlassen, um irgendetwas noch Wichtigeres zu tun. Häufig machen sie dann kaum mehr irgendetwas richtig (s. S. 183ff. und S. 186ff.).

»Im Jetzt aufgehen können« – was zunächst weltzurückgezogen klingt, ausschließlich meditativ allein auf sich selbst bezogen, hat mehrere Seiten. Zeit für sich zu finden, ganz im Jetzt aufgehend. Allein sein und zurückgezogen zur Ruhe kommen. Es kann ein Aufgehen im Jetzt des Naturerlebens sein. Für uns persönlich sind zum Beispiel die Zeiten am Morgen, wenn die Vögel den Tag einzwitschern, von besonderer Intensität. Aber auch andere alltägliche Situationen können das Hier und Jetzt intensiv erleben lassen, etwa wenn wir mit anderen Menschen zusammentreffen. Und es kann gerade für das Berufsleben besonders wichtig sein, ganz bei einer Sache sein zu können, darin aufzugehen.

Dritte Annäherung an den Zeitwohlstand

- Ein Aspekt von Zeitwohlstand ist es, im Hier und Jetzt aufgehen zu können, ganz bei der Sache zu sein.
- Zeitwohlstand ist ein Maß dafür, wie sich Menschen subjektiv in ihrem Umgang mit den Zeiten wohl fühlen.
- Zeitwohlstand umfasst Wohlbefinden in Zeiten mit anderen und Naturzeiten.

Freude und Motivation

Zeitarmut und Zeitzwänge können dem Zeitwohlstand entgegenstehen. Für Zeitwohlstand ist es ebenso wichtig, ob wir an den Tätigkeiten, die wir in der Arbeit oder sonst ausüben, Freude und Spaß haben können. Man nennt dies »intrinsische Motivation«. Diese bezieht sich auf die Tätigkeiten selbst und ist nicht vorrangig von äußeren Faktoren wie Entlohnung und Status abhängig. Wenn beispielsweise über zu lange Zeit hinweg ein enormer Zeitdruck herrscht, ob von außen vorgegeben oder durch eigenes Zutun noch verstärkt, kann es sein, dass die Motivation für die Tätigkeiten nachlässt. Oft sind Burn-out-Symptome oder familiäre Spannungen und Krisen die Folge (Hatzelmann 2003).

Wenn wir diese **intrinsische Qualität** von Zeiten, beispielsweise der Freude an einem guten Essen, dem Spaß in der Zusammenarbeit mit Kollegen, zu lange vernachlässigen, kann dies die Arbeitsmotivation untergraben. Im Laufe der Zeit leidet dann oft auch die Effizienz. Eine rein instrumentelle Sicht der Zeitverwendung ist nicht effizient.

Insbesondere kreative Arbeiten leider darunter: Entwickeln und Forschen, Entwerfen neuer Programme, Kundenbetreuungskonzepte und vieles mehr. Ohne innere Motivation und Freude an den jeweiligen Tätigkeiten lässt der Antrieb dazu nach. Das Ausweichen auf extrinsische Motivatoren (Anerkennung, Prämien) hält nicht lange vor.

Vierte Annäherung an den Zeitwohlstand

- Die Eigenwertigkeit von Zeiten ist ein wichtiger Bestandteil von Zeitwohlstand.
- Etwas genießen können, an einer Aktivität direkt Freude haben, ist ein wichtiges Moment von Zeitwohlstand.

Zeitinseln

»Beppo liebte diese Stunden vor Tagesanbruch, wenn die Stadt noch schlief. Und er tat seine Arbeit gern und gründlich. Er wusste, es war eine sehr notwendige Arbeit.
Wenn er so die Straßen kehrte, tat er es langsam, aber stetig: Bei jedem Schritt einen Atemzug und bei jedem Atemzug einen Besenstrich. Schritt – Atemzug – Besenstrich. Schritt – Atemzug – Besenstrich. Dazwischen blieb er manchmal ein Weilchen stehen und blickte nachdenklich vor sich hin. Und dann ging es weiter – Schritt – Atemzug – Besenstrich – – –.«
(Michael Ende: Momo 1973, S. 36)

Zeit = Uhrenzeit und Zeit = Geld – von diesen beiden gängigen Grundgleichungen war bereits ausführlich die Rede. Eine für unseren Umgang mit den Zeiten nicht minder wichtige Grundgleichung steht noch aus: **Zeit = Leben.**

Derzeit beliebt ist dafür das Bild der Balance von Arbeit und Leben (*Work-Life-Balance*; siehe etwa den Titel in der Zeitschrift Psychologie heute, Ausgabe Mai/2003). Dieser Blickwinkel entwickelte sich in den 1990er-Jahren in der Diskussion um angemessene Managementstile und Verbesserungspotenziale der Arbeitsproduktivität. Ein Hauptantrieb war die Absicht von Unternehmen, die produktiven Potenziale von Frauen besser als bisher für die Arbeitswelt nutzen zu können. Arlie Hochschild (2002) schildert dies anschaulich am Umgang mit Zeit in einem großen amerikanischen Unternehmen (anonymisiert mit »Amerco« benannt). Die Firmen mussten sich etwas einfallen lassen. Bei den Frauen konnte man nicht länger auf die im Betrieb gängigen Zeitmuster der Männer zurückgreifen. Bei diesen wurde ungefragt vorausgesetzt, dass die Betreuung der Kinder und die Haushaltsarbeit von der Frau, anderen Verwandten und gegebenenfalls via Outsourcing (zum Beispiel Kinderhort, Einkaufsservice) abgedeckt werden. Wollte man die gute Ausbildung von Frauen und ihre Talente nutzen, mussten andere Zeitarrangements entwickelt werden.

Besonders in außerberuflichen Zeiten brauchen wir Zeiten für und mit dem Partner beziehungsweise der Partnerin und den Kindern, Zeiten für Verwandte und Freunde, Zeiten, um zur Ruhe zu kommen. Wie schwierig dies sein kann, schildert Hochschild anhand vieler Fallbeispiele von Amerco. Vielfach greift der lange Arm des Unternehmens in die Privathaushalte. Der betriebliche Zeitdruck, zu lange Arbeitszeiten und die Durchsetzung einer permanenten Erreichbarkeit begünstigen die Tendenz, dass der Haushalt zu einem reinen Produktionsstandort wird. Damit fällt es vielen der Amerco-Mitarbeiterinnen schwer, in der Familie unbeschwert »zeitreich« zu sein.

In diesem Zugang zum Zeitwohlstand wird die Arbeit außerhalb des eigentlichen Lebens angesiedelt. Damit wird die Arbeit genau genommen nicht als Teil des »Lebens« verstanden, sondern sie wird diesem gegenübergestellt. Diese Vorstellung findet sich auch im Konzept der Balance von Arbeit und Leben (**Work-Life-Balance**).

Damit sind wir einem ersten Zugang zum Zeitwohlstand auf der Spur: In dieser Vorstellung gilt es, in der Arbeitswelt möglichst effizient tätig zu sein. In der sonstigen Zeit außerhalb der Arbeit gibt es ebenso Zeiten, in denen man seine Aufgaben möglichst effizient erledigt (z.B. Hausarbeit). Es kommt darauf an, in der noch verbleibenden Zeit **gewisse Zeitinseln** frei zu halten, in denen man Zeitwohlstand genießen kann (vgl. dazu die Abb. auf S. 18.

Diese Art von Zeitwohlstand zu beherrschen erfordert eine doppelte Kunst. Zum einen müssen regelmäßig in der Freizeit genügend Freiräume für kleinere und gelegentlich auch für größere Zeitinseln freigehalten werden. Man versucht dabei, den vielfältigen Zeitfallen zu entkommen, die das im Alltag oft er-

schweren. Zum anderen ist zu üben, auf diesen Zeitinseln die Freiheit und den Zeitluxus mit gutem Gewissen genießen zu können. Dazu ist insbesondere das Überschwappen des Zeitdrucks aus der Arbeitswelt und der Hausarbeit auf diese Inseln zu vermeiden. Dass dies nicht ganz einfach ist, kann man an der Karikatur sehen, in der sich die Urlaubsstimmung und Betriebsamkeit mischen.

In einer spezifischen Version dieses Wegs zum Zeitwohlstand geht es insbesondere darum, in der freien Zeit für das soziale Umfeld regelmäßig genügend Zeitinseln zu haben (zum Beispiel gemeinsame Spielabende und Ausflüge, Engagement in Vereinen).

Dieser auf Zeitinseln in der freien Zeit ausgerichtete Zeitwohlstand ist für viele Menschen attraktiv. Dies gilt für diejenigen, die gerne eine klare Trennung zwischen der Arbeit und ihrem sonstigen Leben haben. Gleichermaßen gilt dies für Menschen, die unter einem enormen Zeitdruck arbeiten. Sie haben deshalb kaum eine andere Möglichkeit, als zumindest Zeitinseln in der Freizeit zu pflegen.

Zeitreise auf eine Zeitinsel. »*Die friesischen Inseln sind Zeitinseln. Der Tag wird durch die Gegenläufigkeit des Sonnentags und der Gezeiten bestimmt. Der gewohnte 24-Stunden-Rhythmus und die Gezeiten sind täglich etwa eine halbe Stunde gegeneinander verschoben.*

Rhythmen sind auf verschiedenen Ebenen zu erleben: die Gezeiten von Flut und Ebbe, der Tag-Nacht-Rhythmus, der Rhythmus des Mondmonats, der monatliche Rhythmus der Springzeiten, die Jahreszeiten, der Rhythmus vom Werden und Vergehen von Inseln über die Generationen hinweg. Das Letztere ist natürlich in der Zeitskala unserer eigenen Lebenszeit nicht direkt erlebbar. Dennoch kann man dies auf den Inseln nachempfinden. Über die Zeiten hinweg wandern die Inseln von West nach Ost. Da die Menschen verständlicherweise gegen die damit verbundene Zerstörung ihrer Dörfer ankämpften, wurden die Inseln auf der Westseite künstlich befestigt. Wind und Wasserkraft verlagern die Inseln dennoch weiter nach Osten. So kann man noch ganz junges Land erleben, den Rhythmus von Werden und Vergehen der Natur nachempfinden.

Man kann Kontraste im alltäglichen Lebensrhythmus und Geschwindigkeiten erleben. Verbringen Sie einen Tag auf einer der Inseln, auf denen keine normalen Autos zugelassen sind. Und machen Sie am nächsten Tag einen Ausflug auf eine der Inseln, auf denen der Autoverkehr das Leben bestimmt.« (Martin Held, Sommer 2003)

Übung 40

Reise auf meine Zeitinsel *(Erlebnis)*

Wenn sich Zeitwohlstand noch nicht umfassend verwirklichen lässt, können Zeitinseln einen ersten Schritt darstellen. Daher möchten wir Sie auf eine Traumreise einladen, in der Sie Ihre Zeitinsel erschaffen können. Richten Sie es bitte so ein, dass Sie mindestens eine halbe Stunde ungestört für sich sind. Am Schönsten ist es, wenn Ihnen jemand diesen Text vorliest, oder Sie ihn auf Kassette sprechen. Daher ist der Text in »Du-Form« verfasst.

»Lege dich auf eine weiche, bequeme Unterlage und geh deinen Träumen nach. Stell dir vor, du liegst in wunderbarem, warmem Wasser. Das Wasser trägt dich. Wellen umspielen deinen Körper. Alles ist schön warm und angenehm. (Pause) Du wirst vom Wasser gemächlich zu einer Insel getragen, die für dich wie geschaffen ist. Wie sieht das Ufer wohl aus? (Pause) Du wirst dort sanft angespült und genießt den warmen Sand. Du richtest dich langsam auf und schaust umher. (Pause)

Stell dir vor, wie du deine Insel erkundest. Lass dich überraschen, was sie zu bieten hat. Du kannst sie so gestalten, wie es dir gefällt. Wenn du willst, kannst du deine Hände ausstrecken und dein Paradies formen. Erschaffe das, was du gerne magst: feinkörniger Sand, Palmen, Blumen, Tiere, Menschen ... Auch die Temperatur, den Wind, Geräusche, Musik und sogar den Duft kannst du nach Belieben bestimmen. Eine Insel für dich. Lass dir jetzt genug Zeit, diesen Raum zu erschaffen. Genieße deine Insel und fühl dich richtig wohl. (Pause)

Bereite dich darauf vor, deine Zeitinsel langsam wieder zu verlassen. Schaue sie nochmals ganz genau an, erinnere dich an all die schönen Dinge, die es dort gibt. (Pause) Nimm sie mit all deinen Sinnen wahr. Wenn du Lust hast, kannst du ein Bild oder ein Symbol auswählen, das dich in der Gegenwart an deine Insel erinnert. Lass dir Zeit. (Pause)

Geh wieder Richtung Wasser und lass dich wieder vom Wasser treiben. Gleite dann langsam in deiner Geschwindigkeit zurück in den Raum, in dem du gerade bist. Nimm Kontakt auf zum Boden und atme einige Male etwas tiefer ein und aus. Ruh dich aus und genieße den Moment.«

Lassen Sie diese Übung nachwirken. Wenn es Ihnen danach ist, können Sie sich mit Ihrem Gesprächspartner austauschen. Sie können Ihre Insel auch immer wieder aufsuchen und die Qualität der Zeitfülle, Muße und anderes mehr und mehr in Ihren Alltag nehmen. So kommen Sie dem umfassenden Gefühl des Zeitwohlstandes immer näher. Vielleicht hilft Ihnen dazu auch eine andere Art einer Zeitreise (s. vorangehende Seite).

Zeit = Lebenszeit

Zeitinseln in der Freizeit – dies ist ein erster Zugang zum Zeitwohlstand. Am gängigen Konzept, die Balance Arbeit–Leben zu schaffen, kann zugleich ein weiter reichender, für viele attraktiver Weg zum Zeitwohlstand illustriert werden. Dafür sprechen gute Gründe, die mit der Kurzformel charakterisiert werden können: **Arbeit = Leben. Arbeit ist Teil der Lebenszeit.**

»Für das Leben habt ihr gelernt, und heute können wir euch nach bestandenem Abitur in das Leben entlassen.« Derartige Aussprüche waren lange Zeit bei Abschlussfeiern beliebt. Erst nach dem Studium, nach der Heirat, nach dem Arbeitsleben beginnt das »eigentliche« Leben.

Zeitwohlstand wird in einem erweiterten Verständnis dagegen von Anfang an auf das **ganze Leben** umfassend ausgerichtet. Selbstverständlich sind dabei die Bedingungen unterschiedlich: Arbeits- und Organisationsbedingungen, Art der Aufgaben, Chronotyp der Berufstätigen, Lebensbedingungen (Zeiten der Partner, Alter der Kinder) und Geschlecht. In diesem Ansatz zum Zeitwohlstand wird das Konzept der Zeitinseln neben der Freizeit auch in der Arbeitswelt verwendet. Kleinere und größere Pausen ebenso wie besonders kreative und erfüllende Momente in der Arbeit werden als Zeitinseln erlebt.

In einem das ganze Leben umfassenden Verständnis von Zeitwohlstand finden wir ferner eine über Zeitinseln hinausgehende Grundhaltung, die die Eigenwertigkeit von Zeiten und Zeitsouveränität betont (siehe vergleichbar Editorial Psychologie Heute Mai/2003). Der übergreifende Charakter dieser Lebensphilosophie kommt in der Abbildung auf Seite 18 zum Ausdruck. Damit unterscheiden wir drei verschiedene Konzepte von Zeitwohlstand:

- Zeitinseln in Familie und Freizeit;
- Zeitinseln in Familie und Freizeit sowie im Beruf;
- Zeitwohlstand übergreifend als Grundhaltung für das ganze Leben.

Je nachdem, welcher Weg zum Zeitwohlstand in einer Gesellschaft präferiert wird, ergeben sich für die Politik verschiedene Handlungsanforderungen. In unserem Buch gehen wir auf die damit verbundenen, weit reichenden Fragen einer Zeitpolitik nicht ein. Damit befasst sich ausdrücklich die Ende 2002 gegründete Deutsche Gesellschaft für Zeitpolitik (2003 sowie Reheis 2003; Heitkötter 2003).

Zeit = Lebenszeit: Damit ist insbesondere die Abfolge der Generationen angesprochen. Mit Kindern kommt neues Leben im Rhythmus der Generationen in das Spiel der Zeiten. Förderliche Bedingungen für Zeitwohlstand heißt, Kindern ihre Zeiten zu lassen ebenso wie Raum für die unterschiedlichen Eigenzeiten der Erwachsenen zu schaffen.

In einer alternden Gesellschaft ist es eine gesellschaftliche Aufgabe, die Zeiten alter Menschen mit den Zeiten der Berufstätigen abzustimmen. Dabei ist es eine ganz besondere Herausforderung, mit den von unseren Alltagszeiten völlig losgelösten Zeiten alterseinsamer, pflegebedürftiger oder verwirrter Menschen umzugehen.

Was bedeutet unsere Verletzlichkeit und Anfälligkeit für Krankheiten, bei denen unsere Möglichkeiten für den ansonsten normalen Umgang mit Zeiten beeinträchtigt werden? Was folgt aus unserer Endlichkeit und Sterblichkeit, die wir vielfach verdrängen, für unseren Umgang mit den Zeiten? Es ist alles andere als ein Zufall, dass größere Änderungen in der Lebensführung und im Verständnis des Werts von Zeiten häufig dann ausgelöst werden, wenn liebe und nahe stehende Menschen schwer krank werden oder frühzeitig sterben. Dann wird die ansonsten bei manchen vordergründig so starke Beschleunigungs-Hochdrucksmaschinerie jäh unterbrochen.

Ist es nicht plausibler, angesichts der menschlichen Begabung zur Vorausschau, mit Krankheiten und Sterblichkeit »zu rechnen«? Uns nicht davon überraschen zu lassen, sondern dies in unsere Vorstellungen der Eigenwertigkeit von Zeiten, der Besonderheit bestimmter Lebensphasen, glücklicher Momente und anderer Zeiten einzubeziehen und ernst zu nehmen?

An einem kleinen, für die Lebenszeit wichtigen Beispiel sei dies illustriert: In angeblich »modernen« Arbeitsarrangements ist heute für Trauer vielfach nur noch wenig Zeit vorgesehen. Meistens ist immerhin ein Tag für die Beerdigung zumindest bei nahen Angehörigen vorgesehen. Selbstverständlich kann man, wenn es die betrieblichen Erfordernisse zulassen, kurzfristig einen oder zwei Tage zusätzlich frei nehmen. Könnte es sein, dass die Möglichkeit für Trauerzeiten und Rituale wichtiger ist als vieles, was uns heute, bezogen auf die Zeitnutzung, so selbstverständlich ist?

Wir sind keine Zeitautomaten, bei denen man einen Schalter einfach anstellen und beliebig wieder abstellen kann. Leben, Krankheiten, Tod und Trauer – sie alle brauchen ihre Zeiten. Wenn wir uns diese Zeiten nehmen, kann es sein, dass wir zugleich im Zeitablauf zufriedener sind als bei einer reinen Zeitmechanik. Zugleich sind wir dann motivierter und produktiver. Dazu braucht es die Möglichkeit für Trauerzeit ebenso wie die Zeitkompetenz, sich die Zeit dafür innerlich nehmen zu können, selbst wenn andere dringende Geschäfte warten. Dies hat mit der Kompetenz zu tun, »das Zeitliche zu segnen«.

Fünfte und letzte Annäherung an den Zeitwohlstand

- Ein Weg zum Zeitwohlstand konzentriert sich auf Zeitinseln in der Freizeit.
- Ein weiterer Weg führt zu Zeitinseln darüber hinaus auch in der Arbeit.
- Ein weiter reichender Weg versteht Zeitwohlstand als umfassendes Lebensziel einschließlich der Arbeit.
- Für alle drei Wege zum Zeitwohlstand brauchen wir Zeitkompetenz.
- Beim Zeitwohlstand wird das Augenmerk auf die Qualität von Lebenszeit gerichtet.

Güterwohlstand und Zeitwohlstand

Kommen wir zum Ausgangspunkt dieses Kapitels zurück: dem Streben nach immer mehr materiellem Wohlstand. Sehen wir uns das **Verhältnis** von Güter- und Zeitwohlstand einmal genauer an. Wenn uns materieller Wohlstand wichtig ist und wir dieses Ziel in gewissem Maße erfolgreich realisieren, ergibt sich eine einfache, jedoch oft übersehene Konsequenz. Das Streben nach hohem Güterwohlstand führt dazu, dass wir uns im Laufe der Zeit zunehmend Güter anschaffen. Auch wenn wir aus der Tatsache des Besitzes und der Verfügbarkeit eine gewisse Befriedigung ziehen können (Ausstattungsnutzen und Statusnutzen), erfordert bereits allein die Pflege dieser Güter Zeit. Wenn wir das nicht selbst machen, brauchen wir Organisationszeit, damit andere für uns deren Instandhaltung, Pflege und Aufsicht übernehmen.

Wollen wir die Güter gelegentlich tatsächlich nutzen, benötigen wir dafür Zeit (Ergebnisnutzen). Wenn wir an der Nutzung zudem Spaß und unsere Freude haben wollen, dann wird die Zeit noch wichtiger. Nehmen wir als Beispiel eine gut ausgestattete Küche. Wenn wir in dieser so gut wie nie kochen oder bestenfalls einmal etwas in der Mikrowelle erhitzen oder den Wasserkocher verwenden, dann wird die Freude daran nicht sonderlich groß sein. Richtig kochen, gemeinsam mit der Familie, den Freunden und Verwandten, braucht ebenso Zeit wie das anschließende gute Essen. Wenn Güterwohlstand eine übergeordnete Zielsetzung ist, dann sind wir also gut beraten, dem Zeitwohlstand zumindest ein gewisses Gewicht zu geben.

Wir sind keineswegs durch irgendeine äußere Vorgabe gezwungen, dass wir Zeitwohlstand ausschließlich nur so gewichten, wie dies für den Genuss von Güterwohlstand sinnvoll zu sein scheint. Es kann sein, dass uns **Zeitsouveränität** und damit **zeitliche Gestaltungsspielräume** direkt am Herzen liegen. Das kann bedeuten, dass für eine bestimmte Dauer eine kürzere Arbeitszeit, eine Auszeit und ein entsprechend niedrigeres Einkommen mit geringerem materiellen Wohlstand eine angemessene Lösung darstellen. Das hängt davon ab, ob die betrieblichen Strukturen dafür eingerichtet sind und die Vorstellungen zu den Geschlechterrollen dies ermöglichen (Beispiele: Hochschild 2002).

Eine andere Möglichkeit kann darin bestehen, dass wir mit einem im Schnitt etwas höheren Zeitaufwand für Spielräume in der zeitlichen Gestaltung und Flexibilität bezahlen. Dies setzt zugleich voraus, dass Firmen nicht in Form so genannter »Vertrauensarbeitszeit« durch kaum einhaltbare Zielvorgaben dieses Vertrauen missbrauchen. Hierdurch wird die temporale Freiheit sogar eingeschränkt. Wir bekommen vordergründig mehr Zeitsouveränität, geraten jedoch unter noch mehr Zeitdruck.

Güterwohlstand und Zeitwohlstand sind kein Nullsummenspiel. Wenn die Bedingungen für Zeitwohlstand förderlich sind, kann dies durch die motivierende Wirkung für den Güterwohlstand vorteilhaft sein. Zeitliche Gestaltungsspielräume erhöhen die Möglichkeiten, an den Tätigkeiten Freude zu haben und den Eigenwert der Zeiten genießen zu können. Damit kann die Arbeit produktiver sein und längerfristig ein höheres Einkommen erzielt werden.

Güterwohlstand und Zeitwohlstand

- Güter brauchen ihre Zeit. Güterwohlstand erfordert die Beachtung von Zeitwohlstand, wenn man vermeiden will, ständig in die Falle des gehetzten Zeitsparers zu geraten.
- Zeitwohlstand braucht seine Zeit. Das ist besonders dann wichtig, wenn wir, über Güterwohlstand hinausgehend, Zeitwohlstand aktiv anstreben.
- Güterwohlstand und Zeitwohlstand sind dann auf der gleichen Zielebene.
- Damit stellt sich die Frage, wie wir sie in der Relation gewichten und wie wir die für uns persönlich angemessene Balance finden.
- Es kann der wahre Luxus sein, nicht noch mehr zu machen, sondern sich Zeit für erfüllende Tätigkeiten zu lassen.
- Dies ist kein Verzicht auf Güter-, sondern ein Gewinn an Zeitwohlstand.

Die Quintessenz: Grundlegend ist, dass wir die Ausrichtung auf Zeitwohlstand zu einer **Grundhaltung unseres Lebens** machen. Wir haben dafür genauso etwas zu tun wie für den materiellen Wohlstand. Anregungen können Sie dem Mindmap zum Zeitwohlstand auf Seite 17 entnehmen.

Übung 41

Persönlicher Zeitwohlstand *(Reflexion)*

Zu Beginn dieses Kapitels haben Sie sich bereits in einem ersten Zugang mit Ihren Vorstellungen von Zeitwohlstand auseinander gesetzt. Haben sich diese durch die nähere Befassung verändert? Diese Übung unterstützt Ihre Suche nach Ihrem persönlichen Weg zum Zeitwohlstand. Sie können sie alleine oder auch in der Gruppe machen. Die Zeitangaben beziehen sich nur auf die Form der Gruppenübung. Lesen Sie zunächst in Ruhe die **sechs übergeordneten Leitfragen**:

- Was bedeutet Zeitwohlstand für mich?
- Welches Verhältnis haben für mich Zeitwohlstand und Güterwohlstand? Wie gewichte ich diese in ihrer Bedeutung?
- In welchen Lebensbereichen will ich größeren Zeitwohlstand?
- Mit wem möchte ich ihn gerne leben (Familie, Freunde, Beruf)?
- Wie kann ich das umsetzen und Widerstände überwinden?
- Wo will ich hierzu Schwerpunkte setzen?

Erster Schritt – alleine

- Persönliche Beantwortung der Leitfragen.
- Festhalten: Was ist mir dazu wichtig?
- Zusammenfassung, Verdichtung der Gesamtbotschaft zu einem Motto, Suche nach aktiven Umsetzungsmöglichkeiten.

Wenn Sie zu zweit oder in einer Gruppe sind, können Sie mit dem nächsten Schritt fortfahren.

Zweiter Schritt – zu zweit oder als Gruppe

- Jede/jeder erklärt den anderen die eigenen Ergebnisse.
- Diskussion, Verdichtung, Erweiterung zum wechselseitigen Lernen aus den unterschiedlichen Positionen/Lebenserfahrungen;
- wenn vorhanden: gemeinsame Botschaft oder Motto;
- Zusammenfassung und Suche nach aktiven Umsetzungsmöglichkeiten.

Sie können diese Übung entsprechend der Ihnen gemäßen Form und der Ihnen verfügbaren Zeit variieren. Beispielsweise bietet es sich an, auf malerische Weise Zeitlandschaften zu entwerfen. Oder Sie schreiben eine kleine Geschichte.

Zeitwohlstand und Zeitkompetenz – Was nehme ich mit?

> *»›Adieu‹, sagte der Fuchs. ›Hier mein Geheimnis. Es ist ganz einfach: Man sieht nur mit dem Herzen gut. Das Wesentliche ist für die Augen unsichtbar.‹ ›Das Wesentliche ist für die Augen unsichtbar‹, wiederholte der kleine Prinz, um es sich zu merken. ›Die Zeit, die du für deine Rose verloren hast, sie macht deine Rose so wichtig.‹«* (Aus: Antoine de Saint-Exupéry: Der Kleine Prinz, 1976, S. 52f.)

Zeitkompetenz hilft uns, souverän mit Zeiten umgehen zu können. Dies ist einer der Grundbausteine für unseren Zeitwohlstand. Wir müssen ja nicht unbedingt Zeitmillionäre werden. Aber wir können etwas dazu tun, zeitsouveräner zu werden, Zeitvorgaben klarer zu verstehen und zeitliche Gestaltungsspielräume besser nutzen zu können. Suchen Sie sich **Ihre Wege** zu mehr und größeren Zeitinseln. Oder versuchen Sie darüber hinausgehend, für sich und mit den Ihnen lieben und wichtigen Menschen umfassenden Zeitwohlstand im gesamten Leben zu realisieren. Lernen Sie, Eigenwertigkeiten von Zeiten wertzuschätzen, sinnerfüllte und selbst bestimmte Aktivitäten für sich zu finden, im Hier und Jetzt zu sein, Aktivitäten wie Ruhe zu genießen und daran Freude zu haben.

> *»Unmittelbar vor uns und in uns – nicht an fernen Orten*
> *Und nicht in einer anderen Zeit – liegt eine neue Welt, die erreichbar ist.*
> *Aufmerksamkeit entdeckt sie. Hoffnung führt sie herbei.*
> *Liebe gibt ihr Gestalt.*
> *Wir brauchen Augen, die Wunder sehen können,*
> *ein Herz, das an Verwandlung glaubt, und den entschiedenen Glauben,*
> *dass Leben der Plan für diesen Planeten ist, nicht Tod.*
> *Der Weg dorthin beginnt in deinem und meinem Leben.*
> *Es ist Zeit, ihn zu wagen.«*
> (Aus: Ulrich Schaffer: Visions, 2000, S. 7)

Einige **ausgewählte Literaturempfehlungen** zu diesem Kapitel finden Sie auf Seite 238.

Zeitengemäßes zum Ende

Der Anfang vom guten Ende

Übung 42

Zeitlandschaft *(Reflexion)*

Nehmen Sie sich, bevor Sie in diesem Abschlusskapitel weiterlesen, einige Minuten Zeit. Betrachten Sie eingehend die Zeichnung auf der vorhergehenden Seite.

- Welche Wege gehen Sie am liebsten?
- Welche Wege sind Ihnen noch unbekannt?
- In welcher Landschaft fühlen Sie sich zu Hause?
- Auf welche Wegweiser achten Sie in welchen Situationen am meisten beziehungsweise welche ignorieren Sie gerne?
- Welche Bildmotive liegen Ihnen besonders am Herzen?

Damit kommen wir schließlich zum Anfang vom guten Ende unseres Ausflugs in die große weite Welt der Zeitkompetenz und des Zeitwohlstands. Diese Welt ist durch die Unterschiedlichkeit der Zeiten und der daraus erwachsenden Herausforderung geprägt, mit dieser Vielfalt angemessen umzugehen. Der **Tutzinger Ansatz zur Zeitkompetenz** (tazk) ist dementsprechend offen gehalten. Es gibt keine »optimalen«, für alle Menschen, alle Situationen und über alle Aufgaben hinweg einheitlichen Rezepte. Jede und jeder hat für sich selbst herauszufinden, was aus der Fülle der Zeiten für die persönliche Zeitkompetenz hilfreich ist.

Die in Uhrenzeit-Einheiten gemessene Zeitdauer ist eine Dimension des Umgangs mit den Zeiten, und zwar die Dimension, die heute im Vordergrund steht. Der Tutzinger Ansatz behandelt die Zeitdimensionen umfassend wie insbesondere auch den Eigenwert der Zeit, Rhythmus, Geschwindigkeit und Kairos. Es geht darum, **zeitengemäß** zu sein. Dieser Ansatz bietet besonders für den Alltag wichtige Differenzierungen an, die man entsprechend gestalten kann:

- unterschiedliche Zeitformen wie etwa Anfänge und Abschlüsse, Pausen und Warten;

- verschiedene Chronotypen und deren Zuordnung zu den persönlichen Eigenzeiten ebenso wie zu den Eigenzeiten der Menschen im Umfeld;
- Unterschiedlichkeit in den zeitlichen Anforderungen verschiedenster Aufgabenstellungen und Tätigkeitsbereiche;
- Zeiteffizienz und Freude an Tätigkeiten sowie Wertschätzung der Zeitqualitäten.

Diese Zeitvielfalt gilt es zu nutzen und nicht Gegensätze zu konstruieren: entweder alles möglichst schnell – oder in der Umkehrung alles möglichst »entschleunigen«. Dies kann man am folgenden Beispiel illustrieren:

> Wer etwa in Wartesituationen nicht sofort gestresst reagiert, sondern damit entspannt umgehen kann, ist anschließend motivierter und leistungsfähiger. Damit ist eine Grundhaltung vorteilhaft, die nicht auf perfekte Planbarkeit abstellt, sondern sich auf die Zeiten einlassen kann. Somit kann Wartezeit zu einer geschenkten Zeit werden.

Die Vorstellung, dass alles zeitlich vereinheitlicht und möglichst durchgängig zu beschleunigen ist, ist unzeitgemäß. Wir sollten diese Sichtweise hinter uns lassen:

Zeitengemäß ist es, die Vielfalt der Zeiten anzuerkennen und deren Produktivität zu nutzen – für sich persönlich, für Projektteams, Abteilungen und Betriebe.

Zeitkompetent ...

Der Tutzinger Ansatz empfiehlt, von den Zeiten auszugehen und daraus etwas für den Umgang mit den Zeiten zu lernen. Die **Rhythmen** spielen in diesem Ansatz eine zentrale Rolle. An ihnen kann nochmals die Charakteristik dieses Ansatzes gezeigt werden. Rhythmen wurden lange Zeit ausschließlich den Naturzeiten zugeordnet. Die zyklische Zeitvorstellung sei, so die Vorstellung, durch den Fortschritt der linearen Zeit überholt worden. Nunmehr seien die standardisierte Uhrenzeit, Beschleunigung, Pausenlosigkeit und Gleichzeitigkeit für unseren Umgang mit der Zeit bestimmend. Demgegenüber zeigt eine eingehende Beschäftigung mit den Erkenntnissen der Zeitforschung, dass Rhythmen grundlegend sind und unser Leben auch in Zukunft prägen werden:

Die durch die Rhythmen vermittelte flexible Ordnung ist den heutigen Herausforderungen gemäßer als die Orientierung an der Kontrollierbarkeit der Zeit.

Rhythmen erleichtern Planung. Sie geben eine gewisse zeitliche Sicherheit. Sie klug in die Planung einzubeziehen spart viel Zeitaufwand für Koordination und Synchronisation von Tätigkeiten. Das unterscheidet sie von einer ausschließlich auf Beschleunigung und Zeitkontrolle setzenden Flexibilität, die hohen Zeitaufwand erfordert. Zugleich gewährleisten Rhythmen Flexibilität und Offenheit für unvorhergesehene Chancen und sich abzeichnende Risiken.

Erkenntnisse zu Rhythmen werden inzwischen erfreulicherweise im Zeitmanagement beachtet. Dabei wird die eindimensionale Zeitvorstellung (Zeit = Uhrzeit) jedoch häufig beibehalten, und je nach Bedarf werden nur gelegentlich Einzelaspekte von Rhythmen ergänzt. Dies ist ein erster Einstieg.

Damit kann man Rhythmen in den Alltag und in die Lebensgewohnheiten integrieren. Vieles kann man selbst realisieren: die Gestaltung der kleinen Pausen zwischendurch, der Mittagspause, der regelmäßigen körperlichen Bewegung ebenso wie familieneigene Rhythmen.

Der Tutzinger Ansatz empfiehlt darüber hinausgehend eine **Grundhaltung**, die von der Vielfalt der Rhythmen und deren flexibler Ordnung ausgeht und dadurch geprägt ist.

Im Tutzinger Ansatz zur Zeitkompetenz wird zugleich beachtet, dass man individuell an Grenzen stößt, die durch die gesellschaftlich-wirtschaftlichen Rahmenbedingungen gesteckt werden. So ist es in vielen Berufen schwierig, Kindern die ihnen gemäße Zeiten zu geben, wenn eine grenzenlose Mobilität mit permanenter Umzugsbereitschaft als »modern« und wirtschaftlich vorteilhaft gilt. Der Rhythmus der Generationen, eine der grundlegenden Voraussetzungen einer nachhaltigen Gesellschaft, wird damit gestört. Derartige Fragen- und Aufgabenstellungen gehen weit über die persönliche Ebene der Zeitkompetenz hinaus. Sie sind Gegenstand der Gestaltungsfelder der Zeitpolitik.

Rhythmen pointieren einen weiteren Punkt des Tutzinger Ansatzes zur Zeitkompetenz. Ein gutes Beispiel sind etwa die circadianen Rhythmen des Schlaf-Wach-Rhythmus und die daraus ableitbaren Chronotypen. Wenn es bei einem rein kognitiven Wissen bleiben würde, wäre für unser Handeln und damit für unseren Zeitwohlstand wenig gewonnen. Es kommt darauf an, tatsächlich auf die Signale der Körperrhythmen zu hören und dafür sensibel zu sein.

Das Bild der »verkörperten Intelligenz« versinnbildlicht den inneren Zusammenhang von Körperrhythmus und Wissen darüber.

Zu lange Zeit wurden Rationalität und Vernunft mit Wissen gleichgesetzt, Emotionen und Motivation galten als nachrangig. Der Körper war in diesem Weltbild wie eine Art Maschine, er galt als ein reiner »Befehlsempfänger« der Schaltzentrale des Gehirns. Das sinnliche Erfahren der Welt, das buchstäbliche Begreifen spielte dabei keine Rolle. Alles war wie in einer Art »**Zeitmechanik**« kalkulierbar und planbar. Wenn man sich auf die Zeiten und die Ergebnisse der zeitrelevanten Forschung einlässt, lässt man dieses veraltete Bild hinter sich. Daher sind die praktischen Übungen unseres Buchs für die Zeitkompetenz ebenso wichtig wie die reflektierenden, kognitiven Zugänge. Sie gehören zusammen. Man lernt dadurch Rhythmen besser kennen und wird für Situationen sensibel, in denen Auszeiten angesagt sind. Man kann Rituale erproben und bekommt ein Gefühl für das Ausbalancieren von Zeitansprüchen.

So lässt man die Vorstellung vom »optimalen Entspannungsprogramm«, »perfekter Muße« hinter sich. Wir Menschen sind keine »Zeitautomaten«, die man je nach Bedarf an-, ab- und umschalten kann. Wir lernen, uns als lebende, mit anderen und unserer Mitwelt vernetzte Lebewesen zu verstehen, im Rhythmus von Aktivität und Ruhe. Tun gehört ebenso dazu wie das Lassen. Dies kann **Gelassenheit** lehren und die Angst nehmen, ständig etwas zu verpassen. Dann kann man im rechten Augenblick entschlossen und schnell handeln.

»Die Kunst des Ausruhens ist ein Teil der Kunst des Arbeitens.«
John Steinbeck, mündliche Überlieferung

Permanente Nonstop-Aktivität ist schädlich. Sie vermindert Leistungsfähigkeit und Kreativität ebenso wie sie Wohlbefinden und langfristig Gesundheit schädigt: **Mit den Rhythmen zu leben heißt, zeitsouverän zu werden.**

... zum Zeitwohlstand

Hetze ist nicht Schicksal.

Zeitkompetenz ist angesagt, um mit den Zeiten klug und effizient umgehen zu können: Planung und Flexibilität, Schnelligkeit und Langsamkeit. Sie ist besonders gefordert zu erkennen, was situativ angemessen ist. Zeitkompetenz kann helfen, der »Falle des gehetzten Zeitsparers« zu entgehen, der jede gewonnene Zeit sogleich mit anderen Aktivitäten noch dichter packt.

Der Tutzinger Ansatz zur Zeitkompetenz ebnet den Weg zum Zeitwohlstand. Zeit gewinnt dabei, über ihren rein materiellen Nutzen hinausgehend, einen **eigenen Wert**. Was sind die Lebensziele und Werte? Welcher Wert ist den Zeiten zuzumessen? Wird Zeitwohlstand bewusst ein hoher Stellenwert beigemessen? Was will man dafür tun?

Zur Beantwortung dieser Fragen ist eine bewusste Auseinandersetzung mit den Zeiten hilfreich. Erkenntnisse über Rhythmen, Eigenzeiten und Zeitvielfalt können auf dieser Werteebene mit zur Orientierung dienen. Sie können helfen, den **Zeitenkompass** zu finden. Dann kann man entscheiden, ob man

- Zeitwohlstand auf Zeitinseln in der Familie und Freizeit anstrebt,
- darüber hinausgehend Zeitwohlstand auch auf Zeitinseln in der Arbeit anstrebt oder
- Zeitwohlstand umfassender für die ganze Lebenszeit versteht.

Wenn Zeitwohlstand einen hohen Wert hat, muss man wie beim Güterwohlstand etwas dafür tun. Zeitkompetenz ist das Vermögen, unsere Lebenszeit souverän gestalten zu können und damit die Zeiten für sich zu gewinnen.

Dazu gehört, wie in der Zeichnung zum Auftakt dieses Kapitels (s. S. 223) illustriert, den Eigenwert von Zeiten schätzen zu können und Freude an Tätigkeiten zu haben. Dies ist im Berufsleben sowie in der Familie und Freizeit von Bedeutung, wie die zahlreichen Burnout-Fälle drastisch belegen. Dazu gehört ebenso, äußere Zeitvorgaben und -zwänge zu erkennen und zeitliche Gestaltungsspielräume zu nutzen. Der Tutzinger Ansatz betont die aktuelle Aufgabe, aus der Fülle der weiter rasch zunehmenden Optionen klug auswählen zu können. Die mit dem Vorteil der hohen Erreichbarkeit verbundene permanente Verfügbarkeit gibt uns einen Vorgeschmack auf diese Aufgabe.

Angesichts der Zunahme von Optionen ist Auswahl angesagt.

Alles hat seine Zeiten und alles braucht seine Zeiten

»Alles immer überall sofort möglichst schnell« – diese aktuelle Abwandlung des Spruchs des Predigers Salomo ist eine Zuspitzung. Im kurzlebigen *hype* der Neuen Ökonomie waren dennoch Züge in dieser Richtung zu erkennen. Diese wurden durch die Medien mit ihrem Aktualitätsdruck noch verstärkt.

Demgegenüber wirkt der altüberkommene Spruch des Predigers Salomo »Alles hat seine Zeit« zunächst auf eine rührende Art altmodisch. Dies ist es aber nicht. Denn tatsächlich ist diese alte Version zeitengemäßer als manche gehetzte Zeitgenossen das begreifen können. Der Tutzinger Ansatz geht dagegen von der Erkenntnis aus, dass alles seine ihm angemessenen Zeiten hat: seine Geschwindigkeiten, rechten Zeitpunkte und spezifischen Rhythmen. Es ist kein Zufall, dass der Hit der Gruppe The Byrds »*Turn! Turn! Turn! To everything there is a season*« so beliebt ist. Hier wird der Anfang des Kapitels 3 von Prediger Salomo nahezu wortwörtlich gesungen: »Alles hat seine Zeit.«

Alles hat seine ihm gemäße Zeit. Alles braucht seine Zeiten. Dies gilt gleichermaßen für die Geräte und Techniken, die für Beschleunigung, Pausenlosigkeit und Gleichzeitigkeit stehen: Handy, GPS, Laptop. Es ist ein Irrtum anzunehmen, dass in wenigen Jahren die Welt völlig verändert wäre. Mitnichten. Es dauert bei derartigen Technologien sehr lange Zeit, bis diese im Set der bestehenden technischen Möglichkeiten ihren Platz gefunden haben. Und es dauert eine lange Zeit, bis sie in die Alltagsroutinen der Menschen und der Unternehmen angemessen integriert sind. Auch wenn wir uns mit Zeiten und unserem Umgang mit Zeiten befassen, braucht dies seine Zeit. Zeitkompetenz will erworben und gepflegt sein: **Zeitwohlstand braucht seine Zeiten.**

Instrumentell effizient mit den Zeiten umgehen zu können ist ein Bestandteil von Zeitwohlstand. An Tätigkeiten Spaß haben, dabei motiviert sein und darin Sinn zu erleben ist für Zeitwohlstand noch gewichtiger. Schließlich kann man den Augenblick wirklich genießen und offener werden für sich ergebende rechte Augenblicke, den *kairos*.

Wir wünschen Ihnen, dass Sie aus der Fülle der Zeiten die Ihnen gemäßen Zugänge finden und Ihre Zeitkompetenz ausbauen können. Wir wünschen Ihnen, dass Sie die Zeiten für sich gewinnen können. »**Alles hat und alles braucht seine Zeiten.**« (Frei nach Prediger Salomo 3)

Dank

Zur Entstehung dieses Buchs haben viele Zeitgenossinnen und Zeitgenossen ihren Teil beigetragen. Besonders herzlich möchten wir uns bei Erik Liebermann (Steingaden) für die Karikaturen bedanken.

Bei Karlheinz A. Geißler (München) bedanken wir uns ebenso herzlich für das Vorwort und die Vorschläge zur Überarbeitung des Manuskripts.

Besonders herzlich möchten wir uns auch bei Barbara Adam (Cardiff), Karlheinz A. Geißler, Klaus Kümmerer (Freiburg) und Manuel Schneider (München) vom Team des Tutzinger Projekts »Ökologie der Zeit« für die gute Zusammenarbeit und Freundschaft bedanken. Barbara Adam gab einem der Autoren, Martin Held, durch eine Einladung nach Cardiff die besondere Gelegenheit, zu Beginn des Jahres 2002 für sieben Wochen an der *University of Cardiff* in Ruhe an Themen des Buchs zu arbeiten – ein Zeitwohlstand besonderer Art.

Darüber hinaus möchten wir uns bei vielen anderen bedanken, die uns im Umfeld des Tutzinger Projekts und der Tutzinger Zeitakademien zu Freundinnen und Freunden wurden. Besonders genannt seien u.a. Michel Baeriswyl (Zürich), Sabine Hofmeister (Lüneburg), Ida Sabelis (Amsterdam) und Martina Heitkötter (München), von der wir zahlreiche Überarbeitungsvorschläge bekamen. Ebenso herzlich danken wir Lucia Reisch (Stuttgart/Kopenhagen), Gerhard Scherhorn (Wuppertal), Rolf Hüpen (Bochum) und Jürgen Rinderspacher (Bochum), von denen wir wesentliche Impulse zum Zeitwohlstand bekamen.

Das Umfeld, aus dem wir für den Tutzinger Ansatz zur Zeitkompetenz Anregungen bekamen, ist über die Jahre hinweg gewachsen. So konnten wir aus dem Austausch mit Chronobiologen, Schlafforschern und Chronomedizinern wie Eberhard Gwinner (Andechs), dem leider bereits verstorbenen Gunther Hildebrandt (Marburg), Björn Lemmer (Mannheim), Till Roenneberg (München) und Jürgen Zulley (Regensburg) viel lernen. Jenny Shaw (Brighton) und Carmen Leccardi (Mailand) stehen beispielhaft für Anregungen zur kulturellen Zeitordnung und den Zeiten im Geschlechterverhältnis (*gender*), Ingrid Westlund (Linköping) für Zeiten der Kinder. Von Mathias Schwarz (Kassel) und Gesa Schönberger (Heidelberg) bekamen wir Anregungen zu Zeiten der

Bewegung und der Ernährung. Albert Mayr (Florenz) steuerte Erfahrungen mit einem experimentellen Umgang mit Zeiten und Hartmut Petzold (München) Präzisierungen zur Uhrenzeit bei. Christian Wagner (München) führte uns in die Filmzeiten ein, und Christian Gansch (Ebersberg) strahlte Präsenz aus. Wolfgang Haber (Freising-Weihenstephan) und Hartmut Graßl (Hamburg) gaben aus der Fülle ihrer Erfahrungen zu Ökologie und Weltklima wichtige Impulse für das Projekt »Ökologie der Zeit«.

Ich, Elmar Hatzelmann, danke meiner Lebenspartnerin Agnes Kunkel, die sich sehr intensiv mit den Themen des Buches auseinander setzte und wertvolle Hinweise geliefert hat.

In das Buch gingen viele Ideen und persönliche Erfahrungen von Teilnehmerinnen und Teilnehmern der Tutzinger Zeitakademien und Zeitseminare ein ebenso wie aus Kursen bei Firmen. Gemeinsame Zeiterfahrungen haben unsere Zugänge zu Zeitkompetenz und Zeitwohlstand verändert.

Zeitwohlstand braucht viel Zeit. Dies gilt auch für die Arbeit an einem Buch zur Zeitkompetenz und zum Zeitwohlstand. Wir danken Ingeborg Sachsenmeier (Weinheim) vom Beltz Verlag für die Betreuung des Buchs sehr herzlich, die zum guten Gelingen des Werks beigetragen hat.

Sommer 2004
Elmar Hatzelmann, Gauting, und *Martin Held,* Tutzing

»Nimm dir Zeit

Nimm dir Zeit zu arbeiten – das ist der Preis des Erfolges.
Nimm dir Zeit zu denken – das ist die Quelle der Macht.
Nimm dir Zeit zu spielen – das ist das Geheimnis der ewigen Jugend.
Nimm dir Zeit zu lesen – das ist die Grundlage der Weisheit.
Nimm dir Zeit, freundlich zu sein – das ist der Weg zum Glück.
Nimm dir Zeit, zu träumen – sie bewegt dein Gefährt zu einem Stern.
Nimm dir Zeit zu lieben und geliebt zu werden – das ist das Vorrecht der Götter.
Nimm dir Zeit, dich umzusehen – der Tag ist zu kurz, um selbstsüchtig zu sein.
Nimm dir Zeit zu lachen – das ist die Musik der Seele.«
(Aus: »Alte irische Segenswünsche«, Multhaupt 1994)

Über die Autoren

Elmar Hatzelmann, Jg. 1956, Wirtschaftspsychologe, Pädagoge (M.A.), Dr. rer. pol., selbstständiger Trainer für Kommunikation, Kreativität, Zeit-/Selbstmanagement sowie Teamentwicklung in der Industrie, Einzelberatungspraxis in München.

Martin Held, Jg. 1950, Diplom-Ökonom, Dr. rer. pol., Studienleiter an der Evangelischen Akademie Tutzing für Wirtschaft und nachhaltige Entwicklung. Zusammen mit Karlheinz A. Geißler Initiator des Tutzinger Projekts »Ökologie der Zeit«.

Homepage: www.zeitkompetenz.de

Erik Liebermann, Jg. 1942, Absolvent der Ulmer Hochschule für Gestaltung. Ihm lief ein Typ mit Mantel und Glupschaugen über den Zeichentisch und wurde so anhänglich, dass er seit 1975 als Cartoonist arbeitet.

Homepage: www.liebermann-cartoons.de

Verzeichnis der Übungen

Ausgewählte Literaturempfehlungen

Zum Kapitel »Uhrenzeit« (S. 21ff.)

Unterhaltungsliteratur

Bataille, Christophe: Der Herr der Uhren. Roman. Fischer Tb, Frankfurt a.M. 1998.

DeLillo, Don: Körperzeit. Roman. Kiepenheuer & Witsch, Köln [2]2001.

Ungaretti, Giuseppe: Zeitspüren. Gedichte. Deutsche Verlags-Anstalt, Stuttgart/München 2003 (italienisch-deutsch).

Sachliteratur

Adam, Barbara: Timewatch. The Social Analysis of Time. Polity Press, Cambridge/Oxford 1995.

Burckhardt, Martin: Metamorphosen von Raum und Zeit. Eine Geschichte der Wahrnehmung. Campus, Frankfurt a.M./New York 1997.

Dohrn-van Rossum, Gerhard: Die Geschichte der Stunde. Uhren und moderne Zeitordnungen. dtv, München 1995.

Westlund, Ingrid: Kinderzeiten – Zeitdisziplin und Nonstop-Gesellschaft aus der Sicht der Kinder. In: Adam, Barbara/Geißler, Karlheinz A./Held, Martin (Hrsg.): Die Nonstop-Gesellschaft und ihr Preis. Hirzel, Stuttgart/Leipzig 1998, S. 93–106.

Literatur zu Übungen

Mayr, Albert: Die Gesprächsrunde. The music of times and tides. (mp)x2 Verlag, Florenz 1992. [zu beziehen timedesign@technet.it]

Zum Kapitel »Timing« (S. 43ff.)

Unterhaltungsliteratur

Cameron, Peter: Damals ist ein fernes Land. Aufbau-Taschenbuch, Berlin 2000.

Strauss, Botho: Die Zeit und das Zimmer. In: Besucher. Drei Stücke. Hanser, München/Wien [3]1992.

Wells, H.G.: The Time Machine. An Invention and other Stories. Penguin, Harmondsworth/New York 1946 (Original erschien 1895; Klassiker Zeitreisen).

Sachliteratur

Covey, Stephen R./Merrill, A. Roger/Merrill, Rebecca R.: Der Weg zum Wesentlichen. Zeitmanagement der vierten Generation. Campus, Frankfurt a.M./New York [4]2001.

Duncan, David Ewing: Der Kalender. Auf der Suche nach der richtigen Zeit. Heyne, München 1999.

Sabelis, Ida H.J.: Managers' Times. A Study of Times in the Work and Life of Top Management. Bee's Books Publishers, Amsterdam 2002.

Seiwert, Lothar: Mehr Zeit für das Wesentliche. Redline Wirtschaft, München [20]2002a.

Literatur zu Übungen

Johnstone, Keith: Theaterspiele. Alexander Verlag, Berlin 1998.

Levine, Stephen: Noch ein Jahr zu leben. Wie wir dieses Jahr leben können, als wäre es unser letztes. Bodewig & Kamphausen, Bielefeld 1998.

Vlcek, Radim: Workshop Improvisationstheater. Auer, Donauwörth 2000.

Zum Kapitel »Speed« (S. 65ff.)

Unterhaltungsliteratur

DeLillo, Don: Cosmopolis. Roman. Kiepenheuer & Witsch, Köln 2003.

Eggers, Dave: Ihr werdet (noch) merken, wie schnell wir sind. Roman. Droemer, München 2003.

Ende, Michael: Momo oder »Die seltsame Geschichte von den Zeit-Dieben und von dem Kind, das den Menschen die gestohlene Zeit zurückbrachte«. Ein Märchen-Roman. Thienemann, Stuttgart 1973.

Hoeg, Peter: Der Plan von der Abschaffung des Dunkels. Roman. Hanser, München/Wien 1995.

Kundera, Milan: Die Langsamkeit. Roman. Fischer Taschenbuch, Frankfurt a.M. ^{5}2001.

Nadolny, Sten: Die Entdeckung der Langsamkeit. Roman. Fortlaufende Ausgaben. Piper, München/Zürich 1999.

Rosenboom, Thomas: Neue Zeiten. Roman. Deutsche Verlags-Anstalt, München 2004.

Sachliteratur

Adam, Barbara/Geißler, Karlheinz A./Held, Martin (Hrsg.): Die Nonstop-Gesellschaft und ihr Preis. Vom Zeitmissbrauch zur Zeitkultur. Hirzel, Stuttgart/Leipzig 1998.

Borscheid, Peter: Das Tempo-Virus. Eine Kulturgeschichte der Beschleunigung. Frankfurt a.M./New York, Campus 2004.

Gleick, James: Schneller! Eine Gesellschaft auf der Suche nach der verlorenen Zeit. Bastei Lübbe, Bergisch Gladbach 2000.

Linder, Staffan B.: Das Linder Axiom oder Warum wir keine Zeit mehr haben. Fischer Taschenbuch, Frankfurt a.M. 1971.

Schneider, Manuel/Geißler, Karlheinz A. (Hrsg.): Flimmernde Zeiten. Vom Tempo der Medien. Hirzel, Stuttgart/Leipzig 1999.

Literatur zu Übungen

Feldenkrais, Moshe: Bewusstheit durch Bewegung. Suhrkamp, Frankfurt a.M. 1978.

Hanna, Thomas: Beweglich sein, ein Leben lang. Die heilsame Wirkung körperlicher Bewusstheit. Junfermann, Paderborn 2000.

Reese, Mark/Kirschner, Thomas: Magic Moves. Mobiwell, Augsburg 2002.

Zum Kapitel »Rhythmen« (S. 91ff.)

Kunstband

Goldsworthy, Andy: Zeit. Mit einer Chronologie von Terry Friedman. Zweitausendeins, Frankfurt a.M. 2001.

Unterhaltungsliteratur

Morgenstern, Christian: Palmströms Uhr u.a. Gedichte. In: Ders. Gesammelte Werke in einem Band. Piper, München/Zürich ^{7}2001.

Sachliteratur

Geißler, Karlheinz A.: Vom Tempo der Welt. Am Ende der Uhrzeit. Herder, Freiburg u.a. 1999a.

Held, Martin/Geißler, Karlheinz A. (Hrsg.): Von Rhythmen und Eigenzeiten. Perspektiven einer Ökologie der Zeit. Hirzel, Stuttgart 1995.

Hildebrandt, Gunter/Moser, Maximilian/Lehofer, Michael: Chronobiologie und Chronomedizin. Biologische Rhythmen, medizinische Konsequenzen. Hippokrates, Stuttgart 1998.

Paquot, Thierry: Siesta. Die Kunst des Mittagsschlafs. vgs verlagsgesellschaft, Köln 2000.

Strogatz, Steven: Synchron. Vom rätselhaften Rhythmus der Natur. Berlin Verlag, Berlin 2004.

Zulley, Jürgen/Knab, Barbara: Unsere Innere Uhr. Natürliche Rhythmen nutzen und der Non-Stop-Belastung entgehen. Herder, Freiburg u.a. 2000.

Literatur zu den Übungen

Lodes, Hiltrud: Atme richtig. Der Schlüssel zu Gesundheit und Ausgeglichenheit. Goldmann, München 2000.

Middendorf, Ilse: Der Erfahrbare Atem. Eine Atemlehre. Mit 2 CDs. Junfermann, Paderborn 1995.

Roth, Gabrielle: Leben ist Bewegung. Fünf radikale Wege zur Selbstbefreiung. Heyne, München 2001.

Zum Kapitel »Eigenzeiten« (S. 115ff.)

Unterhaltungsliteratur

Beckett, Samuel: Warten auf Godot. Fortlaufende Auflagen. suhrkamp Taschenbuch, Frankfurt a.M. 1971.

Nadolny, Sten: Die Entdeckung der Langsamkeit. Roman. Fortlaufende Ausgaben. Piper, München/Zürich 1999.

Sachliteratur

Geißler, Karlheinz A.: Wart' mal schnell. Minima temporalia. Hirzel, Stuttgart/Leipzig 2002a.

Geißler, Karlheinz A.: Der Simultant. In: Psychologie heute, November, 2002b, S. 30–35.

Hildebrandt, Gunter/Moser, Maximilian/Lehofer, Michael: Chronobiologie und Chronomedizin. Hippokrates, Stuttgart 1998.

Schilling, Heinz (Hrsg.): Welche Farbe hat die Zeit? Recherchen zu einer Anthropologie des Wartens. Kulturanthropologische Notizen, Band 69. Universität Frankfurt, Frankfurt a.M. 2002.

Zulley, Jürgen/Knab, Barbara: Unsere Innere Uhr. Natürliche Rhythmen nutzen und der Non-Stop-Belastung entgehen. Herder, Freiburg u.a. 2000.

Literatur zu Übungen

Hanna, Thomas: Beweglich sein, ein Leben lang. Die heilsame Wirkung körperlicher Bewusstheit. Kösel, München 2000.

Selby, John: Wer warten kann, hat mehr vom Leben. Wartezeiten sinnvoll nutzen. Kösel, München 2000.

Zemach-Bersin, David/Zemach-Bersin, Kaethe/Reese, Mark: Gesundheit und Beweglichkeit. Kösel, München 2001.

Zum Kapitel »Zeitvielfalt« (S. 143ff.)

Unterhaltungsliteratur

Powers, Richard: Der Klang der Zeit. Roman. S. Fischer, Frankfurt a.M. 2004.

Shakespeare, William: As you like it. Penguin Popular Classics, London 1994 (Original 1599/1600). Deutsch: Wie es euch gefällt. Reclam, Stuttgart 2002.

Uhde-Stahl, Brigitte (Hrsg.): Das Geschenk der Zeit. Ein Begleiter durch 365 Tage. Patmos, Düsseldorf/Zürich 2003.

Walter, Rudolf (Hrsg.): Lass dir Zeit. Herder, Freiburg/Basel/Wien 1997.

Kunst- und Fotobände

Kirchhoff-Stahlmann, Renate: Zeiten. Zwölfteiliger Zyklus (Zeichnungen). Ergon, Würzburg 1993.

Ruetz, Michael: Sichtbare Zeit – Time unveiled. Photographien 1964–1995. Steidl, Göttingen 1997 (deutsch-englisch).

Sachliteratur

Adam, Barbara: Timescapes of Modernity. The Environment & Invisible Hazards. Routledge, London/New York 1998.

Baeriswyl, Michel: Chillout – Wege in eine neue Zeitkultur. dtv, München 2000.

Geißler, Karlheinz A.: Zeit – Verweile doch ... Lebensformen gegen die Hast. Herder, Freiburg/Basel/Wien 2000a.

Geißler, Karlheinz A.: Schlusssituationen. Die Suche nach dem guten Ende. Beltz, Weinheim/Basel ^{3}2000b.

Geißler, Karlheinz A.: Anfangssituationen. Was man tun und besser lassen sollte. Beltz, Weinheim/Basel ^{9}2002c.

Landeshauptstadt München Kulturreferat (Hrsg.): Jede Kultur hat ihre Zeit. Dokumentation. Landeshauptstadt München, München 2001.

Levine, Robert: Eine Landkarte der Zeit. Piper, München 1998.

Literatur zu Übungen

Christen, Thomas: Das Ende im Spielfilm. Vom klassischen Hollywood zu Antonionis offenen Formen. Schüren, Marburg 2002.

Harp, David/mit Feldman, Nina: Meditieren in drei Minuten. Meditationstechniken für moderne Menschen. rororo, Reinbek 1993.

Kjellrup, Mariann: Eutonie. Bewusst mit dem Körper leben. Ehrenwirth, Donauwörth 2000.

Zum Kapitel »Zeitkompetenz« (S. 169ff.)

Unterhaltungsliteratur

Cameron, Peter: Damals ist ein fernes Land. Aufbau-Taschenbuch, Berlin 2000.

Sachliteratur

Haskell, William L.: Sport, Bewegung und Gesundheit. Auf dem Weg in ein neues Jahrhundert. Der Orthopäde 11/2000, S. 930–935.

Schneider, Manuel/Geißler, Karlheinz A. (Hrsg.): Flimmernde Zeiten. Vom Tempo der Medien. Hirzel, Stuttgart/Leipzig 1999.

Schneider, Manuel/Geißler, Karlheinz A./Held, Martin (Hrsg.): Zeit-Fraß. Zur Ökologie der Zeit in Landwirtschaft und Ernährung. Politische Ökologie Sonderheft 8. ökom Verlag, München ^{3}2000.

Theunissen, Michael: Pindar. Menschenlos und Wende der Zeit. Zweites Buch: Chronos und Kairos. Beck, München 2000.

Zentralamt für Unterrichtswesen: Rahmenlehrpläne und Standards für den grundbildenden Unterricht an finnischen Schulen (Perusopetus). Edita Prima Oy, Helsinki 2004.

Literatur zu Übungen

Cantieni, Benita: Lauf los! ... aber richtig. Südwest, Berlin/München 2001.

Evangelische Akademie Tutzing/Nationalparkverwaltung Bayerischer Wald (Hrsg.): Wildnis vor der Haustür. Tagungsbericht 7 Bayer. Staatsforstverwaltung. Tutzing/Grafenau 2002 [über Evangelische Akademie erhältlich].

Heggie, Jack: Besser laufen. Das 30-Tage-Programm. Rowohlt, Reinbek Taschenbuch 1992.

Treiber, Jörg: Richtig Jonglieren. BLV Verlag, München 1992.

Wessinghage, Thomas: Laufen: Lauftechnik. BLV Verlag, München 2001.

Zum Kapitel »Zeitwohlstand« (S. 199ff.)

Unterhaltungsliteratur

Gontscharow, Iwan: Oblomow. Insel, Frankfurt a.M. 1981 (Orig. 1859).

Pastior, Oskar: Lange Weile – kurzer Punkt. In: Held, Martin/Geißler, Karlheinz A. (Hrsg.): Von Rhythmen und Eigenzeiten. Hirzel, Stuttgart 1995, S. 67–79.

Proust, Marcel: Auf der Suche nach der verlorenen Zeit. 3 Bände, 4.195 Seiten. Suhrkamp Taschenbuch, Frankfurt a.M. 2000.

Saint-Exupéry, Antoine de: Der Kleine Prinz. Karl Rauch, Düsseldorf 1976.

Kunst- und Fotobände

Schaffer, Ulrich: Visions. Edition Schaffer. Fotografien und Texte. Kreuz Verlag, Stuttgart 2000 (deutsch-englisch).

Sachliteratur

Hatzelmann, Elmar: Keine Macht dem Stress. Koch/Humbolt, Höfen ^{3}2003.

Hochschild, Arlie Russell: Work-Life-Balance. Keine Zeit – Wenn die Firma zum Zuhause wird und zu Hause nur Arbeit wartet. Leske + Budrich, Opladen 2002.

Rinderspacher, Jürgen (Hrsg.): Zeitwohlstand. Ein Konzept für einen anderen Wohlstand der Nationen. edition sigma, Berlin 2002.

Scherhorn, Gerhard/Reisch, Lucia: Ich wär so gern ein Zeitmillionär – Güterwohlstand und Zeitwohlstand. Politische Ökologie 57/58: Von der Zeitnot zum Zeitwohlstand. Auf der Suche nach den rechten Zeitmaßen. ökom Verlag, München 1999, S. 52–56.

Literatur zu Übungen

Glassman, Bernard/Fields, Rick: Anweisungen für den Koch. Lebensentwurf eines Zen-Meisters. Hoffmann und Campe, Hamburg 1997.

Kabat-Zinn, Jon: Im Alltag Ruhe finden. Das umfassende praktische Meditationsprogramm. Herder, Freiburg 2001.

Ausführliches Literaturverzeichnis

Dieses finden Sie bei www.beltz.de unter dem Buchtitel »Zeitkompetenz: Die Zeit für sich gewinnen« sowie auf unserer Homepage www.zeitkompetenz.de.

Stichwortverzeichnis